DESCULPE-ME, SOCIALISTA

DESCULPE-ME, SOCIALISTA

DESMASCARANDO AS 50 MENTIRAS MAIS CONTADAS PELA ESQUERDA

Editado por LAWRENCE W. REED

Tradução:
LEONARDO CASTILHONE

COPYRIGHT © FARO EDITORIAL, 2018
COPYRIGHT © 2015 BY FOUNDATION FOR ECONOMIC EDUCATION
PUBLISHED BY ARRANGEMENT WITH REGNERY PUBLISHING
REGNERY® IS A REGISTERED TRADEMARK OF SALEM COMMUNICATIONS
HOLDING CORPORATION

Todos os direitos reservados.
Nenhuma parte deste livro pode ser reproduzida sob quaisquer meios existentes sem autorização por escrito do editor.

Diretor editorial **PEDRO ALMEIDA**
Preparação **TUCA FARIA**
Revisão **CARLA BITELLI, DANIELA TRANCHES DE MELO E RENATO SASSONE**
imagem de capa **ASTUDIO | SHUTTERSTOCK**

Dados Internacionais de Catalogação na Publicação (CIP)
Angélica Ilacqua CRB-8/7057

Reed, Lawrence
  Desculpe-me, socialista : Desmascarando as 50 mentiras mais contadas pela esquerda / Lawrence W. Reed ; tradução de Leonardo Castilhone. — São Paulo : Faro Editorial, 2018.
  240 p.

  ISBN 978-85-95581-048-8
  Título original: Excuse-me professor

  1. Ciência Política 2. Economia 3. Capitalismo – Aspectos políticos 4. Progressivismo 5. Filosofia I. Título II. Castilhone, Leonardo

18-1636	CDD 320

Índice para catálogo sistemático:
1. Ciência política : Economia 320

1ª edição brasileira: 2018
Direitos de edição em língua portuguesa, para o Brasil, adquiridos por FARO EDITORIAL

Avenida Andrômeda, 885 - Sala 310
Alphaville — Barueri — SP — Brasil
CEP: 06473-000
www.faroeditorial.com.br

Sumário

Uma mentira repetida mil vezes se torna verdade?...........................7
Introdução 11

1. A desigualdade econômica deriva das forças do mercado e exige intervenção estatal . 15
2. Como nossos recursos estão acabando, o governo precisa gerenciá-los..........19
3. A igualdade contribui para o bem comum 23
4. Quanto mais complexa a sociedade, mais o governo controla o que precisamos.....27
5. A desigualdade econômica é a maior crise econômica e moral da nossa época......30
6. O capitalismo fomenta a ganância, e as políticas governamentais precisam moderá-lo . . 34
7. O livre mercado ignora os pobres 38
8. A economia precisa de mais planejamento — ou seja, planejamento *central*........41
9. Os direitos humanos são mais importantes que os direitos à propriedade 45
10. Eu tenho o direito! 48
11. Os ricos têm obrigação de retribuir.............................52
12. Prefiro segurança a liberdade................................56
13. Cooperação, não competição! 59
14. Assistência médica é um direito...............................63
15. Estamos destruindo a Terra, e o governo precisa fazer alguma coisa............67
16. A propriedade precisa ser partilhada de forma equânime 70
17. Só precisamos que as pessoas certas comandem o governo................75
18. A humanidade pode ser melhor compreendida num contexto coletivo..........80
19. Governo grande ajuda a controlar grandes negócios 84
20. O governo pode ser uma opção mais branda do que a dureza do mercado........88
21. As oficinas capitalistas escravizantes e o trabalho infantil clamam por intervenção estatal 93

22. Acordos voluntários e baseados no mercado 'usam' as pessoas 96
23. É necessária a ação governamental para o equilíbrio do déficit comercial 101
24. Os americanos desperdiçam sua renda consigo mesmos, enquanto as necessidades públicas são negligenciadas 105
25. Se o governo não resolver a crise, quem o fará? 108
26. A preservação histórica não acontecerá a menos que o governo assuma o controle .111
27. O governo deveria ter o poder de fazer com que as pessoas cuidassem mais de si mesmas 115
28. Gastos estatais trazem empregos e prosperidade. 120
29. *The Jungle*, de Upton Sinclair, provou que a regulação era necessária 123
30. A Revolução Industrial capitalista amaldiçoou o mundo com o terror do trabalho infantil 130
31. Sindicatos trabalhistas elevam salários e o padrão de vida...................135
32. Roosevelt foi eleito em 1932 baseado numa plataforma de esquerda para planejar a economia 138
33. A Grande Depressão foi uma calamidade do capitalismo desenfreado 142
34. O governo deve subsidiar as artes 151
35. O governo combate a inflação...156
36. O *outsourcing* é ruim para a economia..................................161
37. Se não foi o New Deal de Roosevelt que pôs fim à Depressão, então foi a Segunda Guerra Mundial 166
38. O salário mínimo ajuda os pobres......................................170
39. Mercados liberais exploram as mulheres 175
40. Os ricos estão ficando mais ricos, e os pobres, mais pobres 179
41. A Standard Oil Company de Rockefeller provou que precisávamos de leis antitruste para combater monopólios estatais 184
42. O livre mercado não pode oferecer educação pública.......................194
43. Warren Buffett paga menos impostos federais que a secretária dele............198
44. Lucro é evidência de comportamento suspeito 203
45. Robôs e informatização geram desemprego 207
46. Disparidades estatísticas entre raças provam a discriminação 213
47. A solução para a explosão demográfica é o controle populacional 218
48. Países com escassez de recursos precisam de um planejamento central para se desenvolver 223
49. As pessoas amam a história de Robin Hood porque ele tirava dos ricos para dar aos pobres...227
50. Capitalistas gananciosos tiram vantagem de pessoas em desastres naturais; controle de preço é a resposta..232

Sobre o editor e coautor 237

Uma mentira repetida mil vezes se torna verdade?

Desde que o uso das redes sociais se tornou quase universal, já não há quem não tenha opinião sobre todos os assuntos. Há, no entanto, certo grupo de pessoas cujas opiniões são não apenas invariavelmente previsíveis, mas invariavelmente uniformes, ao ponto de ser possível conceber um gerador eletrônico delas. Não importa se o tema em discussão é econômico, sociológico, cultural ou moral: as opiniões são variações do mesmo refrão. Se parece, portanto, que existe uma espécie de fábrica de clichês da qual todos esses pontos de vista se originam, é porque existe.

Quem são essas pessoas? O que têm em comum? O leitor atento terá notado certos traços característicos. Por exemplo, quase sempre elas têm algum tipo de ligação com o mundo cultural e acadêmico, fato que dá àquilo que dizem o peso da autoridade instituída, o que leva à sua repetição por milhares de outras pessoas que não têm relação com essa autoridade. Uma mentira repetida mil vezes se torna verdade? Não, se torna um clichê. Esse grupo fala também em nome do futuro e do progresso. Progresso, esta é a palavra: de um modo ou de outro, essas pessoas são o que podemos chamar de *progressistas*.

O filósofo norte-americano Thomas Sowell explica que por trás da distinção aparente entre as várias correntes políticas há, na verdade, uma distinção entre duas visões da natureza humana. A visão que costuma corresponder à esquerda pode ser resumida na famosa frase de Jean-Jacques Rousseau: "O homem nasceu livre e por toda a parte se encontra acorrentado". A guerra, a pobreza, a escassez, a infelicidade humana e os males do mundo, enfim, são causados pelas instituições e pelas convenções sociais. Para resolvê-los, portanto, é preciso mudar as instituições e para isso é preciso mudar as pessoas, com base na educação e na "conscientização". John Stuart Mill chegou ao ponto de afirmar que o único impedimento real para a obtenção da felicidade geral era a péssima qualidade da educação. Trotsky foi ainda mais longe e proclamou que sob o socialismo todo o ser humano seria um Goethe ou um Da Vinci. De acordo com essa visão, pois, a natureza humana é essencialmente boa ou, no mínimo, maleável: é preciso apenas direcioná-la para a finalidade adequada. Evidentemente, o direcionador será o intelectual de esquerda iluminado. Daí a tara por tudo problematizar e a todos conscientizar; daí a tendência, por parte dos progressistas, a crer que a humanidade inteira vive e sempre viveu nas trevas e precisa ser conscientizada; daí a vocação para o proselitismo, a moralização, a formação de seitas, o patrulhamento ideológico. Os rótulos de "redneck" e "coxinha", que os progressistas norte-americanos e brasileiros, respectivamente, deram ao cidadão comum não poderiam ser mais eloquentes: para a esquerda, quem ainda não é de esquerda é um índio à espera do seu jesuíta.

Se tudo isso parece longínquo e abstrato, que o leitor faça a experiência de abrir um grande jornal qualquer. Sem dúvida terá a impressão de que a sociedade brasileira chegou ao consenso de que: "a redução da maioridade penal não é a solução"; a principal causa da violência é a desigualdade social; o aborto é um direito da mulher; pode-se definir o próprio gênero; uma "educação pública, gratuita e de qualidade é direito de todos"; o porte de armas deve ser proibido; os países europeus têm obrigação de receber refugiados árabes; é preciso combater os carros; vivemos em uma sociedade patriarcal; é preciso corrigir uma injustiça histórica contra os negros. Todas essas são opiniões tipicamente de esquerda, embora adorem se passar por consensos universais.

Mas, pergunta ao leitor, se essas opiniões estão ligadas ao mundo acadêmico e cultural, se são reproduzidas nos maiores jornais do país, será que não são mais embasadas, mais sérias, mais científicas? Como mostra, com sobra de exemplos, o livro que o leitor tem em mãos, a resposta é um definitivo *não*. Essas opiniões não são adoradas por acadêmicos e jornalistas porque estão certas, mas porque lhes dão poder. Por exemplo, se afirma que a economia deve ser gerida pelo Estado, naturalmente especialistas em economia estarão a cargo da gerência. Se, ao contrário, se defende que a economia deve ser organizada pelas forças do mercado, isso significa que ninguém tem controle sobre ela.

Muitas ideias progressistas são e foram valiosas. Entretanto, elas adquiriram tal autoridade automática e se tornaram tão repetidas, que, atualmente, não passam — pelo menos a maioria delas — de clichês vazios. Expor esses clichês, traçá-los até sua fonte e mostrar por que são um erro teórico e prático é o que fazem aqui Lawrence W. Reed e seus coautores. Quem tiver lido este livro nunca mais verá as discussões públicas, em que abundam os clichês, da mesma forma.

EDUARDO LEVY

Tradutor e professor de inglês. Estudou Filosofia e Letras na Universidade Federal de Minas Gerais além de artes liberais e literatura na Universidade de Wisconsin (EUA), com estudos em diversas outras áreas.

Introdução

Clichês são cansativos, desgastantes e, quase sempre, induzem ao erro. Portanto, por que compilar um livro cheio deles? Porque, quando eles são utilizados a serviço de uma ideologia falha e travestida de algo novo e revigorante, conduzem pessoas bem-intencionadas a becos sem saída.

Embora quase sempre emane das redomas de vidro do meio acadêmico, o progressismo é uma filosofia sem futuro, cuja noção fundamental é a de que uma elite cultural deveria planejar e estruturar as sociedades por intermédio de um poder central. Os progressistas rejeitam muitos dos princípios sobre os quais os Estados Unidos foram fundados, inclusive o de governo pequeno e limitado, liberdade e escolha individualizadas, a santidade do contrato e da propriedade privada e uma economia de livre mercado.

Sob diversos aspectos, existe pouco de verdadeiramente "progressivo" no progressismo. Uma das principais lições da história é que o progresso humano acontece quando os humanos são livres e, mesmo assim, a agenda progressista visa diminuir substancialmente as liberdades enquanto promete o inatingível: um Estado gigantesco, mas, de certa forma, sábio e compassivo. Pelo fato de os progressistas não terem êxito quando expõem para as pessoas suas ideias em termos claros e precisos, eles recorrem a uma sequência infinita de meias-verdades. Esse pessoal faz isso há tanto tempo — mais de um século — que muitas dessas meias-verdades tornaram-se clichês conhecidos por todos, mas frequentemente respondidos de maneira pouco eficaz.

Pense nesta coletânea como um guia de referência útil, independentemente de seu nível de escolaridade ou escolha profissional. Você não precisa ser economista ou filósofo para compreender o que está escrito aqui. Clichês progressistas são apresentados, e depois suas farsas são desvendadas com argumentos convincentes para o público leigo em geral. Para aqueles que são ativamente engajados em promover a liberdade e combater falácias esquerdistas, esta obra será uma contribuição indispensável ao seu arsenal de munição intelectual.

É mais do que uma feliz coincidência a possibilidade de a Fundação para a Educação Econômica (FEE, na sigla em inglês) colaborar com a Fundação da Juventude Americana (YAF, na sigla em inglês) neste importante projeto. Dois outros trabalhos antecederam este livro, quais sejam, duas publicações clássicas da FEE que a YAF ajudou a distribuir no passado: *Clichés of Politics*, publicado em 1994, e, o mais influente, *Clichés of Socialism*, que fez sua primeira aparição em 1962. De fato, esta nova coleção contém alguns capítulos desses dois trabalhos prévios, agora atualizados. Outros registros apareceram antes em certas versões na revista da FEE, *The Freeman*. Outros ainda são novos, inéditos.

Esta antologia de ensaios apareceu sob o título da série on-line *Clichés of Progressivism* [Clichês do Progressismo], de abril de 2014 a abril de 2015, nos sites da YAF e da FEE. Nossas duas organizações têm o prazer de oferecer este livro para um público maior, tanto de recém-apresentados às ideias de liberdade quanto de velhos amigos que buscam respostas atualizadas às enganações em evolução dos estadistas de esquerda.

A ligação FEE/YAF assume uma perspectiva pessoal com o presidente da FEE, Lawrence W. ("Larry") Reed, como editor deste projeto. Aos 14 anos, Larry foi profundamente afetado pela invasão soviética na Checoslováquia, em agosto de 1968. Em questão de semanas, ele participou de uma manifestação da YAF contra aquela invasão no centro de Pittsburgh, Pensilvânia. Larry se juntou à YAF e devorou o pacote informativo fornecido para os novos membros, que incluía: uma contribuição para a *Freeman*; *A lei*, de Frédéric Bastiat (publicado pela Faro Editorial); *Economia numa única lição*, de Henry Hazlitt; *The Mainspring of Human Progress*, de Henry Grady Weaver; *O caminho da servidão*, de Friedrich Hayek; e, sim, uma edição antiga de *Clichés of Socialism*. Como o próprio Larry colocou: "A mensagem era: 'Se você quer ser um anticomunista, tem de ir além de apenas ser contra tanques e armas usados em pessoas inocentes. Você também precisa conhecer, de trás para a frente, filosofia e economia.' A YAF me apresentou à FEE, e agora, quase meio século mais tarde, nós dois estamos apresentando nossos valores em comum a novas gerações de jovens."

Mais ou menos na época em que Larry começava no "movimento" para a liberdade, eu fazia o mesmo, evoluindo na senda de fundador de subseções para posições de liderança dentro da YAF. Posso confirmar o poder das publicações e dos seminários da FEE produzidos na época, o que ocorre ainda hoje, pois eles também foram fundamentais na evolução do meu pensamento. Tem sido um prazer trabalhar nos últimos anos com Larry para reavivar nossas associações e, por conseguinte, expandir a influência tanto da FEE quanto da YAF.

Desculpe-me, Socialista não tem a pretensão de ser a resposta definitiva para uma ideologia prejudicial. A esquerda, no mínimo, tem se provado uma besta astuta e pérfida. Ele tem agido como aquele jogo de fliperama "Whac-A-Mole".* Desmascara-se um mito, e outro ergue sua cabeça logo em seguida. E aquele que você desmascarou não deixa de ressurgir de tempos em tempos; quando as pessoas se esquecem de seus embustes implícitos ou quando surge uma nova geração, ele volta a figurar em seus discursos. Este é um projeto que irá demandar nossa constante vigilância no futuro, para que não nos deixemos cair em suas narrativas.

Por fim, quero agradecer a Rick e Jane Schwartz por nos inspirar e tornar possível esta publicação. Rick sempre busca as respostas mais persuasivas possíveis para dar aos seus funcionários e amigos. As intuições de Rick e Jane ajudam a causa libertária de inúmeras maneiras.

RON ROBINSON
Presidente
Fundação da Juventude Americana
Reston, Virgínia

---

* N. do T.: Trata-se de um jogo em que há vários buracos de onde saem toupeiras, e o jogador precisa bater nelas com um martelo.

1 A desigualdade econômica deriva das forças do mercado e exige intervenção estatal

Por Max Borders

A DESIGUALDADE ESTÁ EM TODOS OS LUGARES. NUMA FLORESTA tropical, árvores de mogno absorvem mais água e luz do sol do que todas as demais plantas e os animais. Em nossos ecossistemas econômicos, empreendedores e investidores controlam a maior parte dos ativos do que o restante de nós. Ninguém dá a mínima para as árvores de mogno, mas há terríveis discussões sobre os mais abastados. Porém, no caso dos ecossistemas e das economias, há ótimas razões para uma distribuição desigual de recursos.

As fontes de algumas formas de desigualdade possuem melhores embasamentos que outras. Por exemplo, a desigualdade que se manifesta em consequência do capitalismo de compadrio — ou *"crapitalismo"*,* como o editor da *Barron*, Gene Epstein, prefere chamá-lo — certamente não é nada desejável. Por isso, é importante que façamos uma distinção entre empreendedores econômicos e empreendedores políticos: os primeiros criam valor para a sociedade; os últimos descobriram como transferir recursos dos outros para seus próprios cofres, normalmente por meio de *lobby* para a obtenção de subsídios, favores especiais ou leis anticoncorrenciais.

Se pudermos desassociar a imagem dos "crapitalistas" dos verdadeiros empreendedores, poderemos ver as diferenças entre os aproveitadores e os criadores. E a desigualdade gerada pelo empreendedorismo honesto, longe de

---

* N. do T.: Contração de *crony capitalism* (capitalismo de compadrio), gerando um trocadilho com *crap capitalism* (capitalismo de merda).

indicar que algo está errado, indica geração de prosperidade para todos. Num sistema em que todos se beneficiam por meio do intercâmbio de conhecimento e da criatividade, algumas pessoas, fatalmente, se tornarão bem-sucedidas. É uma característica natural do sistema — um sistema que recompensa empreendedores e investidores por serem bons administradores do capital. Sem dúvida, quando as pessoas não administram bem o capital, elas tendem a falhar. Em outras palavras, aqueles que fazem maus investimentos ou que não servem bem seus consumidores dificilmente ficarão ricos.

Sempre que ouvíssemos alguém se lamentando da desigualdade, deveríamos reagir de imediato com a pergunta: "E daí?" Algumas das pessoas mais inteligentes (e até mesmo algumas das mais ricas) misturam preocupações com os mais pobres com preocupações sobre os ativos controlados pelos mais ricos. Essa noção está enraizada naquele velho pensamento de soma zero — a ideia de que se um pobre não tem é porque o rico tem. Mas uma pessoa só se beneficia à custa da outra no "crapitalismo", não sob condições de empreendedorismo honesto e livre comércio.

Com exceção daqueles que lucraram muito contratando advogados e lobistas em vez de pesquisadores e desenvolvedores, indivíduos ricos chegaram a essa condição por criarem grande quantidade de valor para grande quantidade de pessoas. Assim, a ausência de super-ricos, na verdade, seria um péssimo sinal para todos nós — sobretudo para os mais pobres. Com efeito, isso indicaria uma de duas hipóteses: ou que nenhum valor teria sido criado (menos coisas boas em nossas vidas, como iPhones e trufas de chocolate), ou que o governo se comprometera com radicais redistribuições de renda, removendo todo tipo de incentivos significativos para que as pessoas se tornassem criadoras de valor e administradoras de capital.

Sejamos honestos. Quando os recursos estão alocados em investimentos ou em contas bancárias, eles não estão *ociosos*. Ou seja, a maioria dos mais ricos não sai por aí enfiando seus milhões debaixo de colchões ou mergulhando em seus cofres cheios de moedas de ouro. Em condições de estabilidade econômica, esses recursos atuam constantemente na economia. Em condições mais estáveis, parte é destinada para um restaurador criativo do interior na forma de um empréstimo. Outra parte é utilizada por árbitros que ajudam a estabilizar os preços das mercadorias. Outra parte ainda é emprestada a uma enfermeira, que assim poderá comprar sua primeira casa. Sob circunstâncias normais, todas essas são coisas boas. Mas quando demasiados recursos são interceptados pelo governo, antes de chegarem a esses atores fundamentais das redes econômicas, acabam sendo dilapidados por causa da burocracia federal — um vórtice em que a prosperidade desaparece.

Deveríamos nos lembrar de que, por conta de nossos mercados produtivos, a maioria de nós vive de forma luxuosa. As diferenças nos ativos não são iguais às diferenças nos padrões de vida, embora as pessoas tendam a criar fetiches quanto àquelas. O economista Donald Boudreaux reforça que a fortuna de Bill Gates deve ser cerca de 70 mil vezes maior que a dele. Mas isso significa que Bill Gates ingere 70 mil vezes mais calorias do que o professor Boudreaux? As refeições de Bill Gates são 70 mil vezes mais saborosas que as dele? Seus filhos são 70 mil vezes mais bem-educados? Ele pode viajar para a Europa ou para a Ásia 70 mil vezes mais rápido ou mais seguro? Gates viverá 70 mil vezes mais anos que ele? Hoje, até o mais pobre em um país como os Estados Unidos tem uma vida melhor do que quase qualquer pessoa que vivia no século XVIII e melhor do que dois terços da população mundial.

Ao ouvirmos pessoas aflitas com as desigualdades econômicas deveríamos nos perguntar: será que essa gente está genuinamente preocupada com os mais pobres ou apenas se sente indignada com os ricos? Veja só como distinguir: sempre que alguém reclamar sobre "a disparidade", pergunte-lhe se ele gostaria que os ricos fossem ainda mais ricos se isso gerasse melhorias nas condições dos miseráveis entre nós. Se ele disser que "não", estará, assim, admitindo que sua real preocupação é com o que os endinheirados possuem, não com o que falta aos pobres. Se sua resposta for "sim", então torna-se irrelevante tratar da tal "disparidade". Depois, você poderá dirigir a conversa para uma preocupação legítima — por exemplo, como melhorar as condições dos mais pobres sem ter que pagar para mantê-los sob a tutela do Estado. Em outras palavras, a conversa verdadeiramente produtiva que deveríamos ter é sobre à *pobreza absoluta*, a *miséria*, não sobre a pobreza relativa.

Na maior parte das discussões sobre desigualdade econômica, uma dinâmica emocional básica encontra-se em atividade. Determinada pessoa se dá conta de que tem menos do que outra, e passa a sentir inveja. Porventura, percebe que tem mais do que outra, e sente culpa. Ou vê que alguém tem mais do que outros, e sente indignação. Inveja, culpa e indignação. São essas as emoções que deveriam motivar as políticas sociais? Quando começarmos a compreender as origens da riqueza — empreendedores honestos e administradores do capital em um ecossistema desigual desde a raiz — poderemos aprender a deixar nossas emoções mais primitivas para trás.

> **RESUMO**
>
> - Desigualdades econômicas, como traços de personalidade que formam cada indivíduo, são uma característica inata da humanidade.
>
> - Quando há um aumento natural da desigualdade econômica no mercado, isso reflete amplamente na capacidade dos indivíduos de servirem seus semelhantes; quando tal aumento ocorre por ligações políticas, a injustiça e a corrupção tomam conta.
>
> - Permitir que a desigualdade econômica ocorra, contanto que não seja derivada de ações políticas, inevitavelmente, eleva o padrão de vida de todos.
>
> - Preocupações pelos "pobres" é, quase sempre, uma mera forma de disfarçar inveja ou desdém pelos "ricos".

2 Como nossos recursos estão acabando, o governo precisa gerenciá-los

Por Max Borders

MILTON FRIEDMAN DISSE, CERTA VEZ, QUE SE COLOCASSEM O governo federal para administrar o deserto do Saara, em cinco anos haveria escassez de areia. O grande economista não estava apenas querendo ser engraçado, não obstante apontasse para um problema muito grave acerca do gerenciamento governamental dos recursos. Neste capítulo, responderemos por que esse é um problema. Antes, porém, deveríamos fazer a seguinte pergunta: por que existe tanta preocupação de que acabaremos com nossos recursos? Como podemos chegar a um equilíbrio razoável entre o uso de recursos e sua conservação?

Quando a maioria dos indivíduos pensa em recursos, logo lhes ocorre a possibilidade de eles se esgotarem. E esgotar um recurso qualquer significa que não sobrará nada para as gerações futuras. Isso assusta as pessoas. A ideia que se tem é algo como isto: *se os pais deixarem os filhos mexerem na comida logo na primeira noite do acampamento, não restará nenhum sanduíche para o piquenique.* Os pais, imbuídos de sabedoria, racionam os recursos e restringem o acesso das crianças aos alimentos, para que haja alguma coisa para mais tarde. Aqueles que acreditam que o governo deveria gerenciar os recursos imaginam que o governo terá o mesmo comportamento de pais sábios. Mas será verdade?

O que talvez você não tenha percebido é que as pessoas no mercado — sob certas condições — encontram um equilíbrio entre consumo e conservação, o que alguns podem chamar de "sustentabilidade". Mas, antes de tudo, deve haver um mecanismo mercadológico completo. Isso pode ser difícil de compreender para algumas pessoas, porque a maioria delas acha que mercados *causam* consumo excessivo. E certos tipos de mercados podem causar mesmo.

Mercados saudáveis só existem sob determinadas regras. E três dessas regras são as principais: propriedade privada, indicadores de preço e lucro. Essas são as condições básicas de negociação. Sem elas, não há mercado saudável.

Propriedade privada significa que um indivíduo possui toda a propriedade de um recurso. Nós sabemos quem é o proprietário, quanto ele possui, e esse direito não lhe pode ser tolhido arbitrariamente. O proprietário também pode ter a liberdade de alienar o recurso. O que significa que conhecemos a diferença entre meu e seu, e, sendo assim, temos condições de conservar, negociar ou consumir.

Preços são o que o economista Steven Horwitz chama de "informação embrulhada em um estímulo". Quando o preço de algum recurso sobe bastante, os proprietários obtêm um estímulo para fazer aquilo que bem entenderem. Eles podem usar uma quantidade menor do recurso (ou seja, *conservá-lo*); talvez encontrem novas maneiras criativas de aumentar o fornecimento do recurso; ou podem encontrar um substituto, o que acaba por conservar o recurso. Claro que fazemos uma escolha desse tipo quando esperamos retornos futuros, também conhecidos como *lucro*. E nesse equilíbrio criado por preços, propriedade e lucro, os mercados conciliam uso com conservação.

Considere um recurso que já foi muito requisitado: óleo de baleia. O óleo de baleia era usado como fonte de energia no século XIX. Mas no caso das baleias, faltava um dos três componentes. Os baleeiros tinham preços e lucro, mas nenhuma propriedade privada. As baleias pertenciam ao que é conhecido como Bens Comuns — o que significava que qualquer um poderia caçá-las. Não é surpresa nenhuma que elas tenham sido caçadas até quase a extinção. Por ninguém deter a propriedade delas, os baleeiros tinham o estímulo perverso de que, quanto mais rápido elas fossem caçadas, melhor. Logo as baleias se tornaram escassas. De fato, como o número de baleias diminuiu, o preço individual do cetáceo subiu, e os estímulos à caça aumentaram. Porém, isso não ocorre se estiver em vigor um robusto regime de propriedade privada. Se as pessoas pudessem deter a propriedade das baleias, o estímulo delas não seria devastar todos os espécimes de maneira nada sustentável, mas fazer uma criação desses animais. (Ironicamente, os combustíveis fósseis salvaram as baleias graças à substituição.)

No século XIX, no Oeste americano, milhões de bisões selvagens (búfalos) vagavam pelas vastas planícies, que ainda não possuíam cercas ou limitações de propriedade. Eles quase foram extintos devido à caça predatória. Mas, ao contrário das baleias, as pessoas puderam tê-los como sua propriedade e criá-los como gado. O uso de arame farpado nas propriedades privadas tornou isso possível. Hoje, há muito mais gado nas planícies do que bisões selvagens, e mesmo os bisões que habitam terrenos privados têm sua sobrevivência mais assegurada do que na época em que vivam em propriedade "pública".

Tomemos como exemplo as árvores. Na América do Norte, há mais árvores hoje do que nos últimos cem anos. Não só os silvicultores possuem estímulos para replantar as árvores que derrubam como também recebem incentivos para cortá-las a ritmos sustentáveis. É claro, em certas partes do mundo — como na Amazônia e na África —, preocupações quanto ao desmatamento são perfeitamente justificáveis. Qual é a maior diferença entre as florestas da América do Norte e as florestas da América do Sul? Em um dos casos, as florestas são amplamente administradas pelo governo; no outro, são amplamente administradas por particulares.

Desde 1900, as áreas florestadas dos Estados Unidos permanecem estáveis, ao contrário de outras regiões do mundo, nas quais o desmatamento está ocorrendo em ritmo acelerado. Se forem incluídas nessa conta as florestas do Norte do Canadá, que são bastante densas, poderemos ver que a superfície coberta por florestas na América do Norte desde 1900 cresceu exponencialmente, de acordo com os relatórios da ONU sobre o Estado das Florestas no Mundo.

Em contrapartida, florestas em muitas partes do mundo estão perdendo terreno. Por que as florestas da América do Norte vêm crescendo enquanto florestas de outras regiões estão se perdendo? Certamente, o fator determinante é se o país tem as três regras principais (mais uma vez: propriedade privada, indicadores de preço e lucro). A ausência dos direitos de propriedade é conhecida como a Tragédia dos Bens Comuns. Se olharmos para os fatos ao redor do mundo, lugares que possuem direitos estáveis sobre a propriedade privada equilibraram suas áreas florestadas. Lugares que não têm regimes com direitos estáveis sobre a propriedade privada possuem essas tragédias dos bens comuns — e sua ânsia pela exploração. Se alguma coisa não tem dono, então muitos podem ver nisso um estímulo para usar e até abusar de tal coisa, e pouco, ou nenhum, estímulo para cuidar dela ou fazê-la prosperar.

Líderes políticos em regiões sem direitos de propriedade privada tentaram resolver o problema da exploração incessante das florestas por meio de regulamentações governamentais — ou seja: apenas proibiram as pessoas de usar o recurso ou obrigaram o governo a alocá-las de maneira "sustentável". Ao contrário dos clichês de conservação da esquerda, nenhuma das duas políticas tem funcionado muito bem.

No caso das proibições, mercados negros se formaram e houve uma corrida para a exploração do recurso. Madeireiros ilegais e traficantes de madeira têm proliferado, porque os problemas persistem. Por exemplo, os rinocerontes negros estão sob ameaça de extinção na África, a despeito das proibições. Pelo fato de o incentivo do lucro ser ainda mais intenso durante proibições, muitos resolvem se aventurar no mercado madeireiro. No caso da alocação de recursos por parte dos governos, o processo pode ser facilmente corrompido. Em outras palavras, qualquer um que for capaz de controlar os reguladores será capaz de manipular o processo a seu favor. Em seguida, o problema deixa de ser apenas a corrupção, mas, na maioria dos casos, as próprias considerações quanto à "sustentabilidade" deixam de existir, levando junto com elas os mecanismos de mercado que constituem as verdadeiras provas da sustentabilidade.

RESUMO

- É demasiado simplista imaginar que as pessoas consumirão cegamente aquilo que as sustenta sem levar em consideração as estruturas de estímulo que elas enfrentam; se houver incentivos para a conservação, elas agirão nesse sentido.

- A propriedade privada é um estímulo poderoso para a conservação de recursos. Você só tem a perder se sair por aí esbanjando o que é seu.

- Quando a propriedade se torna um "bem comum", recebemos uma autorização para usar e abusar dos recursos, sem nenhum incentivo para cuidar deles e aprimorá-los.

3 A igualdade contribui para o bem comum

Por Lawrence W. Reed

PESSOAS LIVRES NÃO SÃO IGUAIS, E PESSOAS IGUAIS NÃO SÃO LIVRES.
Eu gostaria de lembrar quem elaborou essa frase, que, repleta de profundo significado, deveria ser considerada uma das maiores verdades de todos os tempos.

Igualdade perante a lei — por exemplo, ser considerado culpado ou inocente com base no fato de você ter ou não cometido o crime, não por conta de sua cor, sexo, classe social ou crença — é um nobre ideal, e não está em questão no momento. A "equivalência" à qual a afirmação acima se refere pertence a questões de renda ou bens materiais.

Desse modo, sob outra ótica, a afirmação acima pode ser lida assim: "Pessoas livres terão rendas diferentes. Quando têm a mesma renda, elas não podem ser livres."

Igualdade econômica em uma sociedade livre é uma miragem vislumbrada pelos redistribucionistas — que, frequentemente, estão dispostos a derramar sangue e riquezas para atingir suas metas. Mas pessoas livres são pessoas diferentes, portanto, não deveria ser uma surpresa o fato de elas obterem rendas diferenciadas. Nossos talentos e habilidades não são idênticos. Nem todos trabalham tão arduamente. E mesmo que, como num passe de mágica, todos nos tornássemos iguais em riqueza esta noite, voltaríamos a ser desiguais logo na manhã seguinte, porque alguns de nós gastariam mais, e outros pouparium.

Para que pudessem produzir um mínimo de igualdade econômica, os governos deveriam emitir as seguintes ordens, sustentando-as com multas, penalidades e até prisões ou pelotões de fuzilamento: "Não supere ou trabalhe mais duro que o cara ao seu lado, não tenha novas ideias, não assuma riscos e não faça nada de diferente daquilo que fez ontem." Em outras palavras, não seja humano.

O fato de que pessoas livres não são iguais em termos econômicos não há de ser lamentado. Pelo contrário, é causa para júbilo. A desigualdade econômica derivada da interação voluntária entre indivíduos criativos, e não devido a influências políticas, apenas corrobora que esses estão sendo eles mesmos, cada um aplicando no trabalho suas singularidades de maneiras gratificantes para si e úteis para os outros. Como diriam os franceses em um contexto diferente, *Vive la différence!*

Pessoas obcecadas com igualdade econômica — igualitarismo, para empregar um termo mais clínico — fazem coisas estranhas. Elas invejam os outros. Sentem cobiça. Dividem a sociedade em duas categorias: vilões e vítimas. Gastam mais tempo querendo puxar os outros para baixo do que fazendo força para evoluir. Não são nada divertidas para se conviver. E se chegam a algum cargo eletivo, podem causar danos seriíssimos. Pois, assim, elas não apenas chamarão as autoridades; elas *serão* as autoridades.

Exemplos de leis nocivas motivadas por sentimentos igualitários, é claro, são incontáveis. Elas criam a base para o aparato redistributivo do moderno estado de bem-estar social. Um caso clássico foi, na década de 1990, um aumento de impostos especiais de consumo sobre barcos, aeronaves e joias. Os apoiadores do projeto de lei no Congresso presumiram que apenas os ricos compram barcos, aeronaves e joias. Taxar tais itens daria uma lição aos ricos, ajudaria a diminuir a diferença entre os "privilegiados" e os "desprivilegiados", e havia uma projeção de aumento de 31 milhões de dólares na arrecadação para o Tesouro federal em 1991.

O que realmente ocorreu foi muito diferente. Um estudo subsequente feito pelos economistas do Comitê de Junta Econômica do Congresso demonstrou que os ricos não seguiram a fila do rebanho para serem tosquiados: a receita total dos novos impostos em 1991 foi de apenas 16,6 milhões de dólares. A principal afetada foi a indústria náutica, na qual houve um total de 7.600 demissões. Na indústria aeronáutica, 1.470 pessoas foram para o olho da rua. E na indústria de joias, 330 empregos foram extintos para que os congressistas pudessem aliviar suas consciências igualitárias.

O estudo também revelou que esses empregos perdidos causaram uma perda aos cofres públicos de 24,2 milhões de dólares, por causa do seguro-desemprego. Isso mesmo — 16,6 milhões de dólares entraram, 24,2 milhões de dólares saíram, gerando uma perda líquida de 7,6 milhões de dólares para o já deficitário Tesouro Nacional. Ao promover a causa da igualdade econômica com uma medida punitiva, o Congresso conseguiu nada mais do que deixar a si mesmo e todos nós um pouco mais pobres.

No entanto, para o igualitarista fervoroso, intenções sempre valem mais, e as consequências são insignificantes. É mais importante enfatizar e atacar do que produzir resultados que sejam construtivos ou que atendam aos objetivos expressos. Forçar o Congresso a desfazer o dano que causou com más ideias como essa é sempre desanimador.

Em julho de 1995, a desigualdade econômica constou nas manchetes dos jornais após a publicação de um estudo feito pelo economista Edward Wolff, da Universidade de Nova York. Sendo o mais recente de uma longa lista de falácias que pretendem mostrar que os livres mercados estão tornando os ricos mais ricos e os pobres mais pobres, o trabalho de Wolff foi comemorado na mídia tradicional. "A descoberta mais reveladora", escreveu o autor, "é que a quota de patrimônio líquido comercializável detido pelo 1% mais rico, que caiu dez pontos percentuais entre 1945 e 1976, aumentou 39% em 1989, comparado com 34% em 1983." Enquanto isso, aqueles na base da escala de rendimentos viram seus patrimônios se reduzirem no mesmo período — se formos confiar no estudo de Wolff.

Contudo, mediante uma análise mais detalhada e desprovida de paixões, vemos que o estudo não contou a história até o fim, se é que contou alguma parte dela. Wolff não só utilizou uma medida muito restrita que, por natureza, exagera as disparidades entre as riquezas, mas também ignorou a mobilidade dos indivíduos para cima e para baixo dentro da escala de rendimentos. Em um editorial de 28 de agosto de 1995, o *Investor's Business Daily* entregou toda a verdade: "Diferentes pessoas compõem 'os ricos' de ano para ano. Os dados mais recentes advindos das declarações de imposto de renda (...) mostram que 20% dos mais ricos de 1979 caíram para uma faixa de renda menor no ano de 1988."

Dentre os que compunham esses 20% de 1979, apenas 14,2% ainda se mantinham nessa faixa em 1988. Quanto aos níveis de rendimento, cerca de

20,7% subiram um nível, enquanto 35% subiram dois níveis de rendimento, 25,3% subiram três e 14,7% juntaram-se aos 20% mais ricos.

Se a desigualdade econômica é uma enfermidade, punir esforço e sucesso não pode ser considerado uma cura. Medidas coercitivas que visam a redistribuição de riquezas induzem os espertos ou "privilegiados" com boas relações políticas a buscar refúgio em paraísos fiscais locais ou no exterior, enquanto os indefesos "desprivilegiados" sofrem os maiores golpes em função do declínio econômico. Um gasto de tempo mais produtivo seria trabalhar para eliminar a montanha de ingerências governamentais que asseguram que os "desprivilegiados" também sejam os "incapacitados".

Essa questão de igualdade econômica não se trata de compaixão. Quando está apenas no plano das ideias, é pura bobagem. Quando entra para o campo das políticas públicas, é uma grande irracionalidade.

RESUMO

- Se as pessoas forem livres, elas serão diferentes. Isso reflete suas individualidades e contribuições aos outros no mercado. São necessários esforços para torná-los iguais.

- Talentos, empreendedorismo e saber poupar são três das principais razões por que temos rendimentos diferenciados numa sociedade livre.

- Forçar as pessoas a serem iguais economicamente pode fazer com que igualitaristas equivocados se sintam melhor, mas causa danos reais a pessoas reais.

4 Quanto mais complexa a sociedade, mais o governo controla o que precisamos

Por Leonard E. Read

O REITOR DE UMA UNIVERSIDADE AFIRMOU O SEGUINTE NUM seminário recente: "Suas teorias de livre mercado, propriedade privada, governo limitado estariam todas de acordo diante de condições simples de há pouco mais de um século, mas é óbvio que são impraticáveis na economia complexa presente. Quanto mais complexa a sociedade, maior a necessidade de controle governamental; isso parece axiomático."

É importante expor essa falácia frequente, plausível e influente, porque ela leva direta e logicamente ao plano socialista. Foi assim que um membro do seminário respondeu ao reitor:

"Imaginemos a situação mais simples possível, só entre mim e você. Digamos que eu sou tão sábio quanto qualquer presidente dos Estados Unidos que já ocupou o cargo durante sua vida inteira. Diante dessa premissa, você, honestamente, acha que eu teria competência para controlar de forma coercitiva o que você, porventura, viesse a inventar, descobrir ou criar, o que ou com quem você deveria negociar ou se associar? Minha incompetência não seria patente na mais simples das sociedades?

"Agora, levemos essa situação simples a uma sociedade complexa — todas as pessoas desta sala. O que você acharia da minha competência para controlar de forma coercitiva suas ações criativas? Ou então, vamos considerar uma situação realmente complexa: os 188 milhões de habitantes desta nação.* Se eu

---

* Nos dias atuais, são mais de 320 milhões.

sugerisse que eu deveria assumir o comando de suas vidas e de seus bilhões de interações, você concluiria que eu estava delirando. Não está na cara que, quanto mais complexa for a economia, mais provável se torna que o controle governamental sobre o esforço produtivo exerça uma influência retardante? Claro que quanto mais complexa fosse nossa economia, mais deveríamos confiar nos processos milagrosos e adaptativos do homem de agir livremente. Nenhuma mente humana, nem nenhuma combinação de mentes, jamais poderia vislumbrar, quiçá controlar de modo inteligente, as incontáveis interações de energia humana em uma sociedade simples, que dirá em uma complexa."

É pouco provável que o reitor torne a abordar essa questão.

Embora expor falácias possa ser comparado a tentar apagar incêndios florestais indefinidamente, o exercício, contudo, é útil e engrandecedor — no sentido de que ações preventivas podem ser úteis. Além disso, a capacidade de expor falácias — uma tática negativa — parece ser o preâmbulo necessário para reforçar de maneira influente coisas positivas. A menos que a pessoa possa demonstrar competência para destruir o erro socialista, é pouco provável que ela venha a cair nas graças do público por suas visões a respeito das maravilhas forjadas por homens livres.

De todos os erros ouvidos em salas de aula, ou qualquer outro lugar, não há nenhum que não possa ser esclarecido. Só precisamos dedicar nossas inteligências a isso. A Fundação para a Educação Econômica busca ajudar aqueles que gostariam de expor falácias e ressaltar os méritos da liberdade. Quanto mais gente nos superar para fornecer esse tipo de ajuda, melhor.

Embora a falácia "complexidade exige controle" não seja expressada publicamente de maneira tão ousada nos dias de hoje, ela ainda está implícita nas principais afirmações da esquerda moderna. Quase todas as inovações dão origem a algum apelo de algum progressista de algum lugar qualquer que visa regulá-las, monitorá-las e, às vezes, bani-las. Raramente um progressista irá rejeitar novas tarefas governamentais, muito embora o governo já tenha assumido diversas tarefas, porém pessimamente administradas (à custa de prejuízo financeiro). Seria bom ressaltar que quanto mais o governo tenta impor controles, menos ele consegue realizar bem todos os seus deveres, inclusive os essenciais.

Leonard Read faleceu em 1983, mas sua sabedoria, como a expressa aqui, ainda ecoa por todos os cantos.

[Nota do Editor: Este foi o primeiro capítulo da primeira edição de *Clichés of Socialism*, publicado em 1962.]

RESUMO

- Complexidade não insinua automaticamente uma centralização do poder.

- Você e eu temos o trabalho constante de gerenciar nossas próprias vidas; nossa tarefa aumenta exponencialmente quando tentamos controlar as vidas de outras pessoas a nossa volta, e ela se expande além da lógica quando tentamos controlar as vidas de milhões.

5 A desigualdade econômica é a maior crise econômica e moral da nossa época

Por **Ron Robinson**

NO CERNE DA POPULARIDADE DO PROGRESSISMO, DA ESQUERDA, está sua temática ideológica de que a desigualdade econômica é um mal em uma sociedade livre.

Os líderes governistas mais memoráveis do século XX subiram ao poder atacando a desigualdade econômica de uma forma ou de outra. Lenin atacava o velho regime imposto pelos czares. Depois, ele derrubou o governo substituto liderado pelo socialdemocrata Alexander Kerensky, porque o partido socialista de Kerensky tolerava a desigualdade econômica. Stalin veio em seguida com sua perseguição aos *kulaks*, que eram os fazendeiros relativamente mais bem-sucedidos, ucranianos em sua maioria. Lenin preparou o terreno para os expurgos de Stalin, rotulando os *kulaks* de "sugadores, vampiros, saqueadores do povo e aproveitadores, que enriqueceram com a fome alheia".

Hitler e seus Nacionais Socialistas atacavam os judeus alemães por seu sucesso econômico e acúmulo de riquezas. Mao Tsé-Tung chegou ao poder prometendo igualdade econômica e, mais tarde, comandou a "Revolução Cultural" para impor sua visão. Os irmãos Castro e sua polícia secreta, o famigerado Comitê pela Defesa da Revolução, buscaram livrar Cuba de seus empreendedores, advogados e médicos bem-sucedidos.

Em essência, os mesmos vícios motivaram cada um desses movimentos: inveja e cobiça pelo sucesso dos esforçados empreendedores de suas sociedades. Camponeses e marinheiros russos recebiam treinamento para vilipendiar os *kulaks*. Nos anos 1930, os nazistas encontraram seguidores ressentidos do sucesso de mercadores e artífices judeus. Mao e sua Guarda Vermelha atacavam qualquer um que não coadunasse com as "massas". Castro eliminou ou expulsou todos aqueles que tinham plantações privadas, produziam açúcar, distribuíam petróleo ou lidavam com entretenimento.

Os esquerdistas dos dias atuais também recorrem à inveja e à cobiça para justificar a elevação de impostos. Raramente deparamos com um exemplar do *New York Times*, *Washington Post* ou outro periódico de tendências de esquerda que não cite a desigualdade econômica como uma ameaça à sociedade.

Como é possível que vícios como inveja, cobiça ou ressentimento ainda sejam parte essencial da agenda progressista, levando em conta os resultados de movimentos do século xx com motivações semelhantes? Como o finado economista Milton Friedman ressaltou de forma brilhante: "Uma sociedade que coloca a igualdade acima da liberdade nunca terá nenhuma das duas. Uma sociedade que coloca a liberdade acima da igualdade experimentará em boa medida tanto de uma quanto de outra."

Basicamente, faz parte da condição humana não conseguir admitir que alguém é mais bem-sucedido que outro em virtude de dons diferentes, ou porque talvez essa pessoa se esforce mais, ou ainda porque ela tomou melhores decisões. A história do rancor e do ciúme de Caim por Abel, descrita em diversas escrituras do judaísmo, cristianismo e islamismo, e suas terríveis consequências destaca como pode ser perigoso alimentar-se de ressentimento.

Mesmo assim, é a inveja, a cobiça e o ressentimento a base do sistema de crenças de esquerda da atualidade.

Pergunte a qualquer redistribucionista econômico atual: Você fez o que Kobe Bryant, Aaron Rodgers, Alexander Ovechkin, Katy Perry, Taylor Swift, ou mesmo Bill Gates ou Warren Buffett fizeram para conquistar suas riquezas? Duvido que eles digam que sim. Ao mesmo tempo, quantos americanos não são ludibriados a desumanizar os "abastados" ao ponto de se sentirem consolados com a aplicação de confisco tributário sobre eles?

De fato, na cultura americana de hoje, nossos filmes, séries televisivas, produções acadêmicas e a mídia produzem mais ataques *ad hominem* contra empresários bem-sucedidos do que em todas as máquinas de propaganda dos Nacionais Socialistas, do Comitê pela Defesa da Revolução e da Guarda Vermelha de anos pregressos.

Todo estudante sabe que seus colegas de turma tiram notas diferentes por causa de individualidades relacionadas a inteligência, capacidade de atenção, esforço e o nível de outras distrações cotidianas de cada aluno. Portanto, não existe uma perspectiva ideológica dentro da sala de aula que insista para que todas as notas devam ser iguais, e que a "desigualdade" entre as notas necessitem ser eliminadas.

Você sabe que seus esforços, ou os esforços de seus colegas de sala, merecem recompensas diferenciadas. Você aceita isso como justo. Embaralhar as notas ao acaso, ou igualar todas as notas, não incentivará a busca por bolsas de estudo ou qualquer tipo de empenho.

Assim, é por isso também que conservadores e libertários não se impressionam por alegações ideológicas de que a desigualdade econômica é digna de preocupação, exceto quando há interferência governamental para escolher seus prediletos.

Uma das parábolas mais notáveis de Jesus trata de três servos que recebem três diferentes conjuntos de talentos. Jesus não sugeriu que esses talentos devessem ser redistribuídos para gerar igualdade. Sua principal preocupação era que cada beneficiário usasse sabiamente os talentos que lhe foram confiados. Como aquele com o maior número de talentos usou-os de maneira mais eficiente, a parábola de Jesus termina com uma grande recompensa para ele.

Uma observação final: quando os progressistas discutem sobre segurança ou ameaças externas, eles sempre perguntam: "Se você acha que a Al Qaeda ou o Estado Islâmico é uma ameaça aos Estados Unidos, então por que não se alistou ao exército?" Bem, você deveria usar essa abordagem retórica ao debater ou discutir sobre "desigualdade econômica" com um progressista. Por que eles não oferecem voluntariamente ao governo mais de sua renda pessoal do que lhes é obrigado a pagar por lei?

Se o progressista pensa que a desigualdade econômica é uma ameaça que demanda ação, então eu pergunto: "Por que não começar com você e redistribuir sua renda? Sua renda é absurdamente desigual se comparada aos pobres do Terceiro Mundo, ou mesmo aos americanos mais pobres." Sem dúvida, o progressista sempre se recusa a reconhecer que o governo não pode oferecer nada a ninguém sem antes se apoderar de parte dos ganhos e rendimentos das pessoas. E os progressistas raramente dedicam voluntariamente seus recursos.

RESUMO

- Historicamente, os piores demagogos demonizam um grupo que eles não apreciam, assim como "os ricos", com o propósito de ganhos políticos e conquista de poder.

- De maneira hipócrita, muitos esquerdistas preconizam a redistribuição econômica por meio do governo em nome da "igualdade", mas raramente seguem estilos de vida ou gastam seu dinheiro em conformidade com as políticas que eles apoiam.

6 O capitalismo fomenta a ganância, e as políticas governamentais precisam moderá-lo

Por Lawrence W. Reed

NO DIA 19 DE ABRIL DE 2014, A PADARIA COLONIAL BREAD STORE da minha cidade — Newnan, na Geórgia — fechou as portas após uma década em atividade. A matriz explicou: "Com o objetivo de focar mais intensamente em nossas competências principais, tomamos a decisão de fechar algumas de nossas filiais." Um cliente de longa data respondeu no jornal local da seguinte maneira: "Isso é muito triste. E uma demonstração de *ganância*, pois estamos no fim da cadeia. É frustrante também saber que não há nada que se possa fazer a respeito."

Porém, há aqui uma visão abrangente de "ganância", se é que existe! Será que é ser ganancioso querer tornar mais eficiente um negócio no qual se investiu tempo e dinheiro? O que é que o cliente insatisfeito gostaria que fizessem quanto a isso? Quem sabe criar uma lei que escravizasse o empresário de maneira eficaz, obrigando-o a manter a loja aberta? Quem será o verdadeiro ganancioso dessa história?

"Ganância" é uma palavra que brota das línguas da esquerda com a mesma facilidade que a gordura solta da carne quando está numa churrasqueira. Esse é um termo carregado e pejorativo, que remete quem quer que seja o alvo à sarjeta da moralidade. Aquele que o profere posa de moralista e se coloca, de certa forma, numa posição de superioridade, preocupado somente com os outros, enquanto o ganancioso chafurda no mal do egoísmo. Indivíduos pensantes deveriam ter consciência de que essa é uma tática pérfida, não um comentário moral ponderado.

O economista Thomas Sowell apontou de forma magistral, em *Barbarians Inside the Gates and Other Controversial Essays*, que a acusação de "ganância" não se encontra mais entre as acepções de um dicionário. Ele escreveu: "Jamais compreendi por que recebe a pecha de 'ganancioso' aquele que quer economizar o dinheiro que lutou para juntar, mas *não* é ganância querer tirar o dinheiro de outra pessoa."

Antigamente, "ganância" significava — e durante muito tempo significou — mais do que apenas o desejo de ter algo para si. Era o culto desmedido e obsessivo dessa ânsia, que, frequentemente, passava dos limites e se materializava em ações que prejudicavam os outros. Querer muito, *muito* mesmo, ter um milhão de dólares não era por si só algo mau se você trabalhasse honestamente, negociasse livremente com os outros, ou assumisse riscos e criasse empregos e riqueza verdadeiros para conquistar tal soma. Se você cultuasse o milhão de dólares a ponto de cogitar roubá-lo ou aliciar um servidor público para ajudá-lo a saquear o Tesouro, aí, sim, você seria considerado um indivíduo ganancioso. E deveria se envergonhar disso. Se você for mais um dos que hoje em dia estão dispostos a se rebaixar a roubar ou a fazer politicagem para conquistar fortunas, terá muito o que explicar.

Para alguns, "ganância" também significa a relutância a dividir o que é seu com os outros. Suponho que um pai que compre um iate particular em vez de alimentar sua família possa se encaixar nessa categoria. Mas isso ocorre porque ele está se esquivando de responsabilidades pessoais. Ele deve isso à família que resolveu constituir, pois tem a obrigação de cuidar dela de maneira adequada. Portanto, o proprietário da padaria que fechou sua sucursal, por acaso, viola alguma responsabilidade de servir eternamente determinada clientela? Será que isso consta de algum contrato com o qual todas as partes concordaram?

Não nos esqueçamos da importância fundamental que tem o interesse pessoal saudável na natureza humana. Todos nós nascemos com ele, e ainda bem que assim o é! Não lamento tê-lo nem por um segundo. Tomar conta de si mesmo e daqueles que amamos e pelos quais temos responsabilidades é o que faz o mundo funcionar. Quando seu interesse pessoal o motiva a fazer algo, isso significa que, no fim das contas, você é bom para o mundo. Você está aliviando o fardo já existente, não contribuindo com ele.

Uma alegação comum, mas falaciosa, é a de que a Grande Recessão de 2008 resultou da "ganância" da comunidade financeira. Mas será que o desejo de ganhar dinheiro apareceu ou se intensificou de repente nos anos precedentes a 2008? O economista Lawrence White, da Universidade George Mason, explicou acertadamente que culpar a ganância pelas recessões não nos é nada produtivo. Ele afirma: "É como culpar a gravidade por uma epidemia de quedas de avião." A gravidade sempre esteve ali. Outros fatores devem estar intercedendo para criar uma anomalia tão grave. No caso da Grande Recessão, incluem-se entre esses fatores, sobretudo, anos de dinheiro fácil e taxas de juros reduzidas artificialmente pelo Federal Reserve, atos legislativos e burocráticos que pressionaram bancos a oferecer empréstimos duvidosos para a compra de casas, e entidades governamentais, como Fannie Mae e Freddie Mac, que distorciam o mercado imobiliário — todas essas políticas que se firmaram com o vasto apoio da esquerda, mas que jamais encontraram suporte em pessoas que vieram, de fato, do "livre mercado".

A perspectiva progressista de "ganância" é que ela é um problema constante no setor privado, mas que, de alguma forma, recua quando o governo assume o controle. Fico me perguntando quando exatamente o interesse pessoal de um político evapora e sua compaixão altruísta entra em ação. Será que isso acontece na noite de eleição, no dia em que ele toma posse ou depois que ele tem a chance de conhecer a fundo as pessoas que engraxam as engrenagens governamentais? Quando ele percebe o poder que tem, será que isso o torna mais ou menos predisposto a querer servir a si mesmo?

Vocifera o charlatão: "Aquele cara é um ganancioso! Ficarei feliz em tomar seu dinheiro para protegê-lo dele!" Antes de correr para seus braços, faça algumas perguntas bem específicas sobre como o suspeito de ser ganancioso realiza o seu trabalho e como o candidato a protetor sugere fazer o *próprio*.

O fato é: não há nada no governo que o torne menos "ganancioso" que o homem mediano ou a instituição mediana. Com efeito, existem todas as razões para se acreditar que acrescentar poder político ao ímpeto natural do interesse pessoal é uma receita ígnea para aumentar o prejuízo que a ganância pode causar. Você já ouviu falar de corrupção no governo? Compra de votos com a promessa de receber dinheiro alheio? Obtenção de vantagens ao declarar que certa ação "é para as crianças"? A sobrecarga de gerações vindouras por conta de dívidas criadas pelo Cowboy Poetry

Festival, em Nevada (um grande comício do senador Harry Reid financiado com dinheiro público)?

Se você é alguém que tem interesses pessoais honestos dentro de um livre mercado, não vai demorar a dar-se conta de que, para satisfazer o interesse pessoal que alguns críticos se apressam a rotular como "ganância", não pode colocar uma coroa na cabeça, enrolar-se numa túnica e sair ordenando que os camponeses desembolsem suas economias. Você precisa produzir, criar, negociar, investir, empregar. Você precisa fornecer bens e serviços que clientes voluntários (não reféns pagadores de impostos) escolham comprar, e, com sorte, mais de uma vez. Sua "ganância" se traduz em coisas que irão melhorar a vida das outras pessoas. Na utopia socializada e hierarquizada com que a esquerda sonha, a ganância jamais desaparece. Ela só é canalizada em direções destrutivas: para satisfazê-la, você precisa usar o processo político para tomar algo do povo.

A acusação de "ganância" acaba por tornar-se nada mais que um dispositivo retórico, uma difamação superficial com a intenção de servir fins políticos. Se você reverencia ou não um bem material como o dinheiro, essa é uma questão que deve ser tratada entre você e seu Criador, não algo que possa ser medido cientificamente e banido por legisladores, que, lá no fundo, estão interessados na mesma coisa. Não caia nessa como um patinho.

RESUMO

- Ganância tornou-se um termo traiçoeiro que demanda significado objetivo; é utilizado, hoje em dia, para descrever vários comportamentos que desagradam alguém por algum motivo (muitas vezes, escuso).

- Interesse pessoal é saudável e natural. O modo como você se dedica às relações interpessoais é o que determinará se elas se manterão saudáveis ou se sairão dos trilhos.

- Legisladores e governantes não estão imunes à ganância; pior, eles só ampliam seus efeitos danosos.

7 O livre mercado ignora os pobres

Por **Leonard E. Read**

UMA VEZ SOCIALIZADA UMA ATIVIDADE POR CERTO TEMPO, QUASE todo o mundo passa a aceitá-la como a maneira como as coisas deveriam ser.

Sem uma educação socializada, como os pobres teriam acesso ao ensino? Sem um serviço postal socializado, como fazendeiros receberiam suas correspondências, a não ser a custos altíssimos? Sem a Previdência Social, os idosos passariam seus últimos anos na pobreza! Se a eletricidade não fosse socializada, imagine a penúria das famílias mais pobres do vale do Tennessee!

Concordar com ideias de um estado absolutista é o que ocorre logo após a socialização, por incrível que pareça. Por quê? Não é preciso se aprofundar demais para obter tal resposta.

Logo após determinada atividade ter sido socializada, é impossível apontar, com exemplos concretos, como homens e mulheres em um livre mercado poderiam conduzi-la de maneira mais prudente. Como, por exemplo, podemos comparar um serviço postal socializado com as entregas postais privadas, se estas foram proibidas? É como tentar explicar a uma pessoa acostumada à escuridão qual é a aparência das coisas sob a luz. Só se pode recorrer a construções imaginativas.

Para ilustrar o dilema: nos últimos anos, homens e mulheres envolvidos em trocas livres e voluntárias (no livre mercado) descobriram como levar a voz humana para todos os cantos do planeta em um vinte e sete avos de segundo; como transmitir um evento, por exemplo um jogo de futebol, ao vivo para as salas de gente do mundo todo, com cores e movimento; como transportar duzentas pessoas de Los Angeles a Baltimore em três horas e 19 minutos; como distribuir gás de um buraco no Texas até casas em Nova York com baixo custo e sem subsídios; como levar dois litros de petróleo do golfo Pérsico à nossa Costa Leste — mais do que metade da volta completa no globo — por menos dinheiro do que o governo transporta uma carta de duzentos gramas até a casa do outro lado da rua. Mesmo assim, fenômenos triviais do livre mercado, como esses no campo da entrega, não conseguem convencer a maioria das pessoas de que a simples entrega de "uma correspondência" poderia ser deixada nas mãos do livre mercado, sem causar transtorno a ninguém.

Agora, então, recorra à imaginação: imagine que nosso governo federal, à data de sua criação, publicou um decreto com o intuito de que todas as crianças, do nascimento à idade adulta, recebessem sapatos e meias do governo federal "de graça". Em seguida, imagine que essa prática de "meias e sapatos gratuitos" foi mantida por dois séculos. Por último, imagine um de nossos contemporâneos — um que tenha fé nas maravilhas do que pode ser forjado quando as pessoas são livres — dizendo: "Não acredito que meias e sapatos para crianças devessem ser uma responsabilidade do governo. O certo é que essa seja uma responsabilidade da família. Essa atividade jamais deveria ser socializada. É, na verdade, uma atividade própria do livre mercado."

Sob essas circunstâncias, qual seria a resposta diante dessa afirmação? Baseado no que ouvimos de todos os lados, uma vez que uma atividade é socializada, ainda que por pouco tempo, o coro comum costuma ser o seguinte: "Ah, mas assim você deixaria as pobres crianças andarem descalças!"

No entanto, nesse exemplo, onde a atividade ainda não foi socializada, somos capazes de salientar que as crianças mais pobres possuem melhores condições de calçados em países em que meias e sapatos são responsabilidade da família do que em países em que isso é responsabilidade do governo. Somos capazes de demonstrar que crianças pobres estão mais bem calçadas em países que são mais livres do que em países menos livres.

Verdade seja dita, o livre mercado ignora os pobres exatamente na mesma medida em que não reconhece os mais ricos — as políticas não fazem distinções entre as pessoas. É uma maneira organizacional de tratar as coisas, levando em conta a transparência, o que permite que milhões cooperem e compitam, sem exigir um certificado preliminar de *pedigree*, nacionalidade, cor, raça, religião ou fortuna. Exige-se apenas que cada um obedeça a princípios voluntários, ou seja, o *fair play*. Livre mercado significa haver trocas voluntárias; é uma justiça impessoal dentro da esfera econômica, excluindo coerção, saques, roubos, protecionismo, subsídios, favores especiais daqueles que manipulam o poder, e outros métodos antiliberais com os quais bens e serviços trocam de mãos. Ele abre o caminho para que meros mortais ajam de acordo com a moral, porque eles são livres para agir moralmente.

Reconhecemos que a natureza humana é falha, e suas imperfeições acabam se refletindo no mercado (embora não mais do que na esfera governamental). Mas o livre mercado abre caminho para que as pessoas atuem com mais integridade, e todas as observações confirmam que os pobres têm mais condições de se sobressair diante dessas circunstâncias do que quando a economia está fechada, como o é sob o jugo do socialismo.

[Nota do Editor: este ensaio foi publicado, originalmente, na primeira edição de *Clichés of Socialism*. Praticamente nenhuma palavra foi modificada, e, apesar de alguns números estarem desatualizados, a sabedoria do presente ensaio é tão oportuna e relevante hoje como jamais foi.]

RESUMO

- Explicar como uma atividade socializada poderia ser mais bem realizada por meios voluntários e privados num livre mercado é um pouco como contar a um cego como seria ver. Mas isso não quer dizer que tenhamos que desistir e permanecer cegos.

- Exemplos das maravilhas da troca livre e voluntária estão à nossa volta. Nós só não lhes damos valor. Apenas imagine como seria se meias e sapatos fossem monopólios do governo por algumas centenas de anos em comparação com a variedade de sapatos a baixo custo que é oferecida em países livres para se negociar.

- Os livres mercados abrem caminho para que as pessoas ajam moralmente, mas isso não significa que este será sempre o caso; nem deveríamos pressupor que, quando munidos de poder, nosso comportamento se tornaria mais moral de uma hora para outra.

8 A economia precisa de mais planejamento — ou seja, planejamento *central*

Por Lawrence W. Reed

O DIA DE AÇÃO DE GRAÇAS ACONTECE APENAS UMA VEZ POR ANO. Mas, como temos muito a agradecer, talvez ele devesse ocorrer todos os dias.

G. K. Chesterton disse certa vez: "Eu sustentaria que agradecer é a forma mais elevada de consciência; e que gratidão é uma forma de felicidade duplicada pelo maravilhamento."

Pense a respeito, principalmente no uso de Chesterton da palavra "maravilhamento". Ela significa "admiração" ou "espanto". As pessoas menos gratas tendem a ser aquelas que raramente se sentem admiradas ou espantadas, a despeito da beleza, dos dons e das conquistas extraordinárias que nos rodeiam.

Uma carência de "maravilhamentos" é fonte de consideráveis falhas e infelicidades no mundo. Há quem não dê o menor valor a coisas que deveriam causar admiração em todos nós; há até quem as considere direitos obrigatórios. Em certas ocasiões, penso que aqueles que acreditam que mais governo é a resposta para quase tudo nem percebem os incontáveis maravilhamentos que resultam de coisas *para além* do poder político que tanto veneram.

Nós nos emocionamos com músicas incríveis, que chegam a nos levar às lágrimas. Apreciamos observar um fluxo contínuo de invenções que poupam nosso trabalho e enriquecem a vida. Somos rodeados de mercados com abundância de todos os tipos de produtos, desde alimentos até sapatos e livros. Percorremos, em questão de horas, distâncias que demandavam meses de desconforto para nossos ancestrais recentes.

Nos Estados Unidos, a expectativa de vida aos sessenta anos subiu cerca de oito anos desde 1900, enquanto a expectativa de vida após o nascimento aumentou incríveis trinta anos. As três principais causas de mortalidade em 1900 eram pneumonia, tuberculose e diarreia. Hoje, temos vidas mais saudáveis e longas o bastante para morrer, principalmente, de enfermidades (como doenças do coração e câncer) que são problemas degenerativos e relacionados à idade avançada.

A tecnologia, as comunicações e o transporte avançaram tanto no último século que é difícil um bibliotecário conseguir documentar o impressionante número de conquistas. Fico maravilhado por poder ligar para um amigo na China do meu carro, ou encontrar a cafeteria mais próxima com um aplicativo no meu iPhone. Espanto-me todas as vezes que pego um voo que cruza o país inteiro, enquanto o cara infeliz ao meu lado reclama que a aeromoça não trouxe o ketchup para a sua omelete.

Você já viu o catálogo da Sears de 1915 comparado com qualquer catálogo de loja de departamentos dos dias atuais? Apesar do que a inflação fez com o nosso dinheiro no século transcorrido, você preferiria gastar mil reais adquirindo os produtos do catálogo de 1915 — com suas tábuas de lavar roupa e limpa-neves — ou no catálogo atual, onde mil reais são capazes de comprar uma vasta gama de eletrônicos e eletrodomésticos que facilitam o dia a dia?

Nenhuma dessas coisas, que deveriam inspirar admiração, foram inevitáveis, automáticas ou garantidas. Quase todas elas surgiram por intermédio de incentivos, interesses pessoais e o desejo de lucro — de pessoas que nos concederam sua criatividade pela recompensa e pelo senso de conquista derivados de seu trabalho, não porque receberam ordens para tal. Alguns conseguem enxergar isso, e, por consequência, sentem-se maravilhados e gratos, felizes e inspirados. Outros também enxergam os mesmos êxitos, mas são invejosos e mal-agradecidos, irascíveis e exigentes. Outros ainda mal se dão conta de tamanhos feitos, e se ocupam de tentar microgerenciar o mundo de acordo com suas grandes estratégias.

Sempre que saio de casa, procuro aguçar todos os meus sentidos, pelo menos em termos de me conscientizar da natureza. Plantas, animais, as estrelas — todas essas "coisas" me fascinam. Quero saber qual é o nome de determinada erva, por que e para onde vai aquele pássaro, qual é o nome de tal estrela. Um dia desses, quando eu levava meus cães para passear, fui acolhido por uma maravilha natural após a outra — madressilvas perfumadas em plena floração numa bela manhã da Geórgia, e a sensacional fragrância das rosas do jardim do vizinho; e ao voltar para casa, deparei com as clêmatis coloridas e intricadas e os hibiscos entrelaçados que plantara poucas semanas antes. Estou em constante e obsessivo estado de admiração por um mundo muito além da minha compreensão — e muito distante da capacidade de *qualquer* mortal imitar ou planejar centralmente.

Como economista, inevitavelmente, sou atraído às implicações econômicas dessas observações. Nenhum economista jamais definiu isso tão bem quanto F. A. Hayek: "A curiosa tarefa da economia é demonstrar aos homens quão pouco eles realmente sabem a respeito daquilo que eles imaginam poder criar." Em seu memorável discurso de aceitação do Prêmio Nobel, com o qual foi agraciado em 1974, Hayek ilustrou esse ponto de maneira brilhante: "Se o homem não quiser causar mais prejuízos do que benefícios em seus esforços de melhorar a ordem social, ele precisa aprender que (...) não tem como alcançar o conhecimento pleno para dominar possíveis eventos. Ele, por conseguinte, terá de usar o conhecimento que puder alcançar, não para moldar os resultados, como o artesão molda sua obra, mas para cultivar um bom crescimento por fornecer o ambiente adequado, assim como o jardineiro faz com suas plantas."

Quem realiza um planejamento central, sem dúvida alguma, percebe que, como um bonsai — ou uma roseira — perfeitamente moldado, alguns humanos precisam de uma boa aparada (e é provável que esse mesmo indivíduo do planejamento central esteja em primeiro na fila para fazer essa poda, da qual ele apreciaria cada minuto). Você pode pegar um bonsai ou uma roseira, podar os excessos ou amarrá-los com bons resultados. Mas tente fazer algo semelhante aos seus concidadãos e verá que eles jamais voltarão a florescer ou desabrochar.

De fato, a analogia com o mundo humano/natural está cheia de limitações. Minha única intenção foi a de instigar o leitor a pensar e levá-lo até onde ele pudesse chegar. No processo, será útil lembrar que humanos, por natureza, não são robôs. Não somos tão previsíveis como uma máquina quando é programada. Quando somos crianças, os pais são nossos planejadores centrais, mas o objetivo da fase adulta é que, em certo momento, os pais nos deixem seguir com as próprias pernas. Nossa tendência é ir muito além quando o ambiente permite que cada um de nós tenha a liberdade de planejar por conta própria. Coisas incríveis acontecem quando assim o fazemos.

Leonard E. Read, fundador da FEE, escreveu um ensaio clássico (*I, Pencil*), em 1958, que explica um fato primoroso: ninguém no mundo sabe fazer um simples lápis, mas, mesmo assim, lápis e coisas muito mais complicadas são produzidos aos montes todos os dias. Esse pensamento deveria torná-lo mais humilde, se você acha que tem a capacidade de planejar uma economia para milhões de pessoas.

Quanto mais o indivíduo se permite testemunhar as surpresas do mundo, menos ele vai querer brincar de Deus com as vidas dos demais ou com a economia criada pelos trilhões de decisões individuais.

Só mais um ponto a respeito de "planejamento". A questão nunca é se *haverá* planejamento, mas, como sábios observadores da sociedade humana ressaltaram, se *os planos de alguns indivíduos com pouco poder são substituídos por aqueles com muito poder*. "Quanto mais o Estado 'planeja'", escreveu Hayek, "mais difícil se torna o planejamento para o indivíduo".

Os intelectuais de esquerda e seus seguidores ficam admirados com o que eles pensam que podem concretizar por intermédio do poder governamental. Seria melhor se eles parassem para sentir o perfume das rosas. Como no resto do mundo natural, o que a vida real num ambiente livre *realmente* concretiza é muito mais admirável.

RESUMO

- Reflita sobre as maravilhas à sua volta. Muito mais do que o resultado de um planejamento central e hierárquico imposto por hábeis estrategistas do governo, como você pode ter imaginado, elas talvez sejam os sonhos e planos de pessoas dotadas de iniciativa pessoal.

- O planejamento central como estrutura econômica tem suas raízes no que Hayek costumava chamar de "suposto conhecimento". Nenhum grupo, independentemente de quanto poder governamental possua, tem como saber mais do que uma fração infinitesimal do conhecimento que precisaria ter para planejar uma economia.

9 Os direitos humanos são mais importantes que os direitos à propriedade

Por Paul L. Poirot

Não é o direito *da* propriedade que é protegido, mas o direito *à* propriedade. A propriedade, *per se*, não possui direitos; mas o indivíduo — o homem — possui três grandes direitos, igualmente isentos de interferência arbitrária: o direito à sua vida, o direito à sua liberdade, o direito à sua propriedade. (...) Os três direitos são tão vinculados uns aos outros que, em essência, formam um único direito. Dar a vida ao homem, mas negar-lhe sua liberdade, é o mesmo que destituí-lo de tudo aquilo que faz sua vida valer a pena. Dar-lhe sua liberdade, mas despojá-lo de sua propriedade, que é o fruto e a insígnia de sua liberdade, é o mesmo que manter sua escravidão.

—George Sutherland,
ministro da Suprema Corte dos Estados Unidos

FRASES ARDILOSAS COM SIGNIFICADOS FAVORÁVEIS E APELO EMOcional estão sendo usadas atualmente para sugerir uma distinção entre direitos à *propriedade* e direitos *humanos*.

De maneira implícita, existem dois conjuntos de direitos — um pertencente aos seres humanos, e o outro, à propriedade. Visto que os seres humanos são mais importantes, é natural para o incauto reagir a favor dos direitos *humanos*.

Na verdade, não há tal distinção entre direitos à propriedade e direitos humanos. O termo *propriedade* não possui outro significado senão o que se aplica a algo possuído por alguém. A propriedade em si não possui direitos ou valores, exceto quando interesses humanos estão envolvidos. Não há direitos senão os direitos humanos, e o que se fala a respeito de direitos à propriedade são apenas os direitos humanos individuais à propriedade.

Então, por que os direitos à propriedade são menosprezados ao serem diferenciados dos direitos humanos? Eles estão entre os direitos humanos mais antigos e fundamentais, e entre aqueles mais essenciais à liberdade e ao progresso. São os privilégios da propriedade privada que dão significado ao direito ao produto do trabalho — privilégios que os homens, instintivamente, sempre entenderam como pertencendo a eles com a mesma intimidade e indissolubilidade que têm com seus corpos. A menos que as pessoas possam se sentir seguras de sua capacidade de guardar os frutos de seus trabalhos, há pouco incentivo para economizar e expandir seu fundo de capital — as ferramentas e os equipamentos para produção e uma vida melhor.

A Declaração de Direitos na Constituição dos Estados Unidos não vê distinção entre direitos à propriedade e quaisquer outros direitos humanos. A proibição de buscas e apreensões arbitrárias engloba "pessoas, casas, documentos e efeitos", sem nenhuma discriminação. Ninguém pode, sem o devido processo legal, ser privado de sua "vida, liberdade ou propriedade"; todos são igualmente invioláveis. O direito a um julgamento pelo tribunal do júri é assegurado tanto nos casos criminais quanto nos cíveis. Fianças arbitrárias, multas arbitrárias e punições incomuns e cruéis estão agrupadas numa única proibição. Os Fundadores perceberam que um homem ou uma mulher sem direito à propriedade — sem direito ao produto de seu trabalho — não é livre.

Todos esses direitos constitucionais têm duas características em comum. Primeiro, eles são aplicados isonomicamente a toda e qualquer pessoa. Segundo, eles são, sem exceção, garantias de liberdade ou imunidade contra interferências governamentais. Não são declarações de acusação contra outros, individual ou coletivamente. Na prática, eles apenas dizem que existem certas liberdades humanas, inclusive algumas pertencentes à propriedade, que são essenciais aos cidadãos livres e não podem ser infringidas pelo Estado.

Agora, e quanto aos famosos direitos humanos que são tidos como superiores aos direitos à propriedade? E quanto ao "direito" ao emprego, o "direito" a um padrão de vida, o "direito" a um salário mínimo ou a um máximo de horas de trabalho semanais, o direito a um preço "justo", o "direito" a acordos coletivos, o "direito" à segurança contra as adversidades e os perigos da vida, como velhice e invalidez?

Os autores da Constituição ficariam perplexos ao ver tais coisas serem tratadas como direitos. Elas não são imunidades contra coação exercida pelo poder público; pelo contrário, são demandas por novas formas de coação exercida pelo poder público. Não são reivindicações pelo produto do próprio trabalho; são, em alguns casos, senão em sua maioria, reivindicações pelos produtos do trabalho alheio.

Esses "direitos humanos" são, realmente, diferentes dos direitos à propriedade, pois eles se baseiam numa negação do conceito básico de direitos à propriedade. Não são liberdades ou imunidades asseguradas a toda e qualquer pessoa. São privilégios especiais conferidos a alguns indivíduos à custa de outros. A verdadeira distinção não é entre direitos à propriedade e direitos humanos, mas entre, por um lado, igualdade de proteção contra desmandos governamentais e, por outro, demandas pelo exercício de tais desmandos para beneficiar certos grupos favorecidos.

[Nota do Editor: este ensaio foi publicado originalmente em 1962.]

RESUMO

- Você possui a si mesmo e possui as coisas materiais que criou ou pelas quais negociou livremente com outros. Esses são direitos à propriedade — propriedade de si mesmo e de suas posses — e não podem estar desvinculados dos direitos humanos.

- Os Fundadores dos Estados Unidos não fizeram nenhuma distinção entre "direitos humanos" e "direitos à propriedade" por um bom motivo: elas não existem. Esses direitos são únicos.

- Seu direito àquilo que é seu é bem diferente de um direito sobre a pessoa ou sobre a propriedade alheia.

10 Eu tenho o direito!

Por **Charles W. Baird**

MUITOS FAZEM ESSA REIVINDICAÇÃO SEM SEQUER PENSAR NA natureza ou na fonte dos direitos. O que são direitos e de onde eles vêm?

A visão progressista ou intervencionista é a de que, contanto que a legislação seja adotada seguindo o rito do devido processo legal, o governo cria e extingue direitos. Por exemplo, o Congresso, ao seguir as normas do processo legislativo descritas na Constituição, pode criar ou extinguir um direito trabalhista, um direito educacional ou um direito à alimentação.

Quando a esquerda deseja expandir o escopo do governo, costuma fazer uma distinção entre "privilégio" e "direito". Nessa visão, privilégios são aquilo que as pessoas podem adquirir apenas por meios próprios; e algo é um direito quando o governo utiliza receitas fiscais ou outros poderes coercivos para fornecê-lo aos indivíduos, independentemente de seus meios. Coisas muito importantes, dizem, deveriam ser direitos, não privilégios. Assim, cuidados médicos nos Estados Unidos já foram considerados um privilégio, mas agora têm sido tratados, tanto na retórica quanto na lei, como um direito.

Na Declaração da Independência, Thomas Jefferson escreveu sobre direitos "inalienáveis" que todos os indivíduos possuem, independentemente do governo. De acordo com ele, todos os seres humanos foram "dotados" desses direitos por Deus. Alguns dos colegas de Jefferson disseram que a "natureza" dotou os seres humanos de direitos — ou seja, que os direitos são inerentes à natureza humana. Em ambos os casos, direitos são logicamente anteriores ao governo. O governo não possui autoridade legítima para acrescentar ou subtrair tais direitos. Seu papel é protegê-los.

Se algo é um direito humano na concepção jeffersoniana, este se aplica a todos os indivíduos meramente pela virtude de sua humanidade. Se uma pessoa possui tal direito, todos os outros humanos, pela lógica, devem ter o mesmo direito. Para não cair em contradição, não se pode reivindicar um direito humano para si e negá-lo aos outros. Fazê-lo seria o mesmo que admitir que o direito não é um direito "humano".

Ademais, o dito direito deve poder ser exercido por todos os indivíduos simultaneamente, sem contradição lógica. Se ao exercer um direito que reivindiquei eu torno impossível que outra pessoa ao mesmo tempo exerça direito semelhante, minha ação implica que o suposto direito não é inerente à natureza humana. Minha ação implica que é o direito é meu, não um direito da outra pessoa.

Por exemplo, suponhamos que eu reivindique um direito a um emprego. Se essa reivindicação significa que estarei empregado a qualquer tempo que eu desejar (o que mais poderia significar?), é preciso, portanto, que haja outra pessoa com o dever de fornecer o emprego. Porém, essa outra pessoa não tem o mesmo direito que eu. Meu direito é estar empregado, o "direito" dele é fornecer o emprego. Meu direito cria um *dever* para ele desempenhar uma ação positiva que ele pode ou não querer realizar. Não obstante nós dois sermos humanos, a liberdade de escolha dele é subordinada à minha liberdade de escolha.

Será que existe algum direito humano fundamental relacionado ao emprego no sentido jeffersoniano? Sim, é o direito de todos os indivíduos oferecerem para compra ou venda sua força de trabalho nos termos que desejar. Eu tenho o direito de vender meus serviços nos termos que me são convenientes, do mesmo jeito que você. Todos nós podemos exercer esse direito sem, desse modo, negá-lo a nenhuma outra pessoa. Eu tenho o direito de comprar (empregar) a força de trabalho de qualquer outro indivíduo nos termos que quero, assim como você. Podemos assim fazê-lo sem negar o direito a ninguém. Aqueles a quem você e eu estendemos nossas ofertas são livres para rejeitá-las. Ao exercer esses direitos, não impomos a ninguém deveres a serem desempenhados por nenhuma ação positiva.

Aplique o mesmo teste ao direito à alimentação, ao direito a uma boa educação e ao direito à saúde. Algum desses é um direito humano fundamental? Se eles forem interpretados com o significado de que os indivíduos receberão comida, educação e tratamentos médicos independente de sua vontade, então eles não são direitos humanos fundamentais. Todos temos um direito fundamental de *oferecer*, para compra ou venda, alimentos, serviços educacionais e tratamentos médicos nos termos que desejarmos, mas se não pudermos encontrar outras pessoas dispostas a aceitar nossas ofertas, não temos o direito de forçá-las a querer tais coisas.

Aplique o mesmo teste aos direitos resguardados pela Primeira Emenda da Constituição dos Estados Unidos: liberdade religiosa, liberdade de associação, liberdade de expressão e liberdade de imprensa. Esses são todos direitos fundamentais. Cada um de nós pode exercer a liberdade de escolha religiosa sem negar esse direito aos outros. Perceba, contudo, que não temos o direito de adentrar uma organização religiosa que não queira nos aceitar. Cada um de nós pode se associar com qualquer indivíduo ou grupo, mas apenas se eles estiverem dispostos a se associar conosco. Exercer esse direito não impossibilita que outros façam o mesmo. Cada um de nós pode dizer o que quiser sem negar esse mesmo direito aos demais. No entanto, perceba novamente que não temos o direito de forçar as pessoas a ouvir, ou que elas nos ofereçam um fórum onde possamos nos expressar. Cada um de nós é livre para tentar agregar os recursos necessários, por meio de acordos voluntários com outros, para publicar um jornal ou uma revista (ou um blog). Mas não temos o direito de forçar as pessoas a fornecer os recursos necessários ou a comprar ou ler nossas publicações.

Note que as visões progressistas e jeffersonianas não são somente diferentes, mas incompatíveis. Sempre que um direito reivindicado por alguém estabelece um dever de que outra pessoa assuma uma ação positiva, o suposto direito jamais poderá ser exercido pelas duas partes ao mesmo tempo sem uma contradição lógica.

A visão progressista de direitos é frequentemente chamada de visão positivista, porque tais direitos, necessariamente, estabelecem deveres de que sejam assumidas ações positivas sobre outros. Faz parte de uma filosofia mais abrangente chamada de positivismo jurídico, que afirma que os direitos são todos aqueles declarados pelo governo.

A visão jeffersoniana de direitos é, quase sempre, chamada de visão negativa, porque o único dever imposto sobre os outros por tais direitos é o de *evitar* realizar uma ação em particular. É o dever de abster-se de interferir na vida alheia. Além do mais, nessa visão, o governo em si é limitado pelos direitos justamente reivindicados por todos os indivíduos.

Da próxima vez que você disser "eu tenho o direito", pergunte-se: "Quem tem o dever?" Se houver alguém com algum dever de fazer qualquer coisa que não seja evitar interferir na sua vida, pergunte-se: "Por que estou reivindicando o direito de subordinar a vontade dessa pessoa à minha?"

[Nota do Editor: este ensaio foi publicado como o primeiro capítulo na antologia da FEE, *Clichés of Politics*, de 1994.]

RESUMO

- Direitos genuínos são anteriores ao governo; eles são parte da sua natureza como um indivíduo humano.

- O desejo de ter algo não significa, automaticamente, que você tem direito a ele.

- Se seu suposto "direito" a algo não puder ser assegurado sem forçar outra pessoa a fornecê-lo para você, então esse nem era um "direito", para começo de conversa.

- Você tem o direito de ler um livro, mas nenhum direito de obrigar outra pessoa a dá-lo a você.

11 Os ricos têm obrigação de retribuir

Por Lawrence W. Reed

PARA UMA SOCIEDADE QUE ALIMENTOU, VESTIU, ABRIGOU, CUI-dou, informou, entreteve e, de tantas maneiras, enriqueceu mais gente em altos níveis do que qualquer outra na história do planeta, sem dúvida existe muita culpa infundada nos Estados Unidos.

Manifestações dessa culpa estão por toda parte. O exemplo que mais me irrita é aquele que costumamos ouvir de filantropos bem-intencionados que enfeitam suas caridades com a seguinte conversa fiada: "Quero poder retribuir." Isso sempre soa como se eles estivessem se desculpando pelo sucesso que atingiram.

Traduzida, essa afirmação significa algo como: "Eu acumulei uma pequena fortuna com o passar dos anos. Não importa como a conquistei, apenas sinto-me culpado por tê-la acumulado. Há algo de errado por eu ter mais posses que as outras pessoas, mas não me peça para explicar como ou por que, pois é apenas um sentimento confuso e irrequieto da minha parte. Pelo fato de eu ter determinada coisa, sinto-me obrigado a ter menos dessa coisa. Sinto-me bem ao poder abrir mão disso, porque, ao fazê-lo, expurgo meus pecados de tê-la. Eu sou um cara muito legal, não acha?"

Ficou evidente para mim o quanto essa mentalidade se tornou profundamente arraigada, quando, há alguns anos, visitei o túmulo de John D. Rockefeller, no Cemitério Lakeview, em Cleveland. O epitáfio numa lápide ao lado, celebrando a vida desse extraordinário empresário, dava a entender que ter doado boa parte de sua fortuna foi uma realização tão grandiosa quanto erguer a incrível empresa internacional, a Standard Oil, que gerou essa fortuna. Os livros de história dos quais a maioria das crianças obtém conhecimento hoje em dia dá um passo adiante. Eles criticam de maneira sistemática indivíduos como Rockefeller pela fortuna que alcançaram e pelos fins lucrativos, ou pelo interesse pessoal, que teve papel fundamental no início de tudo, enquanto os enaltecem por abrir mão desse mesmo dinheiro.

Mais de uma vez, filantropos fizeram contribuições à minha organização e explicaram que estavam "retribuindo um pouco". O que eles queriam dizer é que, ao doar para nós, estavam pagando, com grandes quantias, alguma dívida para com a sociedade. Acontece que, com poucas exceções, esses filantropos, na realidade, não fizeram nada de errado.

Eles ganharam dinheiro durante suas vidas, óbvio, mas não roubaram nada nem ninguém. Correram riscos que não precisavam. Investiram seus próprios fundos, ou, inicialmente, pegaram uma quantia emprestada e pagaram mais tarde seus credores com juros. Criaram empregos, pagaram salários do mercado a trabalhadores voluntários e, assim, geraram o sustento de milhares de famílias. Inventaram coisas que não existiam, algumas das quais salvaram vidas e nos tornaram mais saudáveis. Fabricaram produtos e ofereceram serviços, os quais tiveram preços de mercado cobrados e pagos.

Tiveram clientes ávidos e voluntários, que voltaram para ter mais e mais daquilo que eles ofertavam. Tiveram acionistas aos quais precisavam oferecer rendimentos favoráveis. E também concorrentes, que deveriam superar ou sairiam prejudicados. Não precisaram forçar ninguém para chegar aonde chegaram, pois invocavam a livre negociação e contratos voluntários. Quitavam na totalidade suas contas e dívidas. E, todos os anos, doavam parte de seus lucros a muitas comunidades carentes, mesmo sem serem obrigados por nenhuma lei. Nenhum daqueles que conheço jamais passou um dia sequer na prisão por qualquer crime.

Considerando tudo isso, como é que alguém pode se sentir culpado? Suponho que, se eles têm culpa de algo, é de permitirem-se ser intimidados pelos perdedores e invejosos do mundo — pessoas que atuam na área da redistribuição, seja porque não sabem criar nada, seja porque simplesmente escolheram a via mais fácil. Eles só se apropriam do que querem ou contratam políticos para que se apropriem por eles.

Ou então, como alguns integrantes do clero que acham que a riqueza não é criada, mas apenas "coletada", os redistribucionistas se dedicam a incutir culpa nas pessoas até que elas renunciem ao próprio lucro — apesar do Décimo Mandamento contra a cobiça. Certamente, homens e mulheres de fé têm obrigação de fazer contribuições às suas igrejas, mesquitas ou sinagogas, mas isso é outra coisa, e não é o assunto aqui.

Uma pessoa que viole um contrato passa a dever alguma coisa, mas para a parte contrária específica do negócio. Se roubar a propriedade de alguém, você passará a dever à pessoa de quem roubou, não à sociedade; e, por isso, precisará restituir-lhe o objeto roubado. Essas obrigações são reais e derivam de um acordo voluntário, no primeiro exemplo, ou de um ato imoral de roubo, no segundo. Esse negócio de "retribuir um pouco" apenas porque você mereceu equivale a fabricar obrigações místicas que não existem na realidade. Vira todo o conceito de "dívida" de cabeça para baixo. Retribuir, ou dar alguma coisa "de volta", implica que determinada coisa não era sua inicialmente, mas a criação da riqueza por meio da iniciativa privada e da negociação voluntária não envolve a expropriação de ninguém de sua propriedade legítima.

Como é possível alguém inverter esses conceitos? Por qual medida racional um indivíduo bem-sucedido num livre mercado, que quitou e cumpriu todas as suas dívidas e obrigações no sentido tradicional, deve alguma coisa a uma entidade nebulosa chamada sociedade? Se o Empresário X ganha um bilhão de reais e o Empresário Y ganha 2 bilhões, faria sentido dizer que o Y deveria "retribuir" duas vezes mais que o X? E, se assim o fosse, quem deveria decidir a quem ele deve? Claramente, toda essa noção de "retribuir alguma coisa" só porque você a tem é fundada em uma areia movediça intelectual.

Pessoas bem-sucedidas, que conquistam sua fortuna por meio de negociações livres e pacíficas, podem querer doar algo, mas elas não seriam moralmente inferiores nem ficariam menos livres de dívidas se não doassem nada. Isso desvaloriza o poderoso impulso benevolente que todos, menos alguns, possuem de sugerir que a caridade é equivalente ao serviço da dívida ou que deveria ser motivada por qualquer grau de culpa ou autoflagelação.

Numa lista parcial daqueles que, de fato, têm obrigação de devolver alguma coisa incluem-se assaltantes de banco, trombadinhas, vigaristas, caloteiros e políticos que "levam um pouquinho para casa". Esses têm bons motivos para se sentir culpados, porque são culpados.

Mas se você é um exemplar da sociedade livre e empreendedora, uma pessoa que fez por merecer e soube administrar aquilo que conquistou, e nunca fez nada para prejudicar a vida, a propriedade ou os direitos de outras pessoas, você é um indivíduo diferenciado. Ao doar, você deveria fazê-lo pela satisfação pessoal gerada ao apoiar causas nobres, não por precisar aliviar uma consciência pesada.

[Nota do Editor: outras versões deste ensaio foram publicadas em exemplares da revista da FEE, *The Freeman*, sob o título "Who Owes What To Whom?".*]

> **RESUMO**
>
> - A frase aparentemente inocente "Eu quero retribuir" quase sempre dá a entender a existência de algum tipo de culpa por ter sido produtivo ou bem-sucedido.
> - Se você mereceu acumular uma fortuna por meio de negociações livres e voluntárias, não deixe que outros o façam se sentir culpado só porque conquistou tal riqueza.
> - Quem deveria realmente "retribuir" algo são aqueles que não merecem aquilo que têm, ou que tiraram dos outros o que não lhes pertencia.

---

* N. do T.: o título pode ser traduzido como "Quem deve o que a quem?".

12 Prefiro segurança a liberdade

Por **Leonard E. Read**

MUITOS DESAVISADOS SÃO ATRAÍDOS AO SOCIALISMO LUDI-briados por hipóteses que eles mesmos não chegaram a experimentar. Uma hipótese popular, mas enganosa, é que segurança e liberdade são alternativas mutuamente excludentes — que escolher uma é privar-se da outra.

Nos Estados Unidos, durante o último século, mais gente conquistou maior segurança material do que seus ancestrais jamais imaginaram ter em nenhuma das antigas sociedades. Um grande número de cidadãos neste país acumulou um confortável pé-de-meia para que, "faça chuva ou faça sol" — depressões, velhice, doenças etc. —, pudesse confiar nos frutos economizados de seu próprio trabalho (e/ou no trabalho de parentes, amigos ou paroquianos), para, assim, enfrentar qualquer tempestade ou percalço temporário. Em decorrência de liberdades de escolha jamais vistas, oportunidades incomparáveis, vidas abastadas e o direito ao fruto de seu trabalho — propriedade privada —, as pessoas puderam atender às muitas exigências que surgem no curso da vida.

Pensamos nessas conquistas pessoais invejáveis como sendo *segurança*. Mas esse tipo de segurança não é uma alternativa à liberdade, mas uma consequência da liberdade. Essa segurança tradicional tem raiz na liberdade como uma árvore que se desenvolve a partir de uma semente. Não é o caso de "um ou outro"; um sem o outro é impossível. A liberdade é que cria um ambiente propício para toda a segurança disponível neste mundo incerto.

No entanto, segurança em seu sentido tradicional não é aquilo a que os progressistas costumam se referir quando perguntam: "Você não prefere ter segurança em vez de liberdade?" Eles têm em mente o que Maxwell Anderson chamava de "garantia de vida", ou o arranjo descrito por Karl Marx: "De cada qual, segundo sua capacidade; a cada qual, segundo suas necessidades." Diante desses preceitos, o aparato político, tendo nada ao seu dispor além do poder de polícia, usa essa força para tomar a propriedade dos mais abastados, assim os menos abastados não precisam sair por aí saqueando os outros. Na teoria, pelo menos, é só isso o que ocorre — um procedimento de nivelamento!

Há de se reconhecer que esse processo parece atrair milhões de nossos conterrâneos. Eles imaginam que isso os exonera da necessidade de cuidar uns dos outros; o Tio Sam estará de prontidão com sacolas cheias de generosidades coletadas à força.

Para o incauto, isso parece uma escolha entre segurança e liberdade. Mas, na verdade, é a escolha entre a responsabilidade própria de um homem livre ou a segurança escravizada de quem recebe ordens do governo. Assim, se alguém dissesse "Prefiro receber ordens do governo para exercer a prática pessoal da liberdade", ele, ao menos, estaria escolhendo uma alternativa nos termos corretos.

Não é preciso ser um douto sociólogo para perceber que o tipo de "segurança" fornecida por ordens do governo exclui a liberdade para as três partes envolvidas. As pessoas que são destituídas de sua propriedade, obviamente, têm negada a liberdade de usar aquilo que lhes é de direito em virtude de seu labor. Em segundo lugar, aqueles a quem a propriedade é doada — que recebem alguma coisa em troca de nada — são privados da razão de viver mais importante de todas: a liberdade de ser responsável por si mesmo. A terceira parte dessa configuração — a figura autoritária que tira de uns e dá a outros — também perde sua liberdade.

Não é preciso ser um hábil economista para compreender como a garantia de vida leva à insegurança geral. Sempre que o governo assume a responsabilidade pela segurança, pelo bem-estar e pela prosperidade dos cidadãos, os custos do governo crescem além do ponto em que é politicamente vantajoso cobri-los por meio de arrecadações tributárias diretas. A essa altura — geralmente a cerca de 20-25% da renda dos cidadãos —, o governo recorre ao financiamento do déficit e à inflação. Inflação — aumento do volume de oferta de dinheiro para cobrir déficits — significa uma redução no poder de compra do dinheiro. A menos que seja controlado por uma mudança no pensamento e na política, esse processo faz com que todas as "garantias" se tornem inúteis, motivando, assim, uma insegurança generalizada.

As opções verdadeiras e realistas são *insegurança* ou *segurança*. A insegurança advém da transferência da responsabilidade de si para outros, especialmente quando transferida para um governo arbitrário e inconstante. Segurança genuína é uma questão de responsabilidade própria, baseada no direito aos frutos do próprio trabalho e na liberdade de negociar.

[Nota do Editor: este ensaio, com exceção de algumas edições de atualização, foi publicado originalmente no livro da FEE, *Clichés of Socialism*, em 1962.]

RESUMO

- Segurança verdadeira decorre da liberdade, não é uma alternativa a ela.

- Ser dependente, em vez de ser independente, é uma atitude de afastamento da segurança verdadeira.

- A observação do sr. Read, há mais de meio século, de que o aumento da dependência em um estado de bem-estar para obter segurança produziria problemas financeiros parece bastante visionário se olharmos para a atualidade. Prova disso é nossa dívida interna de 17,5 trilhões de dólares.

- A verdadeira escolha não é entre liberdade e segurança, mas entre segurança e insegurança.

13 Cooperação, não competição!

Por Lawrence W. Reed

"ACADEMIAS FRISAM COOPERAÇÃO, NÃO COMPETIÇÃO", VOCIFE-rava uma manchete do *New York Times*, há uma década. A história era sobre uma escola primária em que jogos "de confronto", esportes de equipe e rodadas eliminatórias foram mudados ou suprimidos, pois assim seriam minimizadas as diferenças entre as habilidades atléticas dos alunos.

Talvez funcione para aulas de educação física em colégios de ensino fundamental, mas imagine o efeito disso nos Jogos Olímpicos. Se essa regra fosse imposta na produção e nos negócios, condenaria milhões à pobreza ou à morte prematura. Vamos rever alguns princípios fundamentais.

Na economia, a competição não é a antítese da cooperação. Em vez disso, é uma de suas características mais importantes e benéficas. Pode até parecer contraintuitivo. Competição não clama por rivalidade ou algum tipo de comportamento semelhante a uma carnificina? Alguns competidores não perdem?

Na minha opinião, competição no mercado significa nada menos que lutar pela excelência no serviço dos outros para benefício próprio. Em outras palavras, os vendedores cooperam com seus consumidores atendendo às suas necessidades e preferências.

Muitos acham que a competição está diretamente relacionada ao número de vendedores em um mercado: quanto mais vendedores existirem, ou quanto menor a fatia do mercado que qualquer um deles tiver, mais competitivo será o mercado. Mas a competição pode ser tão feroz entre dois ou três rivais quanto entre dez ou vinte.

Além do mais, fatia de mercado é uma noção duvidosa. Quase qualquer mercado pode ser definido de forma limitada o bastante a ponto de fazer qualquer um parecer um monopolista em vez de um competidor. Tenho 100% da fatia do mercado de artigos escritos por Lawrence Reed, por exemplo, mas tenho uma fatia bem menor do mercado de artigos em geral.

Há não muito tempo, a XM e a Sirius eram as únicas duas rádios transmitidas por satélite nos Estados Unidos. Durante um ano e meio, o governo federal evitou que as duas se unissem, temendo que dessa fusão resultasse um monopólio prejudicial. Economistas alegavam que a XM e a Sirius não só competiam uma com a outra, mas como duas de muitas empresas em um imenso mercado de mídia que inclui rádios gratuitas, iPods e outros reprodutores de MP3, estações de rádio pela internet, serviços de rádio a cabo e até celulares — sendo que todas elas, junto com novas tecnologias similares, continuariam a competir mesmo após a fusão. No fim desse imbróglio, motivos econômicos prevaleceram e a fusão foi permitida.

Governos não precisam emitir nenhum decreto para que haja competição; só o que precisam fazer é prevenir e punir agressão, violência, fraude e quebra de contrato. Indivíduos empreendedores competirão, porque isso é importante para seus interesses financeiros, mesmo que prefiram fazer o contrário.

Competição faz desabrochar criatividade e inovação, além de incentivar os produtores a cortar custos. Você jamais pensaria em parar o Kentucky Derby no meio da corrida para protestar quanto à dianteira de um dos cavalos. O mesmo deveria acontecer nos livres mercados, nos quais a corrida jamais termina e os competidores entram e saem a todo tempo.

Teoricamente, existem dois tipos de monopólio: o coercivo e o eficiente. Um monopólio coercivo resulta de um subsídio governamental de privilégio exclusivo. O governo, na verdade, deve escolher um lado no mercado para conceber um monopólio coercivo. Ele deve tornar o mercado complexo, custoso ou impossível para que qualquer outra empresa, além daquela favorecida, possa fazer negócios. O Serviço Postal dos Estados Unidos é um exemplo. Por lei, ninguém mais pode realizar a entrega de correspondências prioritárias.

Em outros casos, o governo pode até não proibir a competição, mas simplesmente conceder privilégios, imunidades ou subsídios a uma ou mais empresas, enquanto impõe requisitos onerosos a todas as demais. Independentemente do método, uma empresa que desfruta de um monopólio coercivo encontra-se numa posição de prejudicar consumidores e não pagar por isso.

Um monopólio eficiente, por outro lado, merece uma grande fatia do mercado por proporcionar o melhor trabalho. Ninguém recebe favores especiais da lei. Outros estão livres para competir e, se assim os consumidores quiserem, crescer tanto quanto o "monopólio". De fato, um monopólio eficiente não é exatamente um monopólio no sentido tradicional. Ele não restringe a produção, não eleva preços e não sufoca a inovação; na verdade, vende-se mais e mais, pois agrada e atrai novos consumidores ao aprimorar seus produtos e serviços.

Um monopólio eficiente não possui nenhum poder legal para forçar as pessoas a negociar com ele, nem para proteger-se das consequências de suas práticas antiéticas. Um monopólio eficiente que vira as costas para a performance que gerou seu sucesso seria, na verdade, o mesmo que colocar uma placa na porta da empresa com os dizeres "PROCURAM-SE COMPETIDORES."

E onde se encaixam as leis antitruste? Desde sua criação em 1890, as leis antitruste estão repletas de brechas, falsas premissas e uma concepção estagnante de mercados dinâmicos.

A Lei Sherman Antitruste de 1890 oficializa a posição do governo de favorecer a competição e se opor ao monopólio, sem jamais chegar perto de nenhuma definição sólida de nenhum dos termos. Ela simplesmente tipificou o crime de "monopolizar" ou "tentar monopolizar" um mercado, mas nunca disse quais ações qualificariam tal crime.

O primeiro processo movido pelo governo terminou de forma desastrosa para o Departamento de Justiça: a Suprema Corte determinou, em 1895, que a American Sugar Refining Company não era culpada de criar um monopólio ao fundir-se com a E. C. Knight Company. As evidências sugeriam que as refinarias de açúcar em fusão estariam criando um tipo peculiar de monopólio — aumentava a produção de maneira substancial e cortava muito os preços aos consumidores.

Em seu livro *A religião do antitruste,* Edwin S. Rockefeller explica como a interesseira comunidade jurídica inventou termos aparentemente sinistros para fenômenos bastante naturais, e, ao mesmo tempo, goza de um sentimento arrogante ao "proteger" a população desses males. Entre esses termos estão "reciprocidade" ("não compro de você a não ser que compre de mim"); "transação exclusiva" ("não vendo para você se comprar de outra pessoa"); e "agregação" ("mesmo que queira apenas o Capítulo Um, você tem que comprar o livro inteiro"). Outra obra que recomendo sobre o assunto é um clássico do economista D. T. Armentano, *The Myths of Antitrust.*

Num livre mercado sobrecarregado de intromissões governamentais anticompetitivas, os seguintes fatores asseguram que nenhuma empresa, a longo prazo, independentemente do tamanho, possa cobrar e obter o preço que quer:

1. Livre entrada de novatos na área, sejam eles dois caras numa garagem, seja um gigante que veja uma oportunidade de expandir para uma nova linha de produção.
2. Competição estrangeira. Contanto que o governo não atrapalhe o comércio internacional, essa é sempre uma força poderosa.
3. Competição de substitutos. Permitir que as pessoas sempre sejam capazes de fazer substituições por um produto diferente, ainda que similar, ao do monopolista.
4. Competição de todos os produtos pelo dinheiro do consumidor. Qualquer negócio deve competir com todos os outros negócios pelo dinheiro limitado de seus consumidores.
5. Elasticidade da demanda. Diante de preços elevados, algumas pessoas comprarão menos.

Moral da história: pense na competição num livre mercado como um processo dinâmico e interminável de superação, não como um fenômeno estático, pois o líder de hoje poderá ser o seguidor de amanhã.

RESUMO

- Competição é, na verdade, uma espécie muito importante de cooperação: ela instiga as pessoas a servir as outras das melhores maneiras possíveis.

- Uma empresa que conquista uma grande fatia do mercado em virtude de sua eficiência e de seu serviço é tanto competitiva quanto cooperativa, no sentido de que ela merece a satisfação e o apoio dos consumidores.

- Uma economia sem competição seria entremeada por desperdício e indiferença.

- Os pressupostos básicos da lei antitruste são dúbios e nebulosos.

14 Assistência médica é um direito

Por Max Borders

ASSISTÊNCIA MÉDICA É IMPORTANTE. AS PESSOAS ADOECEM E se machucam. Como seres humanos dotados de compaixão, deveríamos fazer o que estivesse ao nosso alcance, dentro do razoável, para que elas recebessem cuidados médicos — principalmente quando elas não possuem meios de arcar com o tratamento. Podemos construir e financiar hospitais de caridade; fazer trabalhos voluntários em clínicas gratuitas; adotar políticas sensatas que sejam capazes de reduzir custos e aumentar o acesso a bens e serviços médicos.

Mas não podemos fingir que a assistência médica é um direito.

Esse tipo de verborragia é só isso mesmo — verborragia, até seu cumprimento ser obrigatório. E se você se sentiu tentado a pensar nas necessidades básicas como sendo direitos, lembre-se do seguinte: direitos conferem deveres sobre os outros. Esse conceito possui tremendas implicações para qualquer sistema de saúde.

Pense no direito da liberdade de expressão. Esse direito confere o dever de que outros não podem interferir ou impedir sua expressão, contanto que não esteja lesando ou ameaçando ninguém. Mas quando nos referimos a supostos direitos que envolvem coisas que devem ser *produzidas por outros*, como educação ou saúde, isso quer dizer que outros têm o dever de produzir tais bens ou serviços. Uma vez que saímos do aparentemente benevolente campo da conversa fiada de pessoas que possuem direitos e passamos à realidade de que outras pessoas terão, portanto, a obrigação de produzir esse direito, também saímos do campo da compaixão individual e passamos à compulsão estatal. Em outras palavras, qualquer desses direitos, fatalmente, entra em conflito com o direito de outros indivíduos não serem tratados como meios para um fim.

No processo de terceirizar nosso senso de compaixão para um produtor central de bens e serviços de saúde, outorgamos nossas decisões sobre tratamentos médicos — e instintos beneficentes — a uma autoridade central. De que outra forma o governo pode proporcionar a todos esses direitos a tratamentos médicos?

Essa autoridade central, acompanhada de toda a burocracia envolvida nos tratamentos médicos, não é muito boa para compreender quem precisa de que e quanto é preciso de cada coisa. Sistemas de medicina socializada, ou "sistemas de pagador único",* feitos para destinar bens e serviços médicos, possuem incentivos bastante diferentes do que os sistemas em que as pessoas transacionam bens e serviços livremente.

Na União Soviética, os planejadores não tinham um sistema de preço para ajudá-los a determinar quantos sapatos eram necessários em Minsk ou quantas botas em Moscou. Oferta e demanda eram uma questão de suposição e "objetivos" — além de todos os problemas relacionados às atribuições políticas, jogos de empurra-empurra e filas de espera. A economia soviética, marcada por escassez e abundância, não podia ser planejada de maneira muito eficaz. O mesmo pode ser dito sobre o moderno sistema único de saúde.

Considere o Canadá. No relatório anual do Fraser Institute, *Waiting Your Turn: Wait Times for Health Care in Canada* [Esperando Sua Vez: Filas de Espera no Sistema de Saúde do Canadá], o grupo de estudos canadense diz que o tempo médio de espera em 2013 atingiu 18,2 semanas, três dias a mais que em 2012. Em média, o tempo de espera para uma cirurgia ortopédica, por exemplo, chegou a 39,6 semanas para ser realizada, enquanto pacientes esperavam, em média, 17,4 semanas para uma consulta com um neurocirurgião. Durante esse tempo, pessoas sofriam. Algumas até morreram. E isso tudo acontecendo num país onde o sistema de saúde é considerado um direito que confere deveres aos contribuintes. O sofrimento advindo desse racionamento pode ser considerado compassivo? Se tratar o sistema de saúde como um

---

* N. do T.: no Brasil, o termo foi reduzido para Sistema Único de Saúde, dando a entender que o único pagador, ou financiador, é o Estado.

direito tem esse tipo de consequência perversa, não deveríamos passar a questionar todos esses tais direitos?

Em outras palavras: consideremos por um instante que ter tratamento médico seja um direito, ou, pelo menos, suponhamos que todos queiram que seus concidadãos tenham acesso a tratamentos médicos. Se todos concordássemos com essa premissa, que tal se determinássemos que o livre mercado no atendimento médico permitiria que mais gente tivesse acesso a bens e serviços de saúde em tempos razoáveis? Você não acha que um "direito" ao atendimento médico, então, conferiria deveres sobre os legisladores para que introduzissem medidas que tornariam o mercado dos serviços de saúde mais livres, por exemplo:

- Permitindo que os cidadãos escolhessem planos de saúde menos onerosos e opções estratégicas que se adequassem a suas circunstâncias e seus orçamentos — entre os estados e isentos de algumas ou todas as leis estaduais que afugentam do mercado indivíduos de baixa renda?
- Incentivando políticas que restaurassem um sistema de preços viável para o atendimento médico, para assim as pessoas poderem tomar melhores decisões de compra, o que ajudaria a controlar custos crescentes?
- Permitindo que indivíduos, não só empregadores, obtivessem deduções fiscais quando contratassem planos de saúde, o que tornaria esses planos mais pessoais e individualizados?
- Desmantelando todo e qualquer esquema do sistema de saúde (como o Medicare, nos Estados Unidos), que fornece subsídios para os ricos e tributa os pobres e a classe média no processo?
- Removendo barreiras à competição, como licenças profissionais, certificados de acreditação e outras regulamentações que elevam custos e limitam acesso?
- Encorajando os cidadãos a usar produtos financeiros do mercado médico, como o Health Savings Account, uma espécie de poupança a ser usada como seguro-saúde, que oferece incentivos aos indivíduos: a) a serem consumidores mais sensatos do sistema de saúde; b) a economizar recursos para necessidades médicas futuras; e c) a investir em medidas preventivas?

Combinadas, as medidas listadas acima revolucionariam o sistema de saúde em termos de preço, qualidade, inovação e acesso pelos menos favorecidos. Falar de "direitos" é um mero ardil retórico do qual os progressistas se utilizam para conseguir aplicar as políticas que eles tanto querem (geralmente, um sistema de pagador único). Mas falar sobre "direitos" não ajuda em nada a encontrar uma real saída para que os cidadãos tenham um acesso razoável ao tratamento médico de que necessitam. Para isso, precisamos lidar diretamente com os problemas da viabilidade dos preços (como nos Estados Unidos) ou com as consequências perversas do racionamento (como no Canadá). A implantação desastrosa do Obamacare, pela primeira vez, deve estimular uma séria e ampla discussão a respeito dessas opções.

Sim, tratamento médico é algo de que todos nós, uma hora ou outra, iremos precisar. Mas não é um direito. Se realmente nos preocupamos em oferecer a todos um bom acesso à saúde, devemos nos concentrar em como reformar o sistema para o bem — assim, pessoas livres poderão gerar abundância no sistema de saúde. Se fizermos isso com aparelhos móveis de telecomunicação, podemos fazê-lo pela medicina.

RESUMO

- Alegar que existe um direito a tratamentos médicos é um exercício retórico. O problema vem à tona na hora em que ele entra em vigor, o que significa que alguém tem que ser obrigado a fornecê-lo ou a pagar por ele.

- Centralizar as decisões do sistema de saúde é um movimento na direção errada, afastando-se do consumidor individual e se aproximando dos planejadores, que não possuem nenhum conhecimento específico para que sejam tomadas boas decisões para os verdadeiros interessados.

- Opções de sistema de saúde focadas no consumidor e com base no mercado merecem muito mais atenção.

15 Estamos destruindo a Terra, e o governo precisa fazer alguma coisa

Por **Sandy Ikeda**

AS PESSOAS RECLAMAM COM CERTA FREQUÊNCIA QUE A HUMA-nidade está destruindo a Terra: que o consumo insaciável e a produção incessante devastaram áreas insubstituíveis do nosso planeta, e que essas atividades precisam cessar, senão, algum dia, tudo estará acabado. Isso levanta a seguinte questão: o que significa "destruir" alguma coisa?

Quando você queima um tronco de árvore, o tronco é destruído, mas sobram calor, luz, fumaça e cinzas. É nesse sentido que a física nos diz que a matéria não pode ser criada nem destruída. Da mesma forma, abater uma floresta destrói a floresta, mas em seu lugar são construídas casas, móveis e subúrbios.

A verdadeira pergunta é: vale a pena?

O que as pessoas normalmente querem dizer quando se referem ao fato de que a humanidade está destruindo a Terra é que a ação humana gera uma mudança de que elas não gostam. Pode parecer estranho dizer que minha esposa, ao comer uma torrada no café da manhã, está "destruindo" a torrada. Mas se eu quisesse aquela torrada para mim, também poderia considerar a ação dela como destrutiva. A ação é a mesma, porém a interpretação depende do propósito e do contexto.

Quando um míssil elimina um prédio e mata as pessoas lá dentro, pode nesse ato estar envolvido um propósito político, mesmo que os amigos e familiares dos mortos e os proprietários do prédio sintam-se lesados. O ganho de quem cometeu esse ato é a perda da vítima. Na esfera política, o ganho de uma pessoa é necessariamente a perda de outra. Você rouba Peter para pagar Paul; você mata Jack para satisfazer Jill. É um "jogo de soma zero".

Na esfera econômica, contudo, uma coisa é destruída na medida em que ela perde sua utilidade para que alguém possa fazer alguma coisa. Alguém pode querer demolir meu querido lar só por diversão. Se essa pessoa me pagar um valor razoável, pode ser que eu a deixe demoli-lo, e talvez eu até fique contente por isso. Quando não há coação física, um negócio não acontece a menos que os dois lados saiam ganhando. Se isso acontecer, e se as pessoas que estão negociando estiverem certas, então todos os envolvidos têm a ganhar. Cada um sai melhor do que antes. O negócio criou uma coisa: valor. Se eles estiverem equivocados, eles destroem o valor e sofrem uma perda, o que os incentiva a evitar cometer erros no futuro.

Nos livres mercados, ganhos se manifestam por meio do lucro, tanto monetário quanto psicológico. (No curto prazo, é claro, você pode suportar uma perda financeira se achar que existe um aspecto não monetário vantajoso no negócio, que preservará o lucro.) Porém, o livre mercado não é perfeito, apesar do que afirmam alguns professores de economia sobre os benefícios da chamada "competição perfeita". As pessoas não têm um conhecimento completo ou irretocável das coisas, portanto, cometem erros. Elas negociam quando não deveriam, ou não negociam quando deveriam. Felizmente, lucros e prejuízos servem de régua para guiar suas decisões.

Há outra fonte de imperfeição no mercado. Aqueles que podem ser capazes de tomar boas decisões, mas não negociam, ou negociam demais, porque os direitos de propriedade das coisas que eles gostariam de negociar não são bem definidos ou não estão adequadamente em vigor. Nesses casos, suas ações ou inações geram custos com os quais eles não conseguem arcar ou benefícios que eles não recebem. O resultado é que suas decisões acabam destruindo o valor.

Se eu sair vagando pelos oceanos, e se eu, por exemplo, não pagar para jogar lixo no mar, então os oceanos ficarão mais poluídos do que deveriam. Se existe uma fonte energética mais limpa e eficiente do que os combustíveis fósseis, mas ninguém pode usá-la de maneira lucrativa, pois o Estado impede que isso aconteça (por exemplo, por meio de proibições ou tributos excessivos), então, mais uma vez, o valor que seria criado nunca irá aparecer.

Nosso senso estético de beleza faz parte do que nos torna humanos. Se desejarmos proteger um lago ou um vale de algum tipo de urbanização por achá-lo lindo, como deveremos agir?

Até certo ponto, podemos seguir o exemplo da Nature Conservancy* e comprar a terra que queremos proteger. Mas isso nem sempre é possível, principalmente quando a área é controlada, não por um ente privado, mas pelo Estado, que realiza negócios escusos com capitalistas de compadrio nas chamadas parcerias público-privadas. De qualquer modo, nem mesmo o livre mercado está livre de imperfeições. Para que haja desenvolvimento econômico e bem-estar material, algumas belas paisagens e recursos insubstituíveis serão modificados de maneiras que nem todos irão aprovar.

Contudo, lembre-se de que a economia nos ensina que *uma ação sempre é adotada por alguém para fazer algo*. Não existem custos, benefícios e valores disfarçados. Em um mundo de escassez, John acredita que salvar as florestas tropicais é mais importante que salvar as baleias. Mary acredita no contrário. Se queremos superar divergências quanto à estética — que, no fundo, é mera questão de opinião — que podem se transformar em conflitos violentos, precisamos encontrar uma maneira de dirimir pacificamente nossas diferenças, um jeito de transformá-las em interações geradoras de valor.

Por mais imperfeito que seja, o livre mercado, até agora, tem sido o método mais eficaz que conhecemos para tanto.

> **RESUMO**
>
> - A física nos ensina que a matéria nunca é destruída, mas sempre *transformada*, portanto, a questão sempre em voga é: vale a pena?
> - Transações comerciais transformam recursos e transferem a propriedade sobre eles; e se nenhum valor agregado resulta dessas transações, o prejuízo final costuma minimizar equívocos futuros.

---

* N. do T.: Entidade internacional que visa a conservação da biodiversidade e do meio ambiente.

16 A propriedade precisa ser partilhada de forma equânime

Por Lawrence W. Reed

A ESQUERDA TEM UM SÉRIO PROBLEMA COM O QUESITO PROPRIE-
dade, sobretudo quando se trata da propriedade de seus membros. A noção em si parece evocar em suas mentes um misto antissocial de cobiça, egoísmo e ganância. Porém, muito antes disso, eles preferem sair em defesa do "compartilhar", pois isso sugere sacrificar a propriedade privada em prol da coletividade. Com efeito, o esquerdista mais retrógrado é atraído pela ideia de propriedade *comum*, na qual ninguém em particular possui nada, mas, de algum modo, todos nós teremos tudo e dividiremos igualmente.

A hostilidade da esquerda diante da propriedade não é nem bem fundamentada, nem consistente. Embora tenham uma repulsa visceral pela propriedade privada (e se ocupem de tributar, regular, confiscar e redistribuí-la), eles não veem nenhum problema com relação às propriedades conservadas pelo Estado. É como se os homens fossem demoníacos com aquilo que é seu, mas angelicais quando determinada coisa pertence aos outros. A vida não pode ser explicada por esse conceito em nenhum planeta de que tenho conhecimento.

O fato é que "propriedade", como conceito *geral*, é um assunto que jamais deve ser debatido em nenhuma sociedade. Não é possível nem desejável construir uma sociedade na qual as pessoas ou os bens materiais por ela criados não sejam "propriedade" de ninguém. Ou você detém a propriedade de si mesmo ou alguém terá propriedade sobre você. Quanto aos bens materiais, alguém também deve deter a propriedade deles. Esses "alguéns" podem ser aqueles que os criaram, os que os receberam de presente ou quem negociou livremente por eles, ou serão aqueles que os tomaram à força. Não há meio-termo, nenhuma "terceira via", em que a propriedade é evitada de alguma forma.

De fato, a propriedade é tanto uma virtude quanto uma necessidade. O que é seu, você tende a administrar. Se pertencer a outro alguém, você não se importa tanto em cuidar dessa coisa. Se pertence a "todo o mundo" — de acordo com a abordagem coletivista nebulosa —, então você tem todo o incentivo do mundo para usar e abusar do que for. É por esse motivo que, durante milênios de experiência histórica, a vida vem reforçando continuamente o seguinte axioma fundamental: *quanto mais o governo tem e, consequentemente, controla, menos livre e produtivo é o povo.*

Propriedade é, nada mais nada menos, que o direito de modificar, usar e se livrar de algo. Mesmo que tivesse a titularidade jurídica, você jamais acharia ter a posse verdadeira de alguma coisa se o governo lhe dissesse o que pode fazer com aquilo, como e quando; nesse exemplo, o governo seria o proprietário de fato. Em realidade, propriedade é controle, e o proprietário efetivo de alguma coisa é o controlador.

Para destruir completamente os recursos de qualquer sociedade, não existe receita mais infalível do que tirá-los daqueles a quem eles pertencem (os proprietários de direito) e entregá-los àqueles que estão convencidos em suas mentes fantasiosas de que têm uma ideia melhor do que fazer com eles. Pense "soviético". Regimes socialistas, aqueles que, sob a mira de uma arma, tiram de uns e dão a outros, possuem planos estapafúrdios para esbanjar o fruto de seus saques, mas apresentam uma ignorância infantil quando resolvem mostrar como se deve criar riqueza.

Muitos trabalhos foram produzidos no passado sobre as supostas diferenças entre fascismo e comunismo. Claro, os nazistas invadiram a Rússia stalinista (depois que Hitler e Stalin fizeram um acordo para esmagar e dividir a Polônia), mas aquela foi uma disputa entre bandidos que provou a velha máxima de que não há honra entre eles. Na questão da propriedade, a diferença era puramente cosmética e, no fim das contas, pouco importava para o cidadão comum.

Os comunistas não permitiriam que você fosse proprietário de uma fábrica; e se você fosse dono de uma na ocasião em que eles chegaram ao poder, teria sido morto na mesma hora. Os fascistas quase sempre evitavam nacionalizar uma fábrica, mas se você, como suposto proprietário, não obedecesse às ordens que lhe fossem dadas, também seria sumariamente executado. Independentemente do sistema, a verdadeira propriedade estava sempre nas mãos do Estado onipotente, a despeito da titularidade jurídica conferida por um pedaço de papel qualquer.

O mito da "propriedade comum" só atrapalha a discussão. Muitos imaginam que parques públicos sejam mantidos para o bem comum ("a propriedade do povo"), mas isso significa apenas que o governo é o ente que detém a verdadeira propriedade deles; os contribuintes pagam a conta; e o público pode usá-los de acordo com as regras estabelecidas e aplicadas pelo governo. Alguns costumam defender que o serviço postal é outro exemplo de propriedade comum. Isso significaria, teoricamente, que cada americano é proprietário de um 320 milionésimos dele, mas chegue perto do balcão e tente resgatar suas ações; talvez você fique surpreso com a rapidez da resposta.

Da remota e fascinante Mongólia advém uma história sobre direito de propriedade que me foi contada pelo atual presidente daquele país (chegou ao cargo em 2015), Elbegdorj Tsakhia, conhecido por seus amigos como E. B. Antes disso, ele ocupou duas vezes o cargo de primeiro-ministro, e me visitou em Michigan entre esses mandatos. Perguntei-lhe, durante aquela visita, de que conquista ele mais se orgulhava quando primeiro-ministro. Ele disse: "Privatizei 25 milhões de iaques."

Iaques são bovinos grandes e peludos. Por décadas sob o regime comunista, as pobres criaturas pertenceram ao governo, que alegava serem "propriedade do povo". A população desses animais praticamente não cresceu da década de 1920 à década de 1990. E. B. decidiu que os iaques não tinham uma função primaz no governo, então desenvolveu uma fórmula na qual todos os animais seriam vendidos para os criadores individuais. Três anos depois, ele assumiu o cargo de primeiro-ministro pela segunda vez. Fui visitá-lo em seu escritório na capital, Ulan Bator, e lhe perguntei: "Quais são as novidades com relação aos iaques?" Empolgado, ele respondeu: "Lembra quando lhe contei que tivemos 25 milhões durante sete décadas? Bem, agora temos 32 milhões!"

Quando o iaque pertence a *você* — não é um iaque "de todo o mundo" —, coisas maravilhosas passam a acontecer. Você desenvolve um interesse pessoal no investimento, no valor de capital do ativo. Você toma conta do iaque e gera mais iaques, que você, em seguida, "compartilha" com mais e mais pessoas, em um fluxo interminável de negócios pacíficos e mutuamente benéficos de produtos derivados do iaque.

Progressistas gostam de tagarelar muito sobre compartilhamento, mas você não pode sair compartilhando qualquer coisa, ainda mais se não a produziu e/ou cuidou dela. Propriedades privadas e personalíssimas, na forma de bens materiais que criamos e negociamos, são inigualáveis como fonte da riqueza que a esquerda tanto quer tomar e "compartilhar".

Ademais, deveríamos nos perguntar: "Será que isso é mesmo um 'compartilhamento', considerando que tenho de fazê-lo sob a mira de uma arma?" Sempre aprendi que compartilhar era um ato de livre-arbítrio. Quando você dá metade do seu sanduíche a um amigo que esqueceu sua lancheira, você compartilhou. Se ele ameaça bater em você caso não queira lhe dar o sanduíche, "compartilhar" não é mais um bom termo.

Portanto, quando tratamos dessa coisa chamada "propriedade", alguém, fatalmente, irá dispor dela: você ou outra pessoa/entidade. Quem deveria dispor de suas economias para sua aposentadoria — você ou o governo? Quem deveria dispor do seu dinheiro para tratamentos médicos — você, o governo ou um terceiro pagador, com o qual você não gostaria de ter contato? Quem deveria decidir onde seu filho irá estudar — você, que é pai ou mãe, ou uma porção de *outros* pais, muito diferentes de você, somente pelo fato de que trabalham para o governo? Quem deveria decidir sobre as atividades beneficentes que você apoia — você mesmo, ou algum congressista ou burocrata que prefere subsidiar a secretária de bem-estar social em vez da Cruz Vermelha ou de sua igreja local?

Essas questões não deveriam ser respondidas apenas com base no utilitarismo. Numa sociedade livre, talvez a Pessoa A escolha uma escola melhor ou faça um investimento melhor que a Pessoa B — um fato que não pode ser determinado antecipadamente. Porém, seja como for, isso não confere misteriosamente à Pessoa B o direito de tomar decisões pela Pessoa A. Se a liberdade tem algum valor, ela representa o *direito* de você tomar suas próprias decisões, mesmo que outros julguem ser erradas. Quando alguém alega que não podemos conceder às pessoas mais escolhas sobre o que elas devem fazer quanto a aposentadoria, tratamentos médicos ou educação, deveríamos exigir que esse alguém nos dissesse em que direito ele se baseia para tomar essas decisões por nós.

Mas não se engane: quanto mais outra pessoa controla você ou as importantes decisões que regem sua vida ou os bens materiais que a sustentam, mais ela terá propriedade sobre *você*. Costumávamos chamar isso de escravidão, e os arrogantes e hipócritas gostam de dar o nome de "compartilhar", como se isso tornasse a ação menos desumana.

Se você é um defensor articulado e íntegro da posse privada da propriedade, esteja pronto para um engenheiro social progressista começar a destilar sentimentos de culpa sobre você, se ele achar que você não está "compartilhando" o bastante. Imagino que a grande maioria dos progressistas não ficará satisfeita até o dia em que suas políticas coercivas tiverem tomado tudo o que (não) têm direito.

Aproprie-se ou seja objeto de apropriação. Faça sua escolha.

[Nota do Editor: uma versão anterior deste ensaio foi publicada na *Freeman*, sob o título "To Own or Be Owned: That is the Question", em julho/agosto de 2005.]

RESUMO

- Progressistas são duas-caras ao falar de propriedade. São desconfiados quando se trata de uma propriedade privada e pessoal, mas dão todo o apoio do mundo quando ela é politizada e comandada pelo Poder Central.

- Pessoas ou propriedades serão apropriadas. É só uma questão de saber se elas serão apropriadas por aqueles a quem elas pertencem ou por aqueles que, simplesmente, querem reivindicá-las com base em uma suposta causa maior.

- A posse privada da propriedade é tanto uma virtude quanto uma necessidade. Livre-se dela e estará atirando a civilização na mesma vala.

- "Propriedade comum" é um conceito impraticável e sem sentido, até destrutivo.

17 Só precisamos que as pessoas certas comandem o governo

Por Melvin D. Barger

NOS ESTADOS UNIDOS, COSTUMAVA SER UMA PRÁTICA HONROSA "colocar os bandidos para correr", quando as coisas davam errado na administração pública. Teoricamente, essa é apenas a versão política daquilo que acontece quando ocorre a substituição do técnico de um time de beisebol que perdeu, ou quando o diretor executivo de uma empresa falida é demitido.

Não deveria ser motivo de divergências o fato de que as operações públicas exigem pessoas capazes e experientes, que saibam fazer bem suas funções. Provavelmente, todos nós já tivemos contendas desagradáveis com servidores e empregados públicos incompetentes, e desejaríamos que eles fossem substituídos.

Mas quando o governo ultrapassa seus limites legítimos, começam a surgir problemas que têm pouco a ver com a competência e as habilidades de seus servidores e empregados. A ilusão de que esses problemas podem ser resolvidos substituindo-se seus operadores só acaba levando as pessoas a adiar o enfrentamento das questões mais complexas sobre o que o governo deveria ou não fazer.

Graças à implacável expansão do governo, no entanto, essas questões têm sido abordadas ao redor do mundo, com soluções surpreendentes em alguns casos. Há um movimento crescente de críticas quanto às operações e regulações governamentais. Há também uma ânsia para "privatizar" muitos serviços. Embora os acenos em prol de privatizações tenham motivações mais econômicas do que baseadas na restauração de liberdades, eles ainda surgem como sinais de esperança.

Preservar e promover a liberdade são o motivo mais importante para limitar o governo a suas funções legítimas como mantenedor da paz. Se isso for feito, pessoas que trabalham sozinhas ou em grupos, eventualmente, encontrarão maneiras incríveis de lidar com as muitas mazelas humanas que o governo promete eliminar, e de atender às necessidades humanas que o governo promete solucionar. Mas como hoje sabemos, problemas e necessidades continuam a crescer apesar de o colosso estatal ter gerado riscos, como a gigantesca dívida pública e os conflitos coletivos que nos ameaçam e parecem nunca chegar a uma solução. Esses problemas só pioram, independentemente de quem esteja no controle do governo. Mesmo aqueles que costumavam ter uma fé quase religiosa nos poderes governamentais estão ficando desiludidos, já que seus podres estão vindo à tona a cada dia.

Um segundo dilema que surge em decorrência de governos inchados é que eles sempre precisam ser administrados de maneira burocrática. A burocracia pode enlouquecer aqueles que sempre estiveram acostumados à velocidade e eficiência dos serviços oferecidos no mercado. Quando confrontados com as ações burocráticas que tanto nos desagradam, tendemos a culpar os servidores e pedimos sua imediata substituição.

Mas a menos que os servidores que queremos substituídos sejam completamente incompetentes, mandá-los embora, normalmente, acaba sendo uma perda de tempo e esforço. Como Ludwig von Mises explicou há muitos anos, a burocracia não é boa nem ruim. Gestão burocrática é o método aplicado na condução das questões administrativas, cujos resultados não possuem valor monetário no mercado, embora possam ter outros valores para a sociedade. A gestão é vinculada ao cumprimento de normas e regulações específicas que são fixadas pela autoridade competente. "A tarefa do burocrata é realizar aquilo que essas normas e regulações exigem que ele faça", explicou Mises. "A discricionariedade para agir de acordo com suas convicções é seriamente restringida por elas."

Sendo assim, a burocracia é boa (e inevitável, mas sem dúvida excessiva, e, na maior parte do tempo, chega a ser ridícula e indiferente) quando aplicada em operações públicas, como nos departamentos de polícia, forças militares e arquivos públicos. Mas ela se torna opressiva, e até mortal, quando imposta a empreendimentos comerciais e outras atividades humanas. Como Mises observou de maneira sagaz, o mal da burocracia não está no método em si. "O que muitos, hoje em dia, consideram um mal não é a burocracia como tal", ele destacou, "mas a expansão da esfera em que a gestão burocrática está sendo aplicada".

Mises, então, comparou esse sistema burocrático com a gestão de negócios ou de lucros, que é uma gestão que visa fins lucrativos. Gestores, embalados pela necessidade de criar lucros (que é o mesmo que dizer "manter os custos abaixo dos ganhos"), costumam ter muitas liberdades e trabalham com um mínimo de normas e regulações a serem cumpridas. Sem demora, os clientes lhes informam se o negócio está fornecendo bens, serviços e preços adequados ao que eles consideram vantajoso.

Esse sistema impulsionado pelo lucro tem seus opositores, é claro, e isso gera problemas e fricções entre empreendedores que querem competir pela nossa preferência. Alguns oponentes temem a nova competição, enquanto outros condenam o uso de recursos dos empreendedores. E uma das formas mais eficazes de se criar barreiras para os empreendedores é colocando-os sob o jugo, total ou limitado, de regulações e controles governamentais — ou seja, substituindo a gestão lucrativa pela gestão burocrática, ainda que em menor nível.

Portanto, o que temos nos dias de hoje é um Estado imenso somado a regulações e controles destinados à iniciativa privada. Muita gente reclama que "o sistema parece não estar funcionando", mas ninguém se dispõe a consertá-lo. Em época de eleição, candidatos fúteis prometem reformar o sistema e "fazer o país andar de novo". Isso não acontece, e a insatisfação generalizada só cresce.

Além do mais, ainda parece existir uma ilusão persistente de que "a pessoa certa no cargo" resolverá o problema. Uma das respostas favoritas do governo, quando pioram as condições em determinada área, é apontar um "czar" com poderes especiais que irá solucionar tudo com a mesma eficácia de um negócio privado. Já tivemos inúmeros "czares" para controlar a energia e os preços, e um foi eleito recentemente para lidar com a reforma na saúde. Apesar de muito elogiados, esses czares logo se mostram tão ineficazes quanto os soberanos russos que deram origem ao termo.

Outra falácia bastante comum, uma das ideias favoritas das administrações políticas a favor dos negócios, é a de que as operações governamentais funcionarão melhor se forem nomeados empresários de sucesso para comandá-las. Mas como percebeu Mises, de maneira muito perspicaz: "Um ex-empresário, nomeado para comandar um setor da administração pública, perde a capacidade de ser um empresário e passa a atuar como um burocrata. O objetivo dele não é mais o de obter lucros (gerando mais renda do que custos), mas o de cumprir as normas e regulações vigentes. Como chefe do gabinete, ele pode até conseguir alterar algumas normas menos importantes e resolver alguns problemas internos de procedimento. Mas a configuração das atividades burocráticas é determinada pelas normas e regulações, que estão além do seu alcance."

Alguns indivíduos prosperam nesse tipo de trabalho e se tornam excelentes burocratas. Esses são os integrantes ideais para comandar as operações governamentais quando o governo se encontra limitado às suas funções legítimas de mantenedor da paz. No entanto, se nosso propósito é preservar e promover a liberdade por intermédio dos benefícios de uma economia de mercado, procuraremos em vão por respostas e soluções razoáveis advindas do governo — não importa quem esteja no comando. Estamos aprendendo lentamente essa lição, embora o custo seja alto. Deveríamos, é claro, continuar seguindo a prática honrosa do "colocar o bandido para correr" toda vez que um funcionário público fizesse bobagem. Mas no mundo de hoje, talvez esses servidores que criticamos não sejam bandidos, mas pessoas conscientes tentando desempenhar funções que jamais deveriam ter sido criadas.

[Nota do Editor: este ensaio do escritor e empresário Melvin D. Barger foi publicado no livro da FEE, *Clichés of Politics*, em 1994, editado por Mark Spangler, ex-diretor da FEE. Todas as citações de Ludwig von Mises foram retiradas do livro de Mises de 1945, *Burocracia*.]

RESUMO

- Conforme o governo cresce, ele cria mais e mais problemas, que são sistêmicos e intratáveis.

- Gestão lucrativa e gestão burocrática são duas coisas muito diferentes. A primeira visa criar mais valor do que custos, enquanto a grande prioridade da segunda é a promulgação e implementação de normas e regulações.

- Quanto maior for o governo, maior será a demanda por "reformas", o que sugere que deve haver alguma coisa muito errada no sistema político, pois seus atuantes jamais conseguem consertar nada.

- Administrar um governo "como um negócio" é uma retórica bastante popular, mas ilusória desde a origem, pois fracassa em reconhecer as profundas diferenças entre um negócio com fins lucrativos e um governo vinculado a normas.

18 A humanidade pode ser melhor compreendida num contexto coletivo

Por Lawrence W. Reed

HÁ DOIS PRISMAS BÁSICOS PELOS QUAIS PODEMOS VER, ESTU-
dar e antecipar a sociedade humana: individualismo e coletivismo. Essas visões de mundo são tão diferentes quanto a noite e o dia. Elas criam um grande cisma nas ciências sociais, porque a perspectiva pela qual você vê o mundo define seus pensamentos por uma ou outra linha intelectual.

Defensores de liberdades pessoais e econômicas costumam estar no campo do individualismo, ao passo que aqueles que se consideram, hoje em dia, "esquerdistas" encontram-se firmes no campo do coletivismo.

Para mim, é como a diferença entre tempestades de neve e flocos de neve. Um coletivista vê a humanidade como uma tempestade de neve, e essa é a visão mais nítida que ele pode ter, se for coerente. Um individualista também vê a tempestade, mas é atraído na mesma hora pela beleza e singularidade de cada floco de neve que a compõe. A distinção é repleta de implicações mais profundas.

Duas tempestades de neve jamais serão iguais, mas o mais incrível é que, também, dois flocos de neve jamais serão idênticos — pelo menos é o que as pesquisas, até hoje, indicaram. Wilson Alwyn Bentley, de Jericho, Vermont, um dos primeiros fotógrafos a ficar conhecido por registrar flocos de neve, desenvolveu um processo, em 1885, para capturá-los num veludo preto antes que derretessem. Ele tirou fotos de cerca de 5 mil flocos, e jamais encontrou dois que fossem iguais — e ninguém jamais provou o contrário. Cientistas acreditam que, devido a mudanças de umidade, temperatura e outras condições prevalecentes durante a formação e a queda dos flocos, existe uma baixíssima probabilidade de que um floco possa ser duplicado de maneira exata. (Ironicamente, Bentley morreu de pneumonia, em 1931, depois de caminhar por cerca de dez quilômetros durante uma nevasca. Lição: um floco pode ser inofensivo, mas muitos podem ser mortais.)

Reflita sobre isso por tempo suficiente e talvez jamais volte a ver uma tempestade de neve (ou a humanidade) como antes.

A dra. Anne Bradley, vice-presidente de iniciativas econômicas no Institute for Faith, Work & Economics, em um seminário de 2013, em Naples, Flórida, explicou o assunto da seguinte maneira:

> Quando olhamos de longe para uma nevasca, ela parece ser composta por incontáveis pontos brancos que salpicam o céu, um se misturando com o outro. Quando olhamos bem de perto, vemos como cada floco de neve é complexo, belo e único. Isso nos ajuda quando pensamos nos seres humanos. Ao longe, uma multidão parece ser composta por pessoas iguais, e é verdade que possuímos diversas características semelhantes. Mas sabemos que, ao analisarmos com mais foco, nos aproximamos mais da verdadeira natureza da nossa aparência. Fica claro, portanto, que cada um de nós carrega um conjunto único de habilidades, talentos, ambições, traços e propensões, que diferem de qualquer outra pessoa do planeta.

Essa singularidade se mostra fundamental quando tomamos decisões políticas e oferecemos prescrições para a sociedade como um todo; pois, mesmo que sejamos parecidos em certos aspectos, na verdade, somos tão diferentes uns dos outros que nossa semelhança é apenas uma consideração secundária.

Roger J. Williams — autor de *You Are Extra-Ordinary* e *Free and Unequal: The Biological Basis of Individual Liberty* e notável professor de bioquímica na Universidade do Texas, em Austin — afirmava que as impressões digitais nada mais são do que uma das infinitas características biológicas únicas a cada um de nós, assim como os contornos e as operações de nossos cérebros, nervos receptores e sistemas circulatórios.

Esses fatos nos fornecem bases biológicas para as muitas outras diferenças entre uma pessoa e a outra. Einstein, observou Williams, foi um aluno extremamente precoce em matemática, mas dominou a linguagem tão tarde que seus pais temeram que ele não aprendesse a falar. Williams resumiu isso muito bem, mais de quarenta anos atrás, quando afirmou: "Nossa individualidade é tão irrenunciável quanto nossa humanidade. Se queremos fazer planos para o povo, devemos fazer planos para os indivíduos, porque esse é o único tipo de povo que existe."

Avançando um pouco mais, precisamos reconhecer que apenas os indivíduos sabem planejar. Quando coletivos dizem estar bolando um "plano" (por exemplo, "O plano nacional de ir à guerra"), este sempre é reduzido a indivíduos certos, específicos e identificáveis fazendo planos para outros indivíduos. A única resposta aceitável para a pergunta coletivista "O que os Estados Unidos tomam no café da manhã?" é a seguinte: "Nada. No entanto, cerca de 320 milhões de americanos costumam tomar o café da manhã. Muitos deles, às vezes, pulam essa refeição, e, em qualquer dia, existem 320 milhões de respostas diferentes para essa pergunta."

O pensamento coletivista simplesmente não é muito profundo ou analítico. Os coletivistas veem o mundo da mesma forma que o famoso personagem dos desenhos animados Mr. Magoo costumava ver — tudo como um grande borrão. Mas, ao contrário de Mr. Magoo, eles não são divertidos. Eles homogeneízam as pessoas em um liquidificador comunitário, sacrificando as pequenas diferenças que nos tornam únicos. A mentalidade coletivista de "é preciso uma vila inteira" atribui pensamentos e opiniões a grupos amorfos, quando, de fato, apenas indivíduos podem ter pensamentos e opiniões.

Coletivistas inventam esquemas do tipo "um tamanho serve para todos" e não dão a mínima se esses esquemas afetarão os vários planejamentos de pessoas reais. Cada floco representa pouco ou nada para o coletivista, porque ele raramente os observa; e, de toda forma, ignora implicitamente os flocos, pois existem muitos para brincar. Coletivistas, normalmente, relutam para comemorar conquistas individuais, pois acreditam piamente que, citando o presidente Obama, "você não construiu isso".

Tire a individualidade da equação e você tirará a humanidade do que quiser empreender. O que você jamais infligiria pessoalmente ao seu vizinho, cara a cara, talvez aprovasse, sem peso na consciência, se achasse que essa atitude seria realizada por uma entidade coletiva e sem rosto em detrimento de uma bolha amorfa, em prol de um nebuloso "bem comum". O fato inequívoco é que não somos substituíveis. Engrenagens de uma máquina podem até ser, mas pessoas, definitivamente, não o são.

Se você se perdeu um pouco, então assista à animação *FormiguinhaZ*, da DreamWorks, de 1998. A ambientação se dá numa colônia de formigas na qual espera-se que todas as formigas se comportem de maneira obediente. As formigas tiranas no comando, cujas personalidades são bastante únicas, acham isso muito conveniente. A débil mentalidade coletivista é abalada por uma única formiga que marcha em uma batida diferente — isto é, seu próprio Eu — e, por fim, salva a colônia por meio da iniciativa individual.

Karl Marx era um coletivista. Madre Teresa era uma individualista. Um pensava no povo como um aglomerado. A outra tratava todos como indivíduos. As lições apresentadas nessa clara dicotomia valem mais que tudo. E o grande perigo é que elas são ignoradas.

Então, como a humanidade lhe parece — como uma tempestade de neve ou como flocos de neve?

Se sua resposta for a segunda opção, então você compreende o que o filósofo e historiador Isaiah Berlin quis dizer, quando escreveu em 1958: "Mas manipular os homens, impeli-los na direção de metas que vocês — os reformistas sociais — veem, mas que eles talvez não vejam, é negar-lhes sua essência humana, tratá-los como objetos sem vontade própria, e assim degradá-los."

RESUMO

- Se você enxerga o mundo como um aglomerado de humanos, talvez chegue a conclusões diferentes sobre vida e economia do que aquele que vê o mesmo mundo como um composto de bilhões de indivíduos únicos.
- Uma tempestade de neve é tão grande quanto o número de flocos de neve individuais.
- Abstrações são só abstrações; seres humanos são reais.
- Tire a individualidade da equação e terá removido os humanos da humanidade.

19 Governo grande ajuda a controlar grandes negócios

Por **Julian Adorney**

NA ATUALIDADE, CORRE UM MITO PELOS ESTADOS UNIDOS QUE É o seguinte: grandes corporações odeiam o governo e anseiam por um mercado desregulado. Mas a realidade é justamente o contrário: um governo grande pode ser altamente lucrativo para grandes negócios.

Muitas regulações restringem a competição que, aliás, faria frente às firmas existentes. Ao mesmo tempo, as instituições do governo, como o Banco de Exportações e Importações — muitas delas criadas durante o New Deal — canalizam dinheiro para as maiores corporações.

Quando o governo regula a indústria X, ele impõe altos custos que prejudicam empresas menores e reduzem a competitividade. Imagine se o Departamento de Energia impusesse uma nova norma para que as lava-louças fossem obrigadas a ter maior eficiência energética. A necessidade de criar novos designs, montar fábricas de retromontagem para produzir esses modelos energeticamente eficientes e debruçar-se sobre formulários e licenças acerca dessa regra geraria um custo de milhares de reais para a fabricante de lava-louças. Uma indústria gigante, com maiores faturamentos e consideráveis margens de lucro, pode arcar com esses custos. O contrário se dá no caso de uma pequena fábrica de lava-louças de apenas um ou dois anos de existência, com pouco faturamento e menos lucro — ela teria que fechar as portas. Isso significaria menos competição para a indústria gigante, o que lhe permitiria crescer ainda mais e abocanhar uma fatia ainda maior do mercado.

Barreiras de entrada, como licenças caríssimas, também enfraquecem *startups* e reduzem a competição. O progressista *New Republic* fala de forma favorável sobre como a Dwolla, uma *startup* sediada em Iowa que processa pagamentos e compete com agências de cartão de crédito, teve que pagar 200 mil dólares por uma licença de operação. Em vez de contratar empregados ou criar um produto melhor para competir com suas concorrentes já consolidadas, a Dwolla foi forçada a gastar seus primeiros 200 mil dólares com uma permissão para funcionar. A Dwolla pôde arcar com esse gasto, mas quantas outras concorrentes com financiamentos menores não foram expulsas do mercado? Quantas foram desencorajadas a sequer começar uma empresa de processamento de pagamento diante dessa barreira de entrada de seis dígitos?

Grandes empresas, que quase sempre sacrificam agilidade por tamanho, têm nas concorrentes menores uma forte ameaça. Ao limitar concorrentes menores, o governo ajuda as gigantes da indústria à custa de todo o mundo. Barreiras de entrada podem sacrificar a próxima empresa inovadora antes mesmo que ela possa representar uma ameaça às concorrentes gigantes. E quando isso ocorre, nem ficamos sabendo do assunto: a empresa "morta antes de nascer" é um exemplo clássico dos custos "invisíveis" da regulação.

Ao mesmo tempo que as regulações minimizam os concorrentes, as entidades governamentais oferecem subsídios às grandes empresas. O Banco de Exportações e Importações, estabelecido em 1934 como parte do New Deal, existe para subsidiar exportações de empresas com sede nos Estados Unidos. Os beneficiários primários: grandes corporações. De 2009 a 2014, por exemplo, o banco em questão financiou mais de um quarto dos aviões da Boeing. Leis agrícolas, um elemento-chave do New Deal que existe até hoje, oferecem subsídios a grandes fazendas à custa das menores. O programa usa diversos métodos, desde seguro para a plantação até pagamentos diretos, para subsidiar os fazendeiros. O programa foi supostamente criado para proteger o pequeno produtor. Mas 75% do total de subsídios — 126 bilhões de dólares de 2004 a 2013 — vai para as maiores empresas do ramo, que representam 10% das empresas agrícolas. O programa tributa os consumidores e canaliza o dinheiro para as grandes fazendas.

E esses não são os únicos programas. Tim Carney, graduado pelo National Journalism Center, afirma que: "A história das grandes corporações é uma história de cooperação com os grandes governos". Na época de Teddy

Roosevelt, grandes produtores de carne fizeram um *lobby* em prol das inspeções federais feitas sobre esse produto, sabendo que os custos para cumprir com essas exigências esmagaria as concorrentes menores. A legislação do New Deal só foi aprovada com a ajuda da Câmara de Comércio nacional e da Associação Americana dos Banqueiros. O Plano Marshall, que subsidiou a venda de bilhões de dólares em produtos para a Europa, foi implementado por um comitê de empresários. O presidente Johnson criou o Departamento de Transportes, em 1966, superando a resistência dos interesses das companhias de navegação, pois concordou em eximi-las do cumprimento das novas regras. Regulações caras para ti, mas não para mim.

Se os progressistas quiserem ver como funciona a livre iniciativa, basta dar uma olhada na internet. Nos últimos vinte anos, a internet vem sendo um ambiente sem regulação. O resultado? *Startups* nascem e morrem todos os anos. Novos concorrentes como o Facebook destronam gigantes estabelecidos como o MySpace, e, por sua vez, são confrontados por uma imensidão de concorrentes de mídias sociais. O Yahoo! era o mecanismo de buscas mais utilizado, até que dois universitários resolveram fundar o Google. O Google, há pouco tempo, foi acusado de monopólio, mas concorrentes surgem todos os dias.

Vamos imaginar se a internet — um parque de diversões de destruição criativa — tivesse sido alvo de grandes governos, como o foram as indústrias de tijolo e cimento. O Yahoo! teria recebido um subsídio. O Facebook precisaria ter pago por uma licença com seis dígitos, o que acabaria com o sonho do estudante Zuckerberg antes mesmo que ele pudesse começar, preservando assim o domínio do mercado detido pelo MySpace. Negócios que tivessem aprendido a brincar com o jogo do *lobby* teriam entrado para o seleto grupo de empresas que redigem regulações para esmagar seus concorrentes.

Para aqueles que duvidam, a prova do conluio empresarial com os grandes governos está à vista de todos. Em 2014, um número surpreendente de homens e mulheres com inclinações libertárias entrou para o Congresso. Como reagiram as grandes empresas? A indústria lobista gastou milhões trabalhando para substituir os defensores do *laissez-faire* por aqueles mais simpáticos ao *establishment*. Infelizmente, empresas de compadrio continuam lutando para manter longe do poder os defensores do livre mercado.

Uma última observação: eu critiquei aqui os progressistas, mas a instituição do grande governo, que autoriza empresários a contratar lobistas para redigir regulações ou arranjar-lhes algum subsídio, é o problema principal. Quanto mais cresce o governo, mais poderoso ele se torna como ferramenta, a fim de que empresas possam usá-lo para interesses privados. Isso não é capitalismo, mas o que um economista (Gene Epstein, da *Barron's*) identificou da melhor forma possível: "crapitalismo".

> **RESUMO**
>
> - Grandes Governos e Grandes Corporações quase sempre têm boa interação, porém à custa de *startups*, pequenos empresários e consumidores.
>
> - Barreiras de entrada artificiais e criadas politicamente tornam o mercado menos competitivo e dinâmico, e as empresas já estabelecidas, mais monopolistas.
>
> - Um mercado livre (o verdadeiro capitalismo, não sua versão adulterada do "crapitalismo") maximiza a concorrência e beneficia o consumidor.

20 O governo pode ser uma opção mais branda do que a dureza do mercado

Por **Lawrence W. Reed**

EM TODA CAMPANHA ELEITORAL, OUVIMOS A PALAVRA "COMPAI-
xão" pelo menos umas mil vezes. Supostamente, um dos partidos políticos a tem, e o outro, não. Grandes programas governamentais são evidências de compaixão; reduzir o governo é sinal de frieza e maldade. Em virtude do mau uso do termo para obter vantagens políticas, partidários e ideólogos enlamearam por completo o real significado da palavra.

O fato é que parte do que é rotulado como "compassivo" é apenas isso, e gera um bem enorme; mas grande parcela do que é rotulado como "compassivo" não é nada daquilo, e gera um mal sem fim. Os primeiros tendem a ter uma natureza bastante pessoal, ao passo que os segundos impõem pesos involuntários sobre os outros.

Como bem destacou Marvin Olasky em seu livro de 1994, *The Tragedy of American Compassion*, a definição original de compaixão no *Oxford English Dictionary* é "sofrer junto com outra pessoa, participação no sofrimento". A ênfase, como mostra a própria palavra — "com" e "paixão", do termo latino *pati*, que quer dizer *sofrer* — está no envolvimento pessoal com o necessitado, sofrer *com* eles, não apenas dar a eles. Noah Webster, na edição de 1834 de seu *American Dictionary of the English Language*, definiu compaixão de forma similar como "um sofrimento com outra pessoa".

Mas a maneira com que a maioria usa o termo hoje em dia é uma distorção do original. Ele passou a ser interpretado, segundo a afirmação de Olasky, como um pouco mais que "o sentimento ou a emoção com que a pessoa se comove pelo sofrimento ou pela inquietude de outra, e pelo desejo de aliviar essa dor". Há uma diferença gritante entre essas duas definições: a primeira demanda ação pessoal; a outra é simplesmente um "sentimento" que normalmente é acompanhado por um chamado para que alguém — isto é, o *governo* — lide com o problema. A primeira descreve um voluntário da Cruz Vermelha; a outra descreve o típico demagogo de esquerda que dá pouco ou nada de seus próprios recursos, mas quer dar muito dos recursos alheios.

A verdade é que a compaixão governamental não é igual à compaixão pessoal e privada. Quando esperamos que o governo seja um suplente daquilo que nós deveríamos fazer, esperamos o impossível e acabamos com o intolerável. Não chegamos a resolver problemas, apenas os gerimos de forma dispendiosa por toda a eternidade, enquanto criamos muitos outros no processo.

De 1965, no começo da chamada Guerra à Pobreza, até 1994, o gasto total com a previdência social nos Estados Unidos foi de 5,4 trilhões de dólares, em valores de 1993. Em 1965, o gasto total do governo com a previdência foi de pouco mais de 1% do produto interno bruto, mas em 1993 ele subiu para 5,1% do produto interno bruto anual — maior do que o máximo registrado durante a Grande Depressão. A taxa de pobreza, que vinha caindo constantemente antes do advento da Grande Sociedade, trinta anos mais tarde estava praticamente igual à de 1965. Quando foi promulgada a "reforma da previdência" de 1996, tornou-se aparente que milhões sob as asas da previdência levavam vidas desmoralizantes de dependência; famílias foram recompensadas por saírem do benefício; e o número de crianças nascidas fora de casamentos estava na estratosfera — fatos terríveis foram ocasionados, em boa parte, pelos programas governamentais de "compaixão".

A vontade de um indivíduo de querer gastar fundos públicos em programas assistenciais não é prova de que a pessoa tem compaixão. O professor William B. Irvine da Universidade Estadual Wright, em Dayton, Ohio, explicou certa vez: "Seria um absurdo considerar a vontade de uma pessoa para aumentar os gastos com a defesa como prova de que ela é corajosa, ou considerar a vontade de uma pessoa para gastar o dinheiro público em programas desportivos como prova de que a pessoa gosta de fazer exercícios físicos. Da mesma maneira que é possível um sedentário ser a favor de financiamentos públicos para equipes desportivas, é possível que uma pessoa sem compaixão seja a favor de vários programas estatais de auxílio; e, em contrapartida, é possível que uma pessoa com compaixão se oponha a esses programas."

É um erro usar as crenças políticas de uma pessoa como teste decisivo de sua compaixão. O professor Irvine disse que se você quer determinar quão compassivo é um indivíduo, irá perder seu tempo se lhe perguntar em quem votou; em vez disso, pergunte se ele fez contribuições de caridade e se realizou algum trabalho voluntário recentemente. Pode ser bom também averiguar como ele reage diante da necessidade de seus parentes, amigos e vizinhos.

Muitos dos estadistas assistencialistas mais inflamados do mundo político também estão entre os hipócritas mais dissimulados e egoístas (no sentido ruim da palavra). Enquanto conservadores e libertários defensores do Estado mínimo costumam fazer doações generosas do próprio bolso, obras de caridade podem levantar as mãos para o céu quando recebem um pouco mais do que alguns trocados de doações advindas dos estadistas assistencialistas "progressistas" do mundo. Para montanhas de evidências sobre o assunto, veja o livro *Who Really Cares?* (2006), de Arthur Brooks, na ocasião na Universidade de Syracuse, e agora presidente do Instituto Americano de Empreendedorismo.

Vale observar que nem mesmo os progressistas doam às agências governamentais, supostamente cheias de "compaixão", sequer um centavo a mais do que a lei os obriga. Não há nada de ilegal em fazer um cheque para o Departamento de Saúde e Serviços Humanitários, porém os progressistas, quando desejam ajudar pessoalmente os outros, tendem a endereçar seus cheques às agências privadas. Agências governamentais quase nunca recebem "doações".

A compaixão verdadeira é um baluarte de famílias e comunidades fortes, de liberdade e autoconfiança, enquanto a falsa compaixão dos assistencialistas é repleta de riscos e resultados duvidosos. Compaixão verdadeira trata-se de pessoas ajudando outras a partir de um senso genuíno de cuidado e fraternidade. Não adianta pedir ao seu legislador ou deputado que faça isso por você. A compaixão verdadeira vem do coração, não do Estado ou do Tesouro Nacional. A compaixão verdadeira é algo profundamente pessoal, não um cheque assinado por um burocrata qualquer.

Em uma entrevista televisiva em Nassau, nas Bahamas, em novembro de 2012, o apresentador Wendall Jones me perguntou: "Sr. Reed, e quanto ao Bom Samaritano no Novo Testamento? Aquela história não mostra que o governo deveria ajudar as pessoas?" Minha resposta foi: "Wendall, o que tornou o Bom Samaritano *bom* foi o fato de que ele, sozinho, acudiu o homem aflito estirado na estrada. Se ele simplesmente tivesse dito ao camarada aflito para ligar para seu deputado, ninguém hoje em dia o chamaria de outra coisa senão de Bom Inútil."

"Mas e quanto ao cristianismo em si?", Jones me perguntou em seguida. "Ele não é favorável à redistribuição como um ato de compaixão para ajudar os mais pobres?" Felizmente, conheço uma coisa ou outra da Bíblia e do cristianismo. Minha resposta: "Wendall, o Oitavo Mandamento diz 'Não roubarás'. Não diz: 'Não roubarás, a menos que o outro cara tenha mais dinheiro que você, ou a menos que você esteja convencido de que pode gastar melhor o dinheiro dele, ou que pode encontrar um político para fazer isso por você'." Além do mais, um livro novo sobre o assunto, *For the Least of These: A Biblical Answer to Poverty*, responde essa questão de maneira detalhada e acadêmica.

A esquerda está sempre tão convencida de sua superioridade moral que tende a ser muito intolerante quando confrontada com bons argumentos contrários. O sr. Jones editou o diálogo acima antes de o programa ir ao ar, mas você pode ver o restante se pesquisar no YouTube "Lawrence W. Reed on the Platform, Nassau N. P. Bahamas".

O mercado é, muitas vezes, relegado a um lugar frio, impessoal e egoísta, onde a compaixão fica em segundo plano diante dos interesses pessoais. Mas essa visão ignora alguns fatos importantes: 1) O mercado é o que produz a riqueza a ser doada ou compartilhada por meio da compaixão; 2) Historicamente, as sociedades mais livres são as mais compassivas, no verdadeiro sentido do termo; 3) Ser um empregado público que gasta o dinheiro do povo não o torna mais compassivo ou efetivo do que o restante da sociedade; 4) A "compaixão" do governo geralmente é desviada para compra de votos e programas que perpetuam os mesmos problemas que deveriam ser remediados. Os noticiários apresentam lembretes diários de que não há escassez de "crueldade" na administração pública — assim como ganância, desperdício, fraude e ineficiência.

Da próxima vez que ouvir a palavra "compaixão", investigue se a pessoa que a pronunciou realmente sabe do que está falando — ou, pelo menos, verifique se ela põe em prática esse sentimento com os próprios recursos.

[Nota do Editor: versões anteriores deste ensaio apareceram nas publicações da FEE sob o título "What is Real Compassion?".]

RESUMO

- "Compaixão" não é apenas sair doando alguma coisa, principalmente se o que estiver doando não for seu.

- Compaixão verdadeira significa se envolver pessoalmente.

- Por instinto, quando queremos ajudar os outros com tempo e recursos próprios, há uma tendência avassaladora de fazermos essa doação de tempo e dinheiro para agências privadas, não públicas.

- O mercado, onde os interesses pessoais são um poderoso motivador para a criação de riquezas, é, no fim das contas, a fonte primária de uma riqueza que poderá ser doada por quem quer que seja.

21 As oficinas capitalistas escravizantes e o trabalho infantil clamam por intervenção estatal

Por **Paul L. Poirot**

É PREDOMINANTE NOS ESTADOS UNIDOS E EM OUTROS PAÍSES industrializados a crença de que sem uma intervenção governamental — como legislações em matéria de salários e horas trabalhadas, leis de trabalho infantil e normas relativas às condições de trabalho para as mulheres — as longas horas e condições extenuantes das "oficinas de suor", ou "oficinas de trabalho escravo", cresceriam de forma desenfreada.

Insinua-se que os legisladores, nos tempos de Abraham Lincoln, por exemplo, eram cruéis e insensíveis para com os pobres — iguais aos caricatos donos de fábricas da época em que empregavam homens, mulheres e crianças mediante baixos salários, longas horas de expediente e degradantes condições de trabalho. Em contrapartida, se fossem humanitários, os legisladores de um século atrás, e de antes ainda, teriam proibido o trabalho infantil, estabelecido uma jornada de quarenta horas semanais e aprovado outras leis que melhorassem as condições laborais.

Porém, a verdade nua e crua é que os legisladores dos Estados Unidos de algumas gerações atrás não tinham o poder, assim como Mao, Nehru, Chavez ou Castro não tinham poderes em tempos mais recentes, de balançar uma varinha mágica para criar legislações restritivas e, por conseguinte, aumentar o nível de qualidade de vida e abolir a pobreza entre as pessoas. Se fosse possível um milagre desse tipo, todo ditador e todo legislador eleito democraticamente "pressionaria o botão" sem pensar duas vezes.

O motivo por que mulheres e crianças não mais veem necessidade de trabalhar por baixos salários em condições precárias, de sol a sol, seis ou mais dias por semana, é a mesma razão por que homens fortes e saudáveis procuram evitar trabalhos tão onerosos em uma sociedade industrializada relativamente livre: a sobrevivência e a subsistência ficaram facilitadas pelo uso de ferramentas e capital acumulado por meio de poupanças e investimentos pessoais.

Na ficção, os Filhos da Natureza podem residir num paraíso terreno; mas na vida real de todas as sociedades primitivas, homens, mulheres e todas as crianças lutavam constantemente contra a ameaça da fome. Economias agrárias como essas demandam toda a força de trabalho que possam reunir, mas com altas taxas de mortalidade infantil e pouca expectativa de vida para todos os sobreviventes.

Quando as pessoas passam a acumular suas economias, ferramentas podem ser criadas, e a luta diária dos cidadãos, aliviada, com o início da industrialização. E com o crescimento de poupanças, ferramentas, produção e negócios, a população pode crescer. Conforme eleva-se a renda média e as práticas médicas são aprimoradas, crianças têm melhores chances de sobrevivência, e homens e mulheres podem viver mais e com menos esforço. Não que seja rápido juntar uma poupança ou que a industrialização ocorra da noite para o dia; é um processo lento e penoso. Em seus estágios iniciais, mulheres e crianças sobreviventes ainda são encontradas, para melhorar suas perspectivas de vida, trabalhando em fábricas e nas chamadas oficinas de trabalho escravo. Aprovar uma lei que proibisse esses esforços, naquele estágio de desenvolvimento da sociedade, simplesmente condenaria à morte uma porção da população em expansão. *Proibir o trabalho infantil em países de Terceiro Mundo seria o mesmo que condenar milhões à fome.*

Uma vez que um povo tenha desenvolvido hábitos industriais e econômicos, aprendido a respeitar a vida e a propriedade, descoberto como investir suas economias em empreendimentos criativos, produtivos e lucrativos, encontrado a força motriz do progresso humano — então, e só então, depois da industrialização e de uma expansão econômica próspera, é possível normatizar o trabalho infantil sem, com isso, assinar uma sentença de morte.

Um sábio e honesto humanitário saberá que a pobreza (e coisas piores) está por trás de cada lei de salário mínimo, que define uma remuneração maior do que um indivíduo é capaz de ganhar; por trás de cada norma obrigatória de jornada laboral inferior a quarenta horas semanais, o que acaba prejudicando um pai de família que não consegue sustentar os seus sem a possibilidade de dedicar mais do que quarenta horas trabalhadas; por trás de cada lei trabalhista que leva um empregador menor à falência, destruindo, assim, oportunidades de emprego que ele, do contrário, seria capaz de prover; por trás de cada medida legal que, virtualmente, determina uma aposentadoria aos 65 anos.

Homens tirarão seus filhos e suas mulheres de oficinas de trabalho escravo tão logo possam sustentá-los — tão logo surjam melhores oportunidades de emprego —, tão logo aumente a oferta disponível de capital por trabalhador. As únicas leis necessárias para que isso ocorra são aquelas que protegem a vida e a propriedade privada, as quais incentivam economias e investimentos pessoais.

Acreditar que leis trabalhistas podem melhorar as condições de trabalho e de qualidade de vida sem antes refletir mais sobre o assunto leva à criação de leis nocivas que sobrecarregam a criação de riquezas, minam o incentivo à mão de obra ativa e fecham as portas de oportunidades para aqueles que dispõem de menos recursos. Assim, o impacto final não é uma bênção para a humanidade, mas um grande retrocesso em direção à barbárie.

[Nota do Editor: este ensaio foi levemente editado a partir do original, publicado na *The Freeman*, em 1963, sob o título "To Abolish Sweatshops".]

RESUMO

- As chamadas "oficinas de suor" e o trabalho infantil eram comuns nos tempos pré-industriais e pré-capitalistas porque a produção e a produtividade eram muito baixas, não porque as pessoas gostavam menos de suas esposas e filhos.

- Poupanças, investimentos e crescimento econômico melhoram as condições laborais e financeiras com mais rapidez e segurança do que leis bem-intencionadas, porém equivocadas, que simplesmente fecham portas para a oportunidade.

22 Acordos voluntários e baseados no mercado 'usam' as pessoas

Por Gary M. Galles

ENTRE AS CRÍTICAS MORAIS MAIS BATIDAS SOBRE ACORDOS voluntários está aquela que diz que estes tratam as pessoas como coisas ou mercadorias, em vez de tratá-las como indivíduos. Em outras palavras, acordos comerciais são condenados, porque os participantes "usam" as pessoas no processo. Como descreveu o falecido economista Paul Heyne: "Um sistema como esse parece, de certa forma, violar nossa profunda convicção moral de que nada é mais valioso do que cada indivíduo, e que cada pessoa deveria ser tratada com um fim único, jamais como meio para se chegar a fins ulteriores."

A ironia é que aqueles que compreendem e respeitam os acordos comerciais firmam-nos exatamente porque "nada é mais valioso do que cada indivíduo". Faço coro ao entendimento de Leonard Read, fundador da FEE, de que "um individualista (...) considera a sociedade como a consequência, o resultado, o efeito e a recordação inerentes àquilo que lhe é mais precioso, ou seja, cada ser humano individualmente". Mas por que tais críticas anti-individualistas persistem há tanto tempo, apesar da contradição? Em parte, devido a uma propaganda enganosa retórica que muda o significado de "uso" no meio do argumento.

Existe um repúdio moral generalizado quanto a "usar" pessoas. No entanto, usar tem múltiplos significados. Usar pode significar utilizar ou empregar, sem representar nenhum prejuízo a ninguém. Essa é a nossa intenção quando dizemos que alguém está usando um martelo. É também o que acontece quando pessoas fornecem voluntariamente seus serviços para fazer progredir propósitos comerciais de outros indivíduos. Em contrapartida, usar também pode significar abusar ou prejudicar, sobretudo por meio de força ou fraude. É isso o que temos em vista quando dizemos "você fingiu se importar comigo, mas estava apenas me usando".

O primeiro significado é coerente tanto com não prejudicar os outros quanto com beneficiá-los (como acontece em acordos de mercado mutuamente aceitáveis, em que os indivíduos, se não houver tais benesses, recusam-se a aceitá-los); o segundo, exige que outros sejam lesados. E mudar o significado, do primeiro para o segundo, no meio do caminho, abre precedentes para uma trapaça ideológica.

Algumas pessoas podem se deixar enganar com dizeres como: "Você usa outros nos mercados; usar pessoas é prejudicial a elas." Mas será menos provável que isso aconteça se você esclarecer qual é a sua intenção de "usar". "Você utilizou serviços alheios fornecidos voluntariamente, portanto, você os prejudicou" convencerá muito menos gente. Portanto, o emprego incorreto da linguagem, estimulado por ideias confusas, pode transformar a realidade dos benefícios mútuos a partir de transações de mercado espontâneas na ficção da teoria exploratória.

Há outro problema lógico que surge ao dizer que deveríamos tratar as pessoas como fins em si mesmas, e jamais como meios. Não é uma escolha entre os dois, porque eles não são mutuamente excludentes. As pessoas são tanto fins em si mesmas quanto meios pelos quais outros satisfazem seus fins.

O que os outros nos oferecem mediante todas as transações mutuamente acordadas são meios para melhor satisfazer nossos fins. Mas tratar as ações ou serviços das pessoas como meios para nossos fins não as rebaixa enquanto indivíduos; é apenas uma situação inerente ao benefício mútuo. E não observar essa distinção, reprovando tais acordos como sendo um uso antiético de outras pessoas, aproxima-se bastante da afirmação contraditória de que não é permitido nada que seja mutuamente benéfico. Em vez disso, não deveríamos fustigar, mas enaltecer um sistema que pode coadunar planos e propósitos, muitas vezes incompatíveis, de multidões de indivíduos para que se chegue àquilo que, de fato, pode ser alcançado.

Além disso, quando as pessoas escolhem livremente seus acordos, cada uma delas respeita seus semelhantes como importantes fins em si mesmos de maneira imprescindível, o que não ocorre quando outros ditam aquilo que é ou não permitido. Isso lhes proporciona liberdade, baseada na autonomia individual, para escolher como fazer melhor uso dos meios que têm à disposição.

Acordos mutuamente voluntários são aqueles em que os participantes acreditam alavancar da melhor forma possível suas capacidades para atingir seus fins, sem violar as capacidades similares dos outros. Não há prejuízo na capacidade de perseguir os fins escolhidos por nós; as possibilidades se ampliam para ambos os lados. Qual é a melhor forma de incentivar os demais a atingir suas metas senão lhes permitindo usar os meios disponíveis que eles julgam ser os mais produtivos? Como Philip Wicksteed escreveu há um século, no *Common Sense of Political Economy*: "[Relações econômicas voluntárias atenuam] as limitações (...) de seus recursos diretos (...) pelo próprio ato que proporciona liberdade para aqueles com quem se está negociando (...) sem [deixar] nenhuma margem para acusações de serem intrinsecamente sórdidas e degradantes."

O ideal hipotético de sempre tratar os outros como objeto de benevolência em vez de utilizar seus serviços por meio de transações mutuamente benéficas é também inatingível. Como disse Philip Wicksteed: "A limitação de nossos poderes impediria que tivéssemos interesses igualmente ativos pelas questões das pessoas." Em qualquer sociedade maior que nossa família, simplesmente não temos o conhecimento suficiente para organizar relações baseadas em benevolência.

Imagine só o número total de negociações e negociantes envolvidos em nossos acordos econômicos. Como demonstrou o famoso ensaio de Leonard Read *I, Pencil*, vastos números estão implicados até nos produtos mais simples, aqueles com muito menos complexidade, como automóveis. Em tais circunstâncias, as opções são não de coordenar as relações via negociação (outro nome para persuasão) ou via caridade, mas entre coordenar relações via negociação ou coordená-las parcamente, quando muito, porque elas ultrapassam nosso conhecimento e nossas capacidades.

Paul Heyne resumiu isso muito bem:

> Quando os valores monetários, em vez de se preocuparem com cada indivíduo, coordenam as transações sociais, a cooperação social se torna possível em uma escala muito maior. Aqueles que gostariam de obrigar todas as transações sociais a entrar em modo pessoal não fazem ideia de quanto aquilo

que eles subestimam se tornaria impossível no mundo de seus ideais (...) Eles ignoram a incrível complexidade do sistema de cooperação social pelo qual nós somos alimentados, vestidos, abrigados, alertados, curados, transportados, reconfortados, entretidos, desafiados, inspirados, educados e servidos de um modo geral.

Alegações de que acordos de mercado envolvem o "uso" antiético dos outros vêm de longa data. Mas também possuem méritos questionáveis. Essas pessoas transformam retoricamente a "utilização dos serviços de outros indivíduos de forma benéfica para ambas as partes envolvidas" no "usar" os outros, supostamente, em detrimento deles mesmos. Eles abordam esse assunto como uma escolha entre tratar os outros como meios ou como fins, quando honrar outros como fins em si mesmos, concedendo-lhes a dignidade de escolher a melhor maneira de alcançar seus propósitos, leva-os a fornecer voluntariamente os meios para proporcionar os fins alheios. Eles determinam um padrão de sempre tratar os indivíduos como objetos de benevolência em vez de utilizar seus serviços por meio de negociações mutuamente benéficas, consideradas as circunstâncias, e ao tentar fazê-lo destruiriam muitas das formas de cooperação social que os acordos voluntários produziram de maneira tão confiável que recorremos a eles até hoje.

No entanto, profundas reflexões, sem intimidações ou manipulações de argumentos deturpados, levam a conclusões diametralmente opostas. Se aceitarmos a premissa de que os indivíduos e suas conquistas são nossos fins absolutos, os acordos voluntários dos quais eles se desenvolveram são, como destacou Friedrich Hayek, uma das maiores criações da humanidade, não motivo para sua ruína.

RESUMO

- Defensores dos livres mercados são, há muito tempo, acusados de apoiar acordos que "usam" as pessoas. O que é uma ironia, pois o livre mercado representa o acordo econômico que mais respeita e promove os indivíduos!

- Mercados, por terem suas raízes no livre-arbítrio dos indivíduos, na autonomia pessoal, em relações voluntárias e contratuais e na satisfação do consumidor, têm bem menos chances de "usar" pessoas (no sentido pejorativo) do que acordos que são coercivos, planejados de forma centralizada ou burocráticos.

- As pessoas não deveriam ser tratadas como objetos de benevolência, mas, em vez disso, como indivíduos soberanos, com os quais tratamos voluntária e pacificamente em busca de benefícios mútuos que ocorrem por meio da liberdade de escolha.

23 É necessária a ação governamental para o equilíbrio do déficit comercial

Por Lawrence W. Reed

EU TENHO UM SEGREDINHO OBSCURO. TRATA-SE DE UM PROBLEMA irritante que me acompanha há muito tempo. Só que ele parece nunca ir embora. Até este momento, não tive vontade de admiti-lo, porque as manchetes dos jornais me lembram mensalmente de que esse tipo de coisa é ruim e constrangedor. Mas vou me abrir assim mesmo, na esperança de que, talvez, alguém por aí possa me ajudar.

Meu problema é o seguinte: tenho um déficit comercial com a J. C. Penney.* É isso mesmo. Ano após ano, compro mais da J. C. Penney do que ela compra de mim.

Na verdade, a J. C. Penney nunca chegou a comprar nada de mim. Tem sido uma via de mão única desde o dia em que recebi meu cartão de crédito pelo correio. E não acho que isso vá mudar tão cedo, porque a rede varejista não demonstra nenhum interesse em comprar meu principal produto, que são artigos como este aqui. Isso não me parece nada justo.

Para ser sincero, considerei várias opções. Cada uma delas, provavelmente, reduziria ou eliminaria meu déficit comercial com a J. C. Penney, mas um cara muito sábio sempre ressalta os novos problemas que cada um desses cenários poderia criar:

---

* N. do T.: famosa rede de lojas de departamento nos Estados Unidos.

1. Eu poderia recorrer ao Congresso para forçar a empresa a comprar tantos artigos quantos forem necessários para contrabalançar o que já gastei em suas lojas. Mas quanto mais a J. C. Penney comprar de mim, menos ela será capaz de comprar dos outros, o que só fará com que aumente o déficit comercial *deles*.
2. Eu poderia recorrer ao Congresso para forçar a J. C. Penney a reduzir seus preços, assim não terei que gastar tanto para obter o que quero. Levei em conta que isso poderia, ao menos, reduzir o meu déficit, mas a custos menores eu poderia acabar ficando tentado a comprar mais. Ou a J. C. Penney poderia ser atacada pelos simpatizantes do antitruste por se desfazer de seus bens com preços abaixo do custo.
3. Eu poderia, simplesmente, parar de comprar da J. C. Penney. Isso lhes daria uma lição. Mas, caramba, eu *gosto* das coisas que tenho comprado deles. Se eu os boicotar, não será o mesmo que cortar meu nariz para provocar meu rosto?

Está na cara que não é verdade nada do que eu disse. Como economista, sei que existe uma quarta opção, e é a única que faz sentido: eu deveria ignorar esse "problema", e nunca mais dar a mínima para essa situação comercial entre mim e a J. C. Penney, a não ser pagar minhas faturas em dia. Os Estados Unidos como um todo deveria fazer o mesmo. Se despedíssemos os caras de Washington, D.C., que compilam os números da balança comercial, esse suposto problema chegaria ao fim.

Todos os meses, o Departamento de Comércio dos Estados Unidos publica os números oficiais da "balança comercial", demonstrando a diferença entre o valor das mercadorias que entraram no país e o valor das mercadorias que saíram. Se as importações excederem as exportações, os Estados Unidos estarão com um *déficit* comercial, o que deixa Washington de orelhas em pé. Se as exportações forem maiores do que as importações, todos deveríamos comemorar, porque tivemos um *superávit* comercial.

Seguindo essa lógica, exaurir todos os bens do país e não aceitar nada que venha do estrangeiro seria a melhor notícia comercial possível. Porém, não poderíamos comemorar, pois a população estaria morrendo de fome. Mas, pelo menos, os anais do governo registrariam um superávit comercial maravilhoso.

Os números da balança comercial, diga-se de passagem, apresentam um panorama comercial incompleto. Eles procuram apenas medir mercadorias, mas os comerciantes também negociam muitas outras coisas. Se um empresário canadense vende lenha para americanos, ele recebe dólares, mas não precisa comprar mercadorias de seus clientes. Em vez disso, ele pode querer investir em imóveis, comprar títulos (públicos ou privados) ou contratar certos serviços. Essas coisas não entram na conta da "balança comercial".

Os progressistas não são os únicos obcecados por essa bobagem de déficit comercial, que, por sua vez, abre brechas para pseudossoluções para um não problema. É um retrocesso a tempos menos iluminados de mercantilistas do século XVI, que defendiam que uma nação jamais deveria comprar mais produtos estrangeiros do que o que ela vendia para eles, pois isso produziria uma "balança comercial desfavorável" que precisaria ser contornada por um escoamento de ouro e prata. Os equivocados mercantilistas presumiam que ouro e prata eram a verdadeira riqueza de uma nação, não seus bens e serviços. Também estavam errados ao fazer juízos de valor sobre as atividades comerciais das outras pessoas. O fato é que não há nada "desfavorável" com relação às negociações voluntárias sob o ponto de vista dos indivíduos que na verdade estão comercializando, pois, caso contrário, eles nem sequer estariam envolvidos nessa atividade.

O princípio de que ambos os lados se beneficiam das relações comerciais é facilmente visível quando elas envolvem duas partes dentro de um mesmo país; a coisa só se confunde um pouco quando uma barreira política invisível separa essas partes. Nem os mercantilistas de outrora, nem os contemporâneos que ficam em polvorosa com o déficit comercial têm uma resposta satisfatória à seguinte pergunta fundamental: uma vez que todos os negócios são "favoráveis" aos comerciantes individuais, como é possível que essas transações, depois de somadas, possam gerar um resultado "desfavorável"?

O economista escocês Adam Smith esteve entre os primeiros a atacar a noção de que exportações são boas, e importações, ruins. Ele postulou uma "harmonia de interesses" no comércio, pela qual ambas as partes se beneficiam com o negócio. Salvo práticas claramente fraudulentas, que são mínimas e de responsabilidade do judiciário, não há nada de "desfavorável" no comércio voluntário *sob a óptica dos indivíduos que estão negociando*; caso contrário, esses indivíduos não estariam envolvidos em tal atividade.

Voltando ao meu exemplo inicial, eu me beneficio quando adquiro produtos da J. C. Penney, senão não continuaria comprando. Todos da J. C. Penney também se beneficiam, porque eles preferem ficar com o meu dinheiro do que com as coisas que eles me vendem. Os dois lados se sentem mais satisfeitos por conta dessa relação comercial, por isso nenhum de nós fica reclamando. E isso não deixaria de acontecer mesmo que a J. C. Penney fosse uma empresa do Japão ou de Uganda.

Por fim, os dólares que vão para o exterior, para pagar pelas importações, voltam para comprar exportações americanas. Porém, mesmo que não voltassem — em outras palavras, mesmo que bens entrassem no país e dólares saíssem daqui só para encher os colchões dos estrangeiros —, os americanos, com o aparentemente nocivo déficit comercial, levariam a melhor parte do negócio. Estaríamos com bens, como eletrônicos e automóveis, e os estrangeiros acumulariam pedaços de papel decorados com imagens de políticos mortos.

Esqueça o déficit comercial. Deveríamos nos ocupar de coisas mais importantes, como a próxima promoção da J. C. Penney.

[Nota do Editor: uma versão anterior deste ensaio foi publicada na revista da FEE, *The Freeman*, em dezembro de 1998.]

RESUMO

- Cada um de nós, enquanto indivíduos, tem uma "balança comercial" com outros indivíduos, mas nenhum de nós se importa com números; importamo-nos com os bens e serviços que estamos negociando.

- Os números da balança comercial só levam em conta mercadorias. Deixam de fora uma montanha de negócios internacionais envolvendo outros produtos, desde imóveis até títulos e serviços.

- Qualquer negócio é "favorável" para aqueles que participam da negociação, portanto, como é que alguém pode somar tudo isso e chegar a alguma coisa "desfavorável"?

24 Os americanos desperdiçam sua renda consigo mesmos, enquanto as necessidades públicas são negligenciadas

Por **Edmund A. Opitz**

NOSSA SOCIEDADE É ABUNDANTE, COSTUMAVAM NOS DIZER — mas, infelizmente, só no setor privado. O setor público — ou seja, a estrutura política que, para ser mantida, demanda um terço da energia de nossa sociedade — vive à míngua. O senhor e a senhora América andam quicando em seus carros caros e luxuosos pelas estradas esburacadas — a melhor estrada que seu governo pôde construir com os parcos recursos liberados. Eles entram na fila para comprar ingressos a preços de cambistas para um jogo de beisebol sem sequer pensar que essa satisfação contribui para a não construção de um projeto habitacional político em uma cidade já superpopulosa. Na mesma noite, eles jantam num restaurante pomposo, e o governo, graças a isso, carece de meios para fornecer água para uma represa que acabou de construir numa área de seca. Os americanos, em resumo, satisfazem suas vontades com conforto, ao mesmo tempo que o Estado precisa do dinheiro deles.

Aqueles que continuam nessas ou em semelhantes linhas de crítica estão corretíssimos em um ponto: se tivesse que haver um aumento no gasto político, deveria existir, portanto, uma diminuição nos gastos privados; alguns terão que viver com menos. O bem-estar dos indivíduos em qualquer sociedade é inversamente proporcional ao dinheiro à disposição da classe política. Todo o dinheiro gasto por grupos governistas é tirado de cidadãos comuns — que, do contrário, gastariam de forma muito diferente, com bens e produtos de sua escolha. O Estado vive de tributos (ou daquilo que pede emprestado e, depois, devolve com tributos), e os tributos oneram a parte economicamente produtiva da sociedade.

O Estado Opulento, fantasiado pela esquerda que critica a Sociedade Abundante, não tem como existir senão como resultado de forte interferência na livre escolha. Para estabelecê-lo, uma sociedade de indivíduos com livre escolha deve produzir para uma sociedade em que as vidas de muitos são planejadas e controladas coletivamente por alguns poucos.

O Estado, em nossa Sociedade Abundante, já nos priva de um terço da renda e mais um pouco de nossa subsistência (tanto em tributos diretos quanto em indiretos, e os custos da regulação e fiscalização que o ente impõe). Isso não é suficiente!, dizem os críticos. Então, quanto: 50%, 100%? De qualquer modo, precisa ser o suficiente para que nenhuma vida passe sem ser planejada, se eles puderem ajudar. Esse é o erro mais antigo do autoritarismo. Os intelectuais planificadores, desde tempos imemoriais, sonham com padrões éticos e estéticos para o restante da humanidade — porém, acabam ignorados. Seus esforços para convencer as pessoas a aderir a esses ideais terminam sem muito sucesso. As massas são ignorantes demais para saberem o que é bom para elas, então, por que não impor as ideias certas sobre elas por meio da ação política direta? O Estado está muito fraco e pobre? Bem, torne-o forte e rico, exorta o autoritário, e assim é feito. Mas o Estado age com base em interesses políticos e de poder, e por vezes chega a devorar os intelectuais que argumentaram em seu favor.

Toda sociedade idealiza algum meio público para proteger seus pacíficos cidadãos contra ações violentas externas, mas isso limita demais o papel do governo para satisfazer os críticos da chamada Sociedade Abundante. A grande interferência estatal que eles defendem é planejada, dizem eles, para proteger o povo das consequências de sua própria insensatez, e o jeito é aprovar leis anti-insensatez que evitem más escolhas.

Existem níveis de sabedoria, é verdade, e algumas pessoas são completamente imprudentes. Gastam seu dinheiro com corridas de cavalo quando o telhado precisa ser reformado; ou instalam caros pacotes de televisão quando ainda estão terminando de pagar as prestações do barco da família. Contudo, numa sociedade livre, esses indivíduos têm esse direito, assim como têm o direito de dizer ou publicar coisas tolas ou impopulares. Isso faz parte do que significa ser livre! O exercício da liberdade, às vezes, resulta em certas escolhas insensatas ou equivocadas (e isso é diferente dos governos?). Mas, ao conviver com as consequências de suas escolhas ruins, o homem aprende a escolher com mais sabedoria na próxima vez. Tentativa e erro, primeiro; depois, se ele for livre, tentativa e acerto, mais adiante. Mas, pelo fato de nenhum homem ser suficientemente competente para gerenciar outro, erros e falhas persistentes são características inerentes ao Estado Opulento.

[Nota do Editor: este ensaio foi publicado originalmente na edição de 1962 de *Clichés of Socialism*, numa época em que a falácia a que ele se refere era mais evidente do que hoje. O influente livro, de 1958, escrito por John Kenneth Galbraith, *A sociedade da abundância*, que caiu em tremendo descrédito em décadas subsequentes, foi frequente e favoravelmente citado no início dos anos 1960. Hoje, com o governo consumindo muito mais da renda bruta do que o fazia há meio século, e desperdiçando boa parte dessa verba, não é tão fácil argumentar que o setor público está à míngua. Porém, isso não impede que a esquerda continue afirmando, de diversas maneiras, que o governo merece ainda mais.]

RESUMO

- Se a classe política receber mais para gastar, isso significa que os indivíduos terão exatamente o mesmo tanto a menos para gastar com o que lhes convier.
- Autoritarismos sempre brigam para ter mais do que pertence aos outros; autoritários nunca acreditam ter o suficiente, até que alguém toma uma decisão por conta própria em vez de ter o Estado para fazer escolhas por ele.
- Liberdade significa gastar seu dinheiro do jeito que quiser, mesmo que, às vezes, suas escolhas não sejam as melhores. E não há nada que prove que o governo, composto por pessoas que gastarão o dinheiro de outras pessoas, saberá utilizar com mais sabedoria o dinheiro daqueles que, de fato, trabalharam para consegui-lo.

25 Se o governo não resolver a crise, quem o fará?

Por **Leonard E. Read**

O PRESIDENTE GROVER CLEVELAND, QUANDO VETOU A DESTINAÇÃO de uma verba de 10 mil dólares do Congresso à compra de sementes para texanos que sofriam com a seca, pode nos ter dado a resposta que precisávamos para esse clichê:

> A cordialidade e a caridade de nossos compatriotas sempre pode ser invocada para aliviar os infortúnios de nossos conterrâneos (...) O auxílio federal em tais casos incentiva a expectativa de cuidados paternalistas por parte do governo, comprometendo a firmeza de nosso caráter nacional, ao mesmo tempo que impede a compreensão daqueles amáveis sentimentos entre o nosso povo, o que fortalece os laços fraternos.

Sem dúvida, muitos deputados que votaram por essa verba se perguntaram honestamente: "Se o governo federal não salvar esses pobres texanos, quem os salvará?" O presidente Cleveland teve apenas que vetar a medida e elaborar uma explicação. Mas nós, cidadãos comuns, não temos poder que seja maior do que a razão e a persuasão. O que, então, poderíamos ter dito? Uma resposta bem sincera teria sido a seguinte: "Eu não sou clarividente, então, não sei *quem* irá cuidar dessas pessoas. Contudo, sei que os texanos, agindo por conta própria e com os próprios recursos, cuidarão melhor de si mesmos do que se forem cuidados por um número qualquer de políticos imitando Robin Hood."

A questão "Se o governo não resolver a crise, quem o fará?" é ilógica. Ninguém jamais poderá responder "*quem*" o fará. Assim, aquele que gosta de clichês vence a discussão implícita sem muito esforço — a não ser que alguém reivindique a clarividência ou exponha a falsidade da questão. (Além disso, implícita na própria questão está a suposição duvidosa de que se o governo fizer, será bem feito, com eficiência e sem a corrupção política.)

Cada leitor dessas falas pode provar a si mesmo, refletindo sobre suas experiências pessoais, que a resolução de uma crise é um evento imprevisível. De tempos em tempos, cada um de nós, sem preconcepção alguma, tem observado as crises e, em seguida, tomado atitudes para resolvê-las — com a própria renda!*

Anteriormente aos anos 1930, antes de o governo federal assumir a responsabilidade pelos "socorros", ninguém podia prever *quem* viria fazer esse tipo de resgate; ainda assim, desde 1623, não há registro de fome ou miséria no país. Entre um povo cujos princípios de liberdade eram mais amplamente praticados e o governo mais limitado do que em qualquer lugar, havia menos crises e mais bem-estar generalizado do que a história jamais registrou. Sociedades montadas na burocracia não têm histórico de ter socorrido sociedades livres; sempre ocorreu o contrário.

Caridade é uma virtude pessoal. Quando o governo não adota medidas de subvenção ("socorro") financiadas coercivamente, milhões de adultos apresentam-se como guardiões de combate às crises. Sua energia caridosa disponível está sempre em ação, observando em detalhes as crises nas vizinhanças, analisando e auxiliando com os frutos do trabalho de cada pessoa caridosa. E, em ocasiões de desastres mais graves, sempre houve concentrações voluntárias de recursos individuais, quase sempre bem generosas.

O que acontece quando o governo assume o controle? A caridade dá lugar à política. Fundos coletados arbitrariamente são distribuídos aos indivíduos de acordo com seu grupo, classe ou ocupação. Isso não tem nada a ver com caridade; isso é roubar de Peter para pagar Paul. Além do mais, quando o governo cria programas de "bandejão" e os financia com o que foi extorquido dos cidadãos, cria novas reclamações e agrava o problema que deveria solucionar.

---

* Nota do Editor: o autor Marvin Olasky, em seu livro de 1999, *The American Leadership Tradition*, observa que as doações privadas e voluntárias que foram feitas para ajudar o Texas após o veto de Cleveland acumularam, no mínimo, dez vezes mais do que o presidente vetou.

Não são apenas os chamados projetos de "socorro" que são baseados nesse mesmo clichê, mas a maioria dos outros casos em que o governo intervém em nossa sociedade: "Se o governo não faz isso, quem o fará?" Se o governo não nivelar montanhas e preencher vales; drenar pântanos e levar água para o deserto; construir estradas sobre rios e vias marítimas sobre a terra; subsidiar falhas e penalizar produtividade e economia; mandar homens para a lua e prometer a lua para a humanidade; e mil e um outros projetos — se o governo não fizer essas coisas, ou seja, forçar os contribuintes a fazê-las, quem as fará? E, com mais frequência do que possa parecer, a resposta é que, provavelmente, ninguém em sã consciência jamais pensaria em fazer esse tipo de coisa — por sua conta e risco, com seu próprio dinheiro. Pode até ser que, em algum momento, alguém engenhoso encontre alguma maneira de realizar uma ou mais dessas tarefas, na esperança de obter lucro, e se arrisque na empreitada.

Mas não há como determinar antecipadamente *quem* poderá ser esse pioneiro. O máximo que se pode fazer é deixar os homens livres, pois só entre homens livres surgem os pioneiros. A liberdade proporciona todas as oportunidades, seja em empreendimentos caridosos, seja no mercado, para que os melhores — não os piores — cheguem ao topo.

[Nota do Editor: uma versão deste ensaio foi publicada originalmente no livro da FEE, *Clichés of Socialism*, em 1962.]

RESUMO

- Ninguém pode prever quem virá em auxílio a seus conterrâneos em situação de aflição. A pergunta não faz sentido.

- Sem assistência governamental, uma quantidade imensa de auxílios privados e voluntários foram feitos por cidadãos americanos desde o primeiro assentamento por aqui. Será que existe algum motivo para supor que políticos serão mais afetuosos, compassivos ou efetivos em providenciar socorros com o dinheiro das outras pessoas do que os indivíduos que os elegeram, e que se envolvem pessoalmente para auxiliar os cidadãos das proximidades?

- O governo não é uma obra de caridade e politiza tudo o que toca.

26 A preservação histórica não acontecerá a menos que o governo assuma o controle

Por **Lawrence W. Reed**

"VENDIDO!", GRITOU O LEILOEIRO DA SOTHEBY'S NA NOITE DE 18 de dezembro de 2007, quando um dos documentos políticos mais antigos da história mudou de mãos. Era a Magna Carta, ou melhor, uma cópia dela, datada de 1297. O comprador não era um governo, e sim um indivíduo, um advogado de Washington chamado David Rubenstein. Ele pagou 21,3 milhões de dólares por ela e, prontamente, anunciou que queria sua propriedade privada recém-adquirida exposta ao público no Arquivo Nacional, na capital do país.

Uma Magna Carta como propriedade privada? Esse tipo de coisa não deveria ser de propriedade pública? Um casal de alunos americanos visitando a Inglaterra certamente assim pensou. Para uma história que foi ao ar na CNN sobre o leilão da Sotheby's, eles foram entrevistados na Biblioteca Britânica de Londres, enquanto admiravam outra cópia do grande manuscrito em exposição por lá.

"Eu não podia imaginar que ainda havia, em posse de um particular, uma cópia da Magna Carta viajando o mundo. Parece-me realmente incrível que uma pessoa possa ter uma dessas em mãos", pronunciou-se um dos jovens estudantes. "Pessoalmente, espero que o governo ou alguma instituição de caridade se aproprie dela, para que todos possam vê-la", disse o outro. Ambos imaginavam que propriedade privada e utilidade pública, pelo menos quanto a questões de preservação histórica, eram incompatíveis.

A cópia da Magna Carta que Rubenstein comprou não ficará escondida em seu armário, porque é do desejo do novo proprietário que ela seja preservada para exibição pública. Embora alguns possam dizer que a humanidade teve sorte nesse exemplo específico, na verdade, é só o mais recente de uma rica herança de documentos, manuscritos e objetos com significado histórico sob os cuidados de particulares. Com efeito, a mesma cópia comprada por Rubenstein estava em posse da fundação do empresário Ross Perot, que, por sua vez, adquiriu-a em 1984 de outro proprietário privado, a família Brudenell, da Inglaterra. Dado esse histórico, aqueles estudantes deveriam ter levantado as mãos para o céu por esforços privados como esse de Rubenstein.

O conteúdo de livros do mundo antigo parece ter adentrado a era digital, muito por conta de esforços privados. Através de muitas eras, bibliotecas, escribas e impressoras eram sustentados, em boa parte, por patrocínios privados. Instituições eclesiásticas foram fundamentais na preservação de textos que são importantes para a tradição ocidental, destaca o dr. Ryan Olson, da Kern Family Foundation, em Wisconsin, e detentor de um doutorado nos clássicos da Universidade de Oxford.

Por exemplo, diz Olson, no século VI, Cassiodoro concluiu sua carreira como funcionário público em Ravena e reuniu iniciativas monásticas para realizar cópias de textos clássicos e cristãos. Alguns trabalhos de seus monges parecem ter chegado a Roma, onde poderiam ter maior influência. Embora a história da transmissão possa ser difícil de rastrear, estudiosos alegam que pelo menos um trabalho clássico, de Cato, parece ter sobrevivido até os dias atuais graças aos esforços de Cassiodoro. "É nossa intenção", escreveu Cassiodoro pouco antes de morrer, "tramar um só tecido e designar a pessoas qualificadas o que quer que os antigos tenham deixado para a posteridade".

Também aprendi com Olson que Cícero, político, advogado e escritor romano, revelou em suas cartas uma extensa rede de bibliotecas pessoais. Essas coleções privadas preservaram livros importantes, que podiam ser lidos por membros da população e, às vezes, eram emprestados e enviados por mensageiros. Livros podiam ser consultados ou copiados para a biblioteca pessoal de alguém e devolvidos ao proprietário original. Se alguém quisesse consultar vários livros, uma visita pessoal a uma biblioteca privada podia ser marcada.

A Biblioteca Bodleiana, de Oxford, onde Olson já estudou, foi fundada por Sir Thomas Bodley e dedicada a ele em 1602. O rei Jaime I, ao entrar na biblioteca em agosto de 1605, disse que seu fundador deveria ter apelidado de "Sir Thomas Godly".* Bodley aplicou sua considerável fortuna pessoal na aquisição de livros e manuscritos ancestrais, que formaram a base de uma das coleções mais extensas do mundo. Essa coleção inclui, entre os inúmeros tesouros, uma primeira edição de *Don Quixote*, um manuscrito de Confúcio adquirido numa época em que poucos sabiam ler caracteres chineses, uma cópia do século XIV de *A Divina Comédia*, de Dante, assim como as primeiras edições dos trabalhos de John Milton, que chamou a biblioteca de "centro mais sagrado", um "tesouro glorioso" dos "melhores Memoriais do Homem".

Outros exemplos de preservação histórica por meio de recursos privados, descobrimos, são incontáveis. Andrew Mellon, banqueiro de Pittsburgh, adquiriu uma grande variedade de obras de arte premiadas. Ele doou toda sua coleção (além de 10 milhões de dólares para a construção) para dar início à Galeria Nacional de Arte, em Washington, D.C. Dezenas de milhares de lares e edifícios históricos em todos os Estados Unidos são de propriedade privada e mantidos pelos donos, sendo muitos deles reformados e abertos para visitação. Mesmo faróis históricos, que eram, sobretudo, patrimônios públicos, hoje são conservados por proprietários privados, após décadas de negligência por parte das autoridades governamentais. E assim vai.

Pense o seguinte: historiadores particulares ao redor do mundo, todos os dias, estão produzindo artigos e livros que trazem à tona o passado e, de maneira revigorada, apresenta-os a novas gerações de leitores — preservando a história no processo. A ideia de que os subsídios do governo são necessários para fazer historiadores escreverem história é absurda.

Quanto mais de perto observamos, mais claro fica que as iniciativas privadas não têm sido apenas secundárias na preservação histórica. Elas têm sido a peça central. E por que não deveria ser assim? Ao investir seus próprios recursos, proprietários privados adquirem um interesse pessoal instantâneo pelo valor de "capital" do ativo histórico. Um funcionário público não estaria necessariamente mais interessado ou mais preparado para conservar aquilo que consideramos historicamente valioso do que muitos cidadãos comuns que arriscam seus próprios recursos.

---

* N. do T.: trocadilho feito com o nome Bodley, que não possui tradução certa, pela alcunha "Godly", que, no caso, pode ser traduzido por "Divino".

A propósito, já notou que os maiores queimadores de livros da história foram governos, não indivíduos privados?

Por meio dos preços, os mercados mandam sinais quanto ao que deveria ser preservado ou descartado. Quanto mais escassa se torna uma coisa valiosa, maior fica o preço de qualquer fragmento dela. Isso é um incentivo para entidades particulares comprarem e armazenarem essa coisa, e também exibi-la se houver interesse suficiente de outras pessoas para vê-la. Propriedade governamental significa que temos de confiar às mãos de burocratas a preservação de algo que não lhes pertence.

Portanto, qual é o problema de uma cópia da Magna Carta ter sido comprada por um cidadão comum? Nenhum. Sugerir o contrário é, simplesmente, reiterar um preconceito antiquado e mal informado. Em uma sociedade civil com pessoas livres, esse preconceito deveria ser raro o bastante para ser uma peça de museu.

RESUMO

- Por que subestimar pessoas e mercados quando falamos de história? Há inesgotáveis exemplos de preservação e restauração privadas.

- Iniciativas privadas não têm sido apenas secundárias na preservação histórica. Elas são a peça central desse processo.

- Por meio dos preços, os mercados mandam sinais quanto ao que deveria ser preservado ou descartado.

- Propriedade privada significa que alguém tem um incentivo direto para preservar; se o governo for o proprietário, todos temos incentivos para usar e, quem sabe, abusar de alguma coisa historicamente valiosa. Propriedade governamental significa que temos de confiar às mãos de burocratas a preservação daquilo que não lhes pertence.

27 O governo deveria ter o poder de fazer com que as pessoas cuidassem mais de si mesmas

Por Lawrence W. Reed

HÁ ALGUNS MESES, ENTREI NUM RESTAURANTE NA FLÓRIDA E disse: "Uma mesa de não fumantes para dois, por favor." A recepcionista respondeu: "Sem problema. Na Flórida, é proibido fumar em qualquer restaurante. Pode me seguir."

Por um breve momento, enquanto caminhávamos até a nossa mesa, pensei: "Ótimo! Sem chance de tomar uma baforada na cara. Gostei disso!"

Então senti vergonha de mim mesmo. Tornei-me vítima do mesmo impulso estatista que aflige os atuais "progressistas". Durante quarenta anos, achei que eu era o mais apaixonado e intransigente fiel de uma sociedade livre. Mesmo assim, por alguns segundos, desfrutei de uma ação governamental que atropela as liberdades de pessoas maiores de idade em um ambiente privado.

Esse incidente me incomodou o bastante para que eu ficasse pensando nele por um bom tempo. Eu queria entender por que meu primeiro instinto foi o de abandonar princípios por uma pequena conveniência. E se eu, um comprometido amante das liberdades, pude ser tão facilmente empurrado à direção errada, o que isso diz sobre mim por incentivar infiéis a evitar tentações semelhantes ou mais flagrantes?

No início, pensei no mal que muitos médicos acreditam causar em fumantes passivos. Talvez não fosse errado que o governo protegesse os não fumantes se o que temos aqui é um caso de uma pessoa impondo uma externalidade prejudicial a alguém que não deseja padecer desse mal. Então, rapidamente, percebi duas coisas: ninguém me forçou a entrar no lugar, e o restaurante não pertencia nem ao governo, nem a mim. O fato é que, numa sociedade genuinamente livre, o dono de uma propriedade que quer permitir que algumas pessoas em seu estabelecimento fumem tem tanto o direito de permitir isso quanto você ou eu temos o direito de ir a outro lugar. Não se trata de um caso em que as pessoas não estão conscientes dos riscos envolvidos. Aliás, ninguém tem o direito de obrigar outro cidadão a fornecer-lhe um restaurante livre de fumantes.

Além disso, consigo pensar em muitos comportamentos de risco pelos quais muitos adultos têm a liberdade de enveredar, mas que eu jamais invocaria o governo para banir: paraquedismo e *bungee-jumping* são só dois deles. Estatísticas mostram que, só por frequentar ou dar aulas em certas escolas públicas do centro da cidade, há também muitos riscos envolvidos — talvez mais ainda do que inalar ocasionalmente a fumaça de outra pessoa.

Isso é um declive tão escorregadio quanto declives podem ser escorregadios. Admita que é legítimo o governo ditar quais atividades um indivíduo pode realizar quando elas só dizem respeito a ele mesmo, e aonde isso vai parar? Alguns leem livros muito ruins. Deveríamos tirá-los delas, principalmente aqueles que podem defender o que alguns consideram futilidades ou, Deus nos livre, aqueles que propagam resistência ao Estado? E quanto àquelas bebidas açucaradas que o ex-prefeito de Nova York, Michael "Nanny" Bloomberg, tentou usar como motivo para punir donos de restaurantes por vendê-las a clientes voluntários? Será que os esquerdistas poderiam nos dizer, por favor, até onde eles querem que o Estado seja invasivo para o nosso próprio bem?

Parece-me que assegurar os direitos à propriedade privada (tanto do seu corpo quanto dos bens materiais que você pode reivindicar legitimamente como seus) produz um conjunto de regras muito mais preciso e previsível para uma sociedade civilizada. Em vez de dar carta branca para que ajustem coercivamente nossos comportamentos de um jeito que alguém do governo ache ser bom para nós, não faria mais sentido definir os direitos à propriedade e, depois, assegurá-los? Permita interações voluntárias e pacíficas, e puna as ações que atentem contra os direitos ou propriedades alheios. Você pode fumar o quanto quiser, contanto que não sopre a fumaça no meu rosto ou fume perto de mim em um restaurante que declare "Proibido fumar".

É claro, quanto mais "socializamos" as coisas, mais invasivo e intrusivo o Estado necessariamente se torna. Se todos estão pagando pelo tratamento médico alheio por meio de programas públicos de redistribuição de renda, por exemplo, então todos têm incentivo para fiscalizar, denunciar e regular o comportamento alheio. Se estou pagando pelo seu vale-refeição, então não quero vê-lo na minha frente na fila do supermercado comprando comidas industrializadas. Mas se você estiver pagando pela sua compra, então isso não é da minha conta. Esse é um argumento pacífico para que cada um tome conta da própria vida, *evitando* a socialização das relações humanas, antes que todos nos tornemos ditadores mesquinhos e intrometidos.

O impulso estatista é uma preferência pela implantação da força estatal a fim de se obter algum benefício — real ou imaginário, para si mesmo ou para outrem — em vez de alternativas voluntárias, como persuasão, educação ou livre escolha. Se as pessoas vissem as opções em termos tão óbvios, ou se elas percebessem o declive escorregadio em que se encontram quando endossam a intervenção governamental, seria facilmente reduzido o apoio para a resolução de conflitos por meio da força. O problema é que elas costumam falhar em equacionar intervenção com força. Mas é justamente isso que está envolvido nessa questão, não acha? O governo estadual da Flórida não *pediu* que os restaurantes proibissem o fumo; ele os *obrigou*, sob ameaça de multas e detenções.

Tentei usar essa argumentação com alguns amigos meus. Exceto pelos libertários fervorosos, eis algumas das atitudes mais comuns e como elas foram expressadas:

Desilusão: "Não é exatamente 'forçar', se a maioria dos cidadãos apoia."

Paternalismo: "Nesse exemplo, forçar foi algo positivo, porque foi para o seu próprio bem."

Dependência: "Se o governo não fizer, quem o fará?"

Miopia: "Você está fazendo uma tempestade num copo d'água. Como a proibição do fumo em restaurantes pode se tornar uma ameaça à liberdade? Se assim o for, é tão mínima que nem faz diferença."

Impaciência: "Não quero ficar esperando até que meu restaurante favorito resolva proibir por conta própria."

Tirania: "Restaurantes que não proibirem o fumo deverão ser alertados para que o façam."

Egocentrismo: "Não estou nem aí. Detesto que fumem e não quero me arriscar a sentir cheiro de cigarro, mesmo que o dono do restaurante coloque os fumantes na sua área reservada."

Numa escala maior, cada um desses argumentos pode ser utilizado — de fato, eles são utilizados de uma forma ou de outra — para justificar o tolhimento das liberdades de uma pessoa por limitações intoleráveis. Se tem algo que devemos aprender com a história dos regimes é que, se você lhes der uma das mãos, cedo ou tarde, ao apelar à fraqueza popular, eles tomarão seu braço ou mais. O desafio é fazer com que as pessoas compreendam que a liberdade costuma ser carcomida a passos de formiga, não de uma vez só; e que é mais sábio resistir à erosão da liberdade nas pequenas coisas do que conceder e torcer para que grandes batalhas não precisem ser travadas mais tarde.

Desilusão, paternalismo, dependência, miopia, impaciência, tirania e egocentrismo: todos são motivos pelos quais as pessoas sucumbem ao impulso estatista. Enquanto eu meditava sobre o assunto, ocorreu-me que esses também são vestígios de pensamentos pueris. Quando somos crianças ou adolescentes, nossa compreensão de como funciona o mundo é incompleta, na melhor das hipóteses. Esperamos que os outros nos forneçam coisas e não damos muita bola para como essas coisas nos serão dadas. E queremos para já.

Nós nos consideramos "adultos" quando aprendemos que existem limites que nosso comportamento não deveria ultrapassar; quando pensamos no longo prazo e em todas as pessoas, em vez de apenas em nós mesmos e no aqui e agora; quando damos o nosso máximo para sermos tão independentes quanto permitirem nossas habilidades físicas e mentais; quando deixamos os outros em paz, a menos que nos ameacem; e quando satisfazemos pacientemente nossos anseios por meios pacíficos, em vez de arrancar as coisas à força. Consideramo-nos "adultos" quando abraçamos nossas responsabilidades; retornamos ao comportamento pueril quando viramos as costas para elas.

Se examinar o panorama das políticas públicas americanas em debate nos dias de hoje, você verá que não param de surgir reivindicações para a utilização da força do Estado para "fazer alguma coisa". Tribute o outro cara, porque ele tem mais do que eu. Crie um imposto para importações para que eu não precise lidar com meus concorrentes estrangeiros. Dê subsídios para a minha educação universitária. Expropie aquele imóvel para que eu possa construir um hotel ali. Conserte esse ou aquele problema para mim, e conserte rápido. Torne minha vida mais fácil forçando alguém a pagar por isso. Diga ao dono de um restaurante que ele não pode servir pessoas que querem fumar.

Fico me perguntando se os Estados Unidos não se tornaram uma grande creche, cheia de bebês aos berros, que veem o Estado como sua querida babá. Faz com que eu queira dizer: "Cresça!"

Sociedades surgem e desaparecem, dependendo de quanto seus cidadãos são civilizados. Quanto mais respeito mútuo e livres associações, mais segurança e prosperidade haverá. Quanto mais recorrerem à força — legal ou não —, mais complacentes serão nas mãos de demagogos e tiranos. Portanto, resistir ao impulso estatista não é uma questão trivial. Penso que resistir a esse impulso é, simplesmente, fazer aquilo que um adulto faria.

[Nota do Editor: este ensaio foi publicado originalmente na revista da FEE, *The Freeman*, em outubro de 2006, com o título "Growing Up Means Resisting the Statist Impulse".]

RESUMO

- É fácil cair na armadilha da "solução rápida", que sugere o uso de força para lidar com o problema adiante. Uma pessoa pensante dará um passo atrás e avaliará as consequências, *todas* elas, inclusive o impacto sobre os direitos individuais.

- Direitos à propriedade privada, claramente apresentados e estritamente garantidos, fornecem uma estrutura melhor para as regras da sociedade do que pessoas caprichosas que gostam de ditar o que é bom para os outros.

- Desilusão, paternalismo, dependência, miopia, impaciência, tirania e egocentrismo podem fazer com que queiramos chamar a polícia, mas dificilmente são motivos sólidos para políticas públicas.

28 | Gastos estatais trazem empregos e prosperidade

Por Henry Hazlitt

UM JOVEM DELINQUENTE ATIRA UM TIJOLO NA JANELA DE UMA padaria. O padeiro, furioso, sai correndo lá de dentro, mas o garoto já fugiu. Uma multidão se aglomera e começa a observar, com grande insatisfação, o buraco feito na janela e o vidro estilhaçado sobre todos os pães e tortas. Depois de um tempo, a multidão começa a sentir a necessidade de reflexões filosóficas. E várias das pessoas por ali estão quase certas de lembrar umas às outras ou ao padeiro de que, afinal de contas, o infortúnio tem seu lado positivo. O vidraceiro poderá fazer negócios.

Conforme começam a pensar, elas vão se aprofundando no assunto. Quanto custará uma nova janela de vidro? Trezentos reais? Seria um valor e tanto. Mas, pensando bem, se janelas nunca fossem quebradas, o que aconteceria com o mercado do vidro? Portanto, é claro, a coisa é interminável. O vidraceiro terá trezentos reais a mais para gastar com outros comerciantes, que, por sua vez, terão trezentos reais a mais para gastar com ainda outros comerciantes, e assim vai *ad infinitum*. A janela quebrada continuará a fazer o dinheiro girar e empregará mais gente, em círculos que só se expandem. A conclusão lógica disso tudo seria, se a multidão assimilasse os acontecimentos, que o pequeno delinquente que jogou o tijolo, longe de ser uma ameaça pública, era um benfeitor público.

Agora vamos nos enveredar por outra abordagem. A multidão está, ao menos, correta em sua primeira inferência. Esse pequeno ato de vandalismo significará, à primeira vista, mais negócios para algum vidraceiro. O vidraceiro estará, no mínimo, tão feliz em saber do incidente quanto um agente funerário ao saber da morte de alguém. Mas o orçamento do padeiro terá menos trezentos reais, que ele planejava gastar em um terno novo. Como teve que trocar o vidro da janela, ele não poderá adquirir seu terno (ou alguma necessidade ou luxo equivalente). Em vez de ter uma janela e trezentos reais, ele agora tem apenas uma janela. Ou, como ele planejava comprar o terno naquela mesma tarde, em vez de ter tanto uma janela quanto um terno, ele terá de se contentar com a janela e nenhum terno. Se o considerarmos como parte da comunidade, a comunidade perdeu um terno novo, que, de outro modo, poderia ter se materializado, e agora está mais pobre.

Em suma, o interesse econômico do vidraceiro apenas substituiu a perda econômica do alfaiate. Nenhum "emprego" novo foi acrescentado. As pessoas da multidão estavam pensando apenas em duas partes da transação, o padeiro e o vidraceiro. Esqueceram-se da possível terceira parte envolvida, o alfaiate. Elas verão a nova janela nos próximos dias. Jamais verão o terno a mais, precisamente porque ele jamais será feito. Elas veem apenas o que está diante dos olhos.

Portanto, acabamos com a janela quebrada, uma falácia elementar. Qualquer um, poder-se-ia pensar, seria capaz de confrontá-la depois de refletir por alguns instantes. Mesmo assim, a falácia da janela quebrada, sob centenas de disfarces, é a mais persistente na história da economia. Ela está mais escancarada agora do que jamais esteve em nenhum tempo passado. Solenemente, ela é reafirmada todos os dias por grandes capitães da indústria, pelas câmaras de comércio, por líderes sindicais, por redatores e colunistas editoriais, por comentadores de rádios, por estatísticos estudiosos que se valem das mais refinadas técnicas, pelos professores de economia em nossas melhores universidades. Em suas inúmeras vestes, todos pontificam as vantagens da destruição ou declaram que o mero ato de realizar gastos estatais "estimula" mesmo sem questionar de onde deve vir o dinheiro.

Embora alguns ousem dizer que há benefícios líquidos em pequenos atos de destruição, eles veem benefícios quase infinitos em enormes atos de destruição.*

---

* Nota do Editor: economistas "progressistas" como Paul Krugman não veem problema em sugerir que a economia seria estimulada se as suas casas fossem destruídas, mas, até agora, não explodiram as próprias casas a fim de fazerem a parte deles na estimulação da economia

Eles veem "milagres de produção" que demandam uma guerra para serem alcançados. E veem um mundo prosperar por meio de uma enorme demanda "acumulada" ou "confinada". Depois da Segunda Guerra Mundial na Europa, eles contaram alegremente as casas — e cidades inteiras — que "precisariam ser substituídas". Nos Estados Unidos, eles contaram as casas que não podiam ser construídas durante a guerra, os estoques de náilon que não podiam ser reabastecidos, os carros e pneus desgastados, os rádios e refrigeradores obsoletos. Assim, amealharam somas formidáveis.

Era apenas nossa velha amiga, a falácia da janela quebrada, em nova roupagem, e aumentada para além do reconhecimento.

[Nota do Editor: A inspiração de Henry Hazlitt para este ensaio foi o economista francês Frédéric Bastiat. Dentre os muitos livros de Hazlitt, o mais notável foi o popular *Economia numa única lição*, do qual este ensaio é adaptado, que está disponível gratuitamente em FEE.org — em inglês.]

RESUMO

- A falácia da janela quebrada, essencialmente, apela ao nosso pensamento mais crítico. Não basta apenas ver o que está diante dos olhos ou o que nos chama a atenção. Devemos também considerar os efeitos de longo prazo de uma lei ou política de efeito geral.

- Quando os "gastos" estatais parecem estimular é porque não estamos vendo sua natureza redistributiva. Se o governo gasta mais, então haverá aquele mesmo tanto a menos de gastos feitos por aqueles de quem o dinheiro foi retirado. Se o governo gasta mais, e toma empréstimos para cobrir esses gastos em vez de elevar os impostos, então o mercado de capitais de hoje estará menor na mesma medida em que os gastos do governo estiverem maiores.

29 *The Jungle*, de Upton Sinclair, provou que a regulação era necessária

Por Lawrence W. Reed

POUCO MAIS DE UM SÉCULO ATRÁS, NASCIA UM DURADOURO mito de grandes proporções. O autor investigativo Upton Sinclair escreveu um romance intitulado *The Jungle* — um conto sobre ganância e abuso, que continua reverberando como um caso contra a livre economia. A "selva" de Sinclair era a de empresas sem regulação; o exemplo dele era o da indústria da carne; o propósito dele era a regulação governamental. Seu trabalho culminou com a aprovação, em 1906, da Lei de Inspeção de Carne Bovina, consagrada na história, ou pelo menos nos livros de história, como a vaca sagrada (desculpe o trocadilho) do estado intervencionista.

Um século depois, alunos da educação básica americana ainda aprendem uma versão simplista e romanceada dessa história. Para muitos jovens, *The Jungle* é leitura obrigatória em aulas do ensino médio, onde eles são levados a acreditar que capitalistas inescrupulosos contaminavam regularmente nossa carne, e que Upton Sinclair, um paladino da moral, reuniu o povo e forçou o governo a sair da posição de espectador pusilânime para a de benfeitor heroico, disciplinando com bravura o mercado a fim de proteger milhões de vítimas.

Mas esse é um triunfo do mito sobre a realidade, de motivos escusos sobre boas intenções. Ler *The Jungle* e presumir que a obra seja uma fonte crível de informação é o mesmo que assistir a *Star Wars* por se pensar que é um documentário.

Tendo em vista a publicidade favorável do livro, não é de surpreender que ele tenha ludibriado muita gente. Ironicamente, o próprio Sinclair, como fundador da Sociedade Socialista Intercolegial em 1905, foi pessoalmente enganado por mais do que alguns charlatães intelectuais de seu tempo. Um deles era seu colega "jornalista investigativo" Lincoln Steffens, mais conhecido por regressar da União Soviética em 1921 e dizer: "Eu vi o futuro, e ele funciona."

De qualquer modo, há muito em *The Jungle* que os americanos simplesmente não aprendem em textos de história convencionais.

The Jungle foi, antes de tudo, um romance. Como é indicado pelo fato de que o livro apareceu originalmente como uma publicação em série no jornal socialista *Appeal to Reason*, ele foi escrito com a intenção de ser uma polêmica — uma diatribe, se preferir —, não um documentário fundamentado em pesquisas e desprovido de paixões. Sinclair baseou-se em grande medida tanto em sua imaginação quanto no disse me disse alheio. Ele nem chegou a fingir que havia, de fato, testemunhado as condições terríveis atribuídas aos frigoríficos de Chicago, nem que as verificara, nem que isso advinha de registros oficiais.

Sinclair tinha a esperança de que o livro acendesse a chama de um poderoso movimento socialista em prol dos trabalhadores americanos. Em vez disso, a atenção do público se concentrou nas páginas — pouco menos de uma dúzia — sobre supostas descrições de condições insalubres nas indústrias de processamento de carne. "Mirei no coração do público", ele escreveu mais tarde, "e, por acidente, eu atingi seu estômago".

Apesar de suas acusações sensacionalistas e romanceadas terem induzido a investigações nessa indústria por parte do Congresso, os próprios investigadores expressaram ceticismo a respeito da integridade e credibilidade de Sinclair como fonte de informação. Em julho de 1906, o presidente Theodore Roosevelt declarou sua opinião sobre Sinclair em uma carta ao jornalista William Allen White: "Tenho um absoluto desprezo por ele. Trata-se de uma pessoa histérica, desequilibrada e que só diz inverdades. Três quartos do que ele afirma são mentiras deslavadas. Só existe um pouco de verdade em uma pequena parcela do um quarto restante."

Jack London, colega escritor e confidente filosófico de Sinclair, escreveu a seguinte declaração sobre *The Jungle*, uma promoção que foi aprovada pelo próprio Sinclair:

Caros camaradas: (...) O livro que temos esperado todos esses anos! Ele abrirá incontáveis ouvidos que têm estado surdos para o socialismo. Ajudará a converter milhares para a nossa causa. Ele descreve o que nosso país realmente é: lar de opressão e injustiças, um pesadelo de miséria, um abismo de sofrimento, um inferno humano, uma selva de bestas selvagens.

Tomem nota e lembrem-se, camaradas, de que esse livro é totalmente proletário. É escrito por um intelectual proletário, para proletários. Será publicado por uma editora proletária. Será lido pelo proletariado. O que *A cabana do Pai Tomás* fez pelos escravos negros, *The Jungle* tem boas chances de fazer pelos escravos brancos de hoje.

Os personagens fictícios do romance de Sinclair falam de homens caindo em tanques de fábricas de processamento de carne e sendo triturados junto com pedaços de animais, e então sendo transformados em uma puríssima gordura animal para o cozimento de alimentos. O historiador Stewart H. Holbrook escreveu: "Os urros, os gemidos, os grunhidos agonizantes de animais sendo abatidos, os rios de sangue, os montes fumegantes de intestinos, os vários fedores (...) eram apresentados junto com a corrupção dos inspetores do governo." E, é claro, a ganância impiedosa dos cruéis empacotadores.

A maioria dos americanos ficaria surpresa ao saber que a inspeção das carnes pelo governo não começou em 1906. Os inspetores, que Holbrook cita como sendo mencionados no livro de Sinclair, estavam entre as centenas de funcionários dos governos federal, estadual e municipal havia mais de uma década. De fato, o congressista E. D. Crumpacker, de Indiana, alegou em depoimento diante da Comissão Parlamentar de Agricultura, em junho de 1906, que nenhum desses funcionários "jamais registrou nenhuma ação ou [deu] alguma informação pública a respeito das condições do abate, da preparação da carne ou dos produtos alimentícios".

Para Crumpacker e outros céticos contemporâneos: "Ou os funcionários do governo em Chicago [agiram com] negligência lastimável em serviço, ou a situação por lá [foi] tremendamente exagerada quando comunicada ao país". Se as fábricas de processamento fossem tão ruins como descritas em *The Jungle*, certamente os inspetores governamentais que nunca apontaram nada sobre o assunto deveriam ser julgados culpados por negligência, já que os empacotadores agiam abusivamente.

Cerca de 2 milhões de visitantes fizeram excursões pelos currais e frigoríficos de Chicago todos os anos. Milhares de pessoas trabalhavam nesses lugares. Por que foi preciso um romance, escrito por um ideólogo anticapitalista que só passou algumas semanas na cidade, para revelar as reais condições para o público americano? E por que, até hoje, nós não sabemos o nome dos homens que, supostamente, caíram em tanques e se tornaram a tal gordura animal? Será que nenhum colega de trabalho, amigo ou parente desses cidadãos jamais veio a público e perguntou "Ei, o que aconteceu com o Bob?"?

Todos os grandes frigoríficos de Chicago juntos representavam menos de 50% dos produtos derivados de carne produzidos nos Estados Unidos, mas pouquíssimas acusações foram feitas contra as condições sanitárias dos frigoríficos de outras cidades. Se os produtores de Chicago fossem culpados de algo, como as péssimas condições de higiene sugeridas por Sinclair, não estariam eles, de forma insensata, expondo-se a devastadoras perdas de fatia de mercado?

Nesse contexto, historiadores com um quê ideológico contra o mercado, por vezes, ignoram um relatório probatório de 1906 do Departamento de Zootecnia do Ministério da Agricultura. Os investigadores refutaram, ponto por ponto, as piores alegações de Sinclair; algumas delas eles classificaram como "deturpações deliberadas e premeditadas do fato", "exageros atrozes" e "nem um pouco realistas".

Em vez disso, alguns desses mesmos historiadores insistem no Relatório Neill-Reynolds do mesmo ano, porque este, pelo menos, corroborou timidamente Sinclair. Mas no fim das contas, nem Neill, nem Reynolds tinham experiência alguma no mercado de frigoríficos, e passaram, ao todo, duas semanas e meia, na primavera de 1906, investigando e preparando o que acabou sendo um relatório descuidado com conclusões preconcebidas. Gabriel Kolko, um historiador socialista, mas com respeito pelos fatos, descarta Sinclair como um mero propagandista, e ataca Neill e Reynolds como "dois burocratas inexperientes de Washington, que admitiram não saber nada" sobre o processo industrial dos frigoríficos. O testemunho subsequente dos dois revelou que sua ida a Chicago tinha a intenção de encontrar falhas nas práticas industriais para, assim, poderem aprovar uma nova lei de inspeção.

De acordo com o mito popular, não havia inspetores do governo antes de o Congresso tomar providências devido ao livro *The Jungle*, e os gananciosos produtores de carne bovina lutaram o tempo todo contra a inspeção federal. A verdade é que não só existiam inspeções por parte do governo como os próprios empresários do ramo as subscreviam e estavam na vanguarda dos esforços para estendê-las com vistas a limitar competidores menores e desregulamentados.

Quando as acusações sensacionalistas de *The Jungle* tomaram lugar na mídia internacional, compras estrangeiras de carne americana caíram pela metade, e os frigoríficos buscaram novas regulamentações para dar aos mercados uma sensação de segurança. As únicas audiências públicas no Congresso sobre o que acabou se tornando a Lei de Inspeção das Carnes de 1906 foram conduzidas pela Comissão de Agricultura do deputado James Wadsworth, entre 6 e 11 de junho. Uma leitura atenta das deliberações do comitê de Wadsworth e dos debates subsequentes leva, inexoravelmente, a uma só conclusão: sabendo que uma nova lei acalmaria os temores da população disseminados por *The Jungle*, controlaria os rivais menores e colocaria um novo selo de qualidade abonado pelo governo em seus produtos, os grandes frigoríficos apoiaram com vigor a lei proposta e só polemizaram na hora de ver quem pagaria a conta.

Por fim, os americanos conseguiram uma nova lei federal de inspeção das carnes, os grandes frigoríficos fizeram com que os contribuintes arcassem com os 3 milhões de dólares para sua implementação e novas regulações foram impostas sobre os concorrentes; e outro mito entrou para os anais do dogma do antimercado.

Em sua defesa, Sinclair, na verdade, foi contra a lei porque a viu pelo que ela realmente era — um benefício para os grandes frigoríficos. Ele foi um idiota que acabou sendo usado pela mesma indústria que odiava. Entretanto, não havia indústria que ele não odiasse.

Sinclair publicou mais de noventa livros antes de morrer, aos noventa anos, em 1968 — *King Coal, Oil!, The Profits of Religion, The Flivver King, Money Writes!, The Moneychangers, The Goose-Step: A Study of American Education, The Goslings: A Study of the American Schools*, etc —, mas nenhum chegou perto da fama de *The Jungle*. Um desses (*Dragon's Teeth*), a respeito da ascensão nazista ao poder, rendeu-lhe um Pulitzer em 1942, mas quase todos os outros foram algumas lenga-lengas mal escritas sobre lutas de classe e "denúncias" vergonhosas de uma ou outra indústria com pouca projeção. Muitos foram fracassos comerciais. O amigo e escritor Sinclair Lewis abriu o jogo com Sinclair, por causa de suas diversas falhas, em uma carta escrita em janeiro de 1928:

Eu não queria dizer essas coisas desagradáveis, mas você me escreveu pedindo minha opinião, e eu a darei de forma direta. Se você superar duas ideias — primeira, que qualquer um que o critique é perverso e um espião capitalista; segunda, que você só precisa de algumas semanas de esforço para tornar-se um especialista a respeito de qualquer assunto — talvez possa reconquistar sua posição, agora perdida, de líder do jornalismo socialista americano.

Em três ocasiões, o socialismo radical de Sinclair o levou à política eleitoral. Ao concorrer em 1906 ao cargo de deputado pelo Partido Socialista de Nova Jérsei, ele obteve apenas míseros 3% dos votos. Não se saiu muito bem também como candidato socialista ao governo da Califórnia, em 1926. Em 1934, no entanto, conseguiu tornar-se o candidato do Partido Democrata ao governo californiano, e abalou o *establishment* político com um programa chamado EPIC ("Fim da Pobreza na Califórnia", na sigla em inglês). Mesmo com o desemprego acima de 20% e o estado fervendo de insatisfação, a maioria dos californianos não conseguiu engolir o fetiche de Sinclair por perdas de tempo estúpidas e promessas inatingíveis. Não obstante, ele garimpou respeitáveis 38% dos votos contra o vencedor republicano Frank Merriman.

A plataforma EPIC é digna de menção, ainda que para salientar a eterna e inabalável fascinação por excêntricos estratagemas centralizadores. O programa baseava-se em um aumento vultoso nos impostos das empresas e nos serviços de utilidade pública, grandes programas de empregos públicos (ele queria colocar os desempregados para trabalhar em fazendas confiscadas pelo Estado pelo não pagamento de impostos) e na emissão de "letras de câmbio", iguais ao dinheiro, baseadas em bens produzidos pelos funcionários públicos. Ele achava que a Depressão devia ser uma aflição constante do capitalismo, e parecia desconhecer completamente as intervenções estatais que levaram àquela situação (ver meu *Great Myths of the Great Depression*, no site FEE.org).

Seria Upton Sinclair um paspalhão? Você decide. Mas não restam dúvidas: no início do século XX, ele engendrou um trabalho ficcional como ferramenta para ajudar nas agitações em prol de um sistema econômico (socialismo) que não funciona e que já era conhecido por não funcionar. Pelas seis décadas seguintes, ele quase nada aprendeu sobre economia, mas nunca deixou de apoiar regimes desacreditados que colocavam governos inchados para controlar a vida das outras pessoas.

Mitos superam seus criadores. O que você acabou de ler sobre Sinclair e seu mito não é, de forma alguma, "politicamente correto". Mas a defesa do mercado em virtude de ataques históricos começa com a explanação do que realmente aconteceu em nossa história. Aqueles que insistem nas alegações superficiais de que *The Jungle* apresenta-se como uma denúncia convincente contra o mercado deveriam prestar atenção à história ao redor desse renomado romance. Se inspecionarmos com cuidado, notaremos um odor desagradável pairando sobre ele.

[Nota do Editor: versões impressas deste ensaio foram publicadas em diversos lugares desde 1994, particularmente na revista da FEE, *The Freeman*, e na revista *Liberty*.]

RESUMO

- O romance de Upton Sinclair, *The Jungle*, é tratado pela esquerda como se fosse um documento histórico, mas não foi nada disso. Tratou-se de um trabalho de ficção, cheio de invenções. Mesmo Teddy Roosevelt disse que o autor era "histérico e mentiroso". Sinclair foi contratado para escrever o livro com o propósito de impulsionar o socialismo nos Estados Unidos.

- A inspeção da carne feita pelo governo já existia antes do livro de Sinclair. Se apenas parte do que ele conta descrevesse o que acontecia com habitualidade nos frigoríficos, ou os inspetores do governo seriam cúmplices ou ignorantes imperdoáveis — nenhuma das hipóteses é boa o bastante para criar novas regulações.

- No fim, os frigoríficos, na verdade, apoiaram a Lei de Inspeção da Carne, porque ela colocou um selo de qualidade do governo em seus produtos e obrigou os contribuintes a pagarem por sua implementação.

30 A Revolução Industrial capitalista amaldiçoou o mundo com o terror do trabalho infantil

Por Lawrence W. Reed

A PARTIR DE 1750, MUDANÇAS ECONÔMICAS PROFUNDAS PASSA- ram a ocorrer na Grã-Bretanha. Foi a era da Revolução Industrial, que contou com uma série de inovações técnicas, amplo aumento na produção, renascimento do comércio internacional e rápido crescimento de populações urbanas.

Onde historiadores e outros observadores entram em conflito é na interpretação dessas grandes mudanças. Elas representaram melhoras para os cidadãos ou esses eventos causaram entraves em suas vidas? Talvez nenhuma outra questão nesse domínio tenha gerado tantos debates intelectuais acalorados quanto a relacionada ao trabalho infantil. Críticos do capitalismo escolheram com sucesso esse assunto como uma acusação irrefutável ao sistema capitalista quando de seu nascimento no século XIX, na Inglaterra.

Os muitos relatos de péssimas condições laborais e longas horas de labuta são, sem dúvida alguma, uma leitura demasiado angustiante. William Cooke Taylor escreveu na época sobre os reformistas contemporâneos que, ao testemunharem crianças trabalhando nas fábricas, pensaram: "Quão mais encantadoras teriam sido as brincadeiras nas montanhas; a visão de verdes campos com seus botões de margaridas e botões-de-ouro; o canto dos pássaros e o zunir das abelhas." Mas, como qualquer historiador honesto lhe dirá, a maioria das crianças antes da Revolução Industrial não sobrevivia muito mais que cinco anos; e aquelas que sobreviviam iam trabalhar em tenra idade, porque a produtividade era tão baixa que a maior parte dos pais não tinha como sustentar crianças ociosas. Em tempos feudais, pré-capitalistas, aprovar uma lei para impedir que crianças trabalhassem seria o mesmo que condenar um povo inteiro à fome.

Dos historiadores que interpretaram o trabalho infantil na Inglaterra industrial como um crime do capitalismo, nenhum deles teve maior destaque do que o casal J. L. e Barbara Hammond. Os muitos trabalhos dos dois foram amplamente consagrados como "fidedignos" à situação.

O casal Hammond dividiu as crianças das fábricas em duas classes: "crianças aprendizes paroquiais" e "crianças de mão de obra gratuita". Essa é uma distinção de enorme significado, apesar de um dos próprios autores ter se equivocado muito na análise. Após fazer a distinção, os Hammond passaram a tratar as duas classes como se não houvesse nenhuma distinção entre elas. Como consequência, uma enxurrada de conclusões falsas e deturpadas sobre capitalismo e trabalho infantil foi transmitida adiante durante anos.

Crianças de "mão de obra gratuita" eram aquelas que viviam em casa, mas trabalhavam durante o dia nas fábricas por insistência dos pais ou responsáveis. O historiador britânico E. P. Thompson, apesar de grande crítico do sistema fabril, não deixa de reconhecer, com razão, que "é perfeitamente verdadeiro o fato de que os pais não só precisavam das remunerações dos filhos, mas tinham a expectativa de que eles trabalhassem".

Ludwig von Mises, o famoso economista austríaco, teve boa percepção do assunto ao observar que as deploráveis condições gerais de trabalho existentes durante os séculos prévios à Revolução Industrial, e os baixos níveis de produtividade que as criaram, forçaram famílias a aproveitar as novas oportunidades representadas pelas fábricas: "É uma distorção dos fatos dizer que as fábricas tiraram as donas de casa dos berçários e das cozinhas, e as crianças, de suas brincadeiras. Essas mulheres não tinham nada para cozinhar e alimentar seus filhos. Essas crianças eram desamparadas e passavam fome. Seu único refúgio era a fábrica. O trabalho delas as salvou, no estrito senso do termo, da morte por inanição."

Os donos de fábricas privadas não podiam submeter à força a "mão de obra gratuita"; eles não as obrigavam a trabalhar em condições que seus pais achassem inaceitáveis. O êxodo em massa do continente para a Inglaterra industrial e cada vez mais capitalista na primeira metade do século XIX sugere fortemente que as pessoas de fato achavam a ordem industrial uma alternativa atrativa. E não há nenhuma evidência crível que sugira que os pais, nessa primeira época do capitalismo, fossem menos carinhosos com sua prole do que em tempos pré-capitalistas.

No entanto, a situação era muito diferente para as crianças "aprendizes paroquiais". Um exame mais cauteloso revela que os críticos focavam nessas crianças ao falar dos "malefícios" da Revolução Industrial do capitalismo. Acontece que esses jovens estavam sob os cuidados e a supervisão diretos não só de seus pais em um livre mercado laboral, mas de oficiais do Estado. Muitos eram órfãos; alguns eram vítimas de pais negligentes ou pais cuja saúde, ou falta de habilidades, os impedia de ter uma renda suficiente para prover uma família. Todos achavam-se sob a custódia de "autoridades paroquiais". Como os próprios Hammond escreveram: "Os primeiros moinhos eram colocados próximos aos rios, e a mão de obra necessária era fornecida pela importação de carroças e mais carroças com crianças paupérrimas advindas dos reformatórios das grandes cidades. (...) Para as autoridades paroquiais, sobrecarregadas pela quantidade enorme de crianças indesejadas, os novos moinhos de algodão em Lancashire, Derby e Notts foram uma bênção."

Embora consignadas ao controle de uma autoridade do governo, essas crianças eram, quase sempre, apresentadas como vítimas da ganância capitalista. Mas como escreveu o historiador Robert Hessen, aquelas mesmas crianças "eram enviadas como escravos virtuais por um órgão governamental; eram crianças abandonadas ou órfãs, muito pobres, que estavam legalmente sob a custódia de agentes públicos pobres da paróquia, e que se encontravam limitadas por esses agentes a cumprir longas penas de aprendizado não remunerado em troca da mera subsistência". De fato, a primeira lei na Inglaterra aplicada às crianças nas fábricas foi aprovada para proteger justamente os aprendizes paroquiais, não as crianças de "mão de obra gratuita".

Apesar de ser impreciso julgar o capitalismo culpado pelos pecados da aprendizagem paroquial, seria igualmente impreciso imaginar que crianças de mão de obra gratuita trabalhassem em condições ideais no início da Revolução Industrial. Levando em conta os padrões de hoje, a situação delas era claramente ruim. Contudo, conquistas capitalistas, como ar-condicionado e altos níveis de produtividade, viriam a melhorar substancialmente as condições de trabalho com o passar do tempo. Desse modo, a evidência a favor do capitalismo é bastante sugestiva: de 1750 a 1850, quando a população da Grã-Bretanha quase triplicou, a escolha praticamente exclusiva daqueles que migraram em massa para o país em busca de empregos era trabalhar para capitalistas privados.

As condições de emprego e saneamento melhoraram, como documentou a Comissão de Fábricas de 1833, nas maiores e mais novas indústrias. Os proprietários desses grandes estabelecimentos, que eram, com mais facilidade e frequência, sujeitos a visitação e escrutínio de inspetores, foram, cada vez mais, preferindo dispensar as crianças dos empregos para não serem submetidos a regras complicadas, arbitrárias e constantemente em mutação sobre como deveriam gerir uma fábrica com jovens trabalhadores. O resultado da intervenção legislativa foi que essas crianças dispensadas, cuja maioria precisava trabalhar para sobreviver, foram forçadas a procurar trabalho em lugares menores, mais velhos e mais remotos, onde saneamento, iluminação e segurança eram patentemente inferiores. Aquelas que não encontravam novos empregos eram reduzidas ao status de seus congêneres de cem anos antes — ou seja, elas partiam para campos irregulares e cruéis de trabalho rural ou, nas palavras de Mises, "infestavam o país de vagabundos, mendigos, pedintes, assaltantes e prostitutas".

O trabalho infantil foi exonerado de seus piores atributos não por feitos legislativos, mas pela marcha gradual de um sistema capitalista cada vez mais produtivo. O trabalho infantil foi virtualmente eliminado, quando, pela primeira vez na história, a produtividade dos pais nos livres mercados laborais aumentou ao ponto de não mais ser economicamente necessário que as crianças trabalhassem para sobreviver. Os emancipadores e benfeitores das crianças não foram legisladores ou inspetores de fábricas, mas proprietários de fábricas e investidores. Seus esforços e investimentos em maquinário levaram ao aumento real dos salários, ao crescimento abundante de bens a preços mais baixos e a uma melhora incomparável no padrão de vida como um todo.

[Nota do Editor: este ensaio é uma versão condensada de um artigo que o autor publicou originalmente em 1976, intitulado "Child Labor and the British Industrial Revolution", disponível em Mackinac.org.]

RESUMO

- Crianças trabalhavam antes da Revolução Industrial. Foi a Revolução Industrial que, de fato, melhorou a produtividade; assim, os pais puderam, finalmente, ganhar o suficiente para deixar as crianças em casa.

- Na Inglaterra, a distinção entre crianças de "mão de obra gratuita" e "aprendizes paroquiais" deve ser compreendida. As últimas estavam sob os cuidados de agentes governamentais quase sempre indiferentes, e isso não pode ser, exclusivamente, jogado na conta do capitalismo.

31 Sindicatos trabalhistas elevam salários e o padrão de vida

Por **Hans F. Sennholz**

CRER QUE SINDICATOS TRABALHISTAS REALMENTE MELHORAM A situação dos trabalhadores é sugerir que a economia capitalista falha em oferecer salários justos e condições laborais decentes. Isso é o mesmo que insinuar que uma economia livre não funcionará satisfatoriamente a menos que seja "fortificada" pela atividade sindical e pela intervenção governamental.

A verdade é que a sociedade de mercado sem entraves concede a cada membro os frutos irredutíveis de seu trabalho. Assim ocorreu em todas as épocas e sociedades em que eram resguardadas as liberdades individuais e a propriedade privada.*

O motivo pelo qual seu bisavô ganhava cinco reais por semana, por sessenta horas de trabalho, devia ser a baixa produtividade dele, não a ausência de sindicatos trabalhistas. Os cinco reais que ele ganhava constituíam um pagamento pleno e justo por seus esforços produtivos — um contrato voluntário que ele deve ter contraído, pois representava a melhor oportunidade. Os princípios econômicos do livre mercado, a concorrência entre empregadores, a mobilidade humana e a liberdade de escolha garantiam a ele salários compatíveis com as condições de produção da época.

---

* Nota do Editor: o processo funciona com mais rapidez e eficiência em nossa era de informação e alta tecnologia com uma força de trabalho mais flexível do que nunca, mas também funcionava em tempos passados, contanto que os indivíduos fossem livres para aceitar ou rejeitar as ofertas de emprego; ou deixar um empregador e ir trabalhar para outro ou para si mesmos.

Os salários eram baixos, e as condições laborais, primitivas, porque a produtividade era baixa, máquinas e ferramentas eram relativamente primitivas, tecnologia e métodos de produção eram grosseiros se comparados aos de hoje. Se, por qualquer razão, nossa produtividade recuasse aos níveis da época de nossos antepassados, *nossos* salários também diminuiriam aos níveis deles, e nosso trabalho semanal seria prolongado de novo, independentemente das atividades sindicais ou de decretos oficiais.

Numa economia de livre mercado, a produtividade laboral determina a faixa salarial. Como é inegável que a política sindical de reduzir essa produtividade (medida por homem-hora) com o aumento das indenizações ou a distribuição do trabalho com regras restritivas, os sindicatos, na verdade, reduziram os salários de muita gente, apesar de alguns membros privilegiados terem se beneficiado temporariamente à custa dos outros. Isso ocorre principalmente nos dias de hoje, em que os sindicatos desfrutam de inúmeras imunidades legais e considerável poder político. E o mesmo acontecia no século XIX, quando nossos ancestrais trabalhavam de sol a sol em troca de baixos salários.

Por meio de diversas medidas coercitivas, os sindicatos resumem-se a impor maiores custos trabalhistas aos empregadores. O custo maior reduz a rentabilidade do capital e restringe a produção, o que diminui as oportunidades de emprego. Por isso nossas centrais sindicais também são grandes centrais de desempregados; eles também representam as indústrias que viram as quedas mais dramáticas nos números de empregos existentes, porque, como qualquer coisa, quanto mais alto o preço, menos será comprado.*

Verdade seja dita, os membros sindicais mais antigos, que, por acaso, mantêm seus empregos, gozam de seus altos salários. Mas aqueles que não conseguem mais encontrar empregos em indústrias sindicalizadas vão em busca de colocação em atividades sem sindicatos. Esse influxo e absorção de excesso de mão de obra tende a reduzir os salários *deles*. A decorrente diferença entre os salários de trabalhadores sindicalizados e não sindicalizados dá origem à noção de que sindicatos trabalhistas devem, de fato, beneficiar os trabalhadores. Na realidade, a presença dos setores não sindicalizados no

---

* Nota do Editor: é por isso também que os estados com sindicalização compulsória, há anos, têm mostrado baixas taxas salariais e de crescimento empregatício em comparação aos chamados estados de "direito ao trabalho".

mercado de trabalho oculta as consequências desastrosas da política sindical ao evitar o desemprego em massa. *

[Nota do Editor: este ensaio, com pequenas atualizações, foi publicado originalmente no livro de 1962, *Clichés of Socialism*.]

> **RESUMO**
>
> - Salários só podem ser pagos pelo que é produzido (sem produção, sem salário); portanto, aumentar a produtividade é a chave para aumentar os salários.
>
> - Os sindicatos, tipicamente, prejudicam a produção. A atividade sindical pode resultar em algumas pessoas ganhando mais, mas sem um aumento na produtividade isso apenas significa que outras terão que ganhar menos. Ou você assa uma torta maior para todos ou terá que cortar a torta em tamanhos diferentes.
>
> - Às vezes, parece que os sindicatos forçam o aumento dos salários, por causa dos salários mais baixos em ramos não sindicalizados. Mas, com esses, isso ocorre em parte devido ao êxodo da mão de obra de setores sindicalizados para os não sindicalizados. Os trabalhadores do setor automobilístico sindicalizados, por exemplo, podem ganhar um pouco mais por hora que seus semelhantes sem sindicato, mas há muito menos deles também!

---

* Nota do Editor: não obstante, como 94% dos trabalhadores do setor privado dos dias de hoje são completamente não sindicalizados, e muitos deles gozam de salários bem altos, fica cada vez mais difícil para os sindicatos alegarem que trabalhadores sem sindicatos sejam explorados ou estejam desprotegidos.

32 Roosevelt foi eleito em 1932 baseado numa plataforma de esquerda para planejar a economia

Por **Lawrence W. Reed**

HARRY TRUMAN DISSE CERTA VEZ: "A ÚNICA COISA NOVA NO mundo é a história que você não conhece." Essa observação se encaixa bem especialmente com as dezenas de milhões de americanos que aprenderam sobre Franklin Delano Roosevelt, o homem sob o qual Truman serviu como vice-presidente por cerca de um mês.

Estudos recentes (inclusive um livro aclamado, *New Deal or Raw Deal*, escrito por Burton Folsom, membro da Fundação da Juventude Americana e um antigo historiador da FEE) estão, por sorte, desiludindo os americanos do velho mito popular de que Roosevelt nos salvou da Grande Depressão.

Outro exemplo disso é um artigo de 2004, feito por dois economistas da UCLA — Harold L. Cole e Lee E. Ohanian —, no importante veículo midiático *Journal of Political Economy*. Eles observaram que Franklin Roosevelt estendeu a Grande Depressão por mais sete anos. "A economia estava pronta para uma bela recuperação", mostram os autores, "mas essa recuperação foi estagnada por essas políticas equivocadas".

Em um comentário sobre a pesquisa de Cole e Ohanian ("The New Deal Debunked (again)", disponível em Mises.org), Thomas DiLorenzo, economista da Loyola University, destacou que seis anos após a posse de Roosevelt, o desemprego era de quase seis vezes o nível pré-Depressão. PIB *per capita*, despesas pessoais de consumo e investimentos privados líquidos estavam todos mais baixos em 1939 do que em 1929.

"O fato de que demorou tanto para que os economistas neoclássicos 'da moda' reconhecessem [que as políticas de Roosevelt exacerbaram o desastre]", anota DiLorenzo, "é realmente chocante", mas, ainda assim, "antes tarde do que nunca".

Um considerável grau de planejamento centralizado em Washington é uma clara herança de Franklin Roosevelt, mas não foi isso o que ele prometeu ao ser eleito pela primeira vez em 1932. Meu próprio ensaio sobre esse período ("Great Myths of the Great Depression", encontrado em FEE.org) é cheio de detalhes, com base na plataforma e nas promessas de campanha de Roosevelt. Mas até recentemente, eu não sabia da existência de um livro havia muito esquecido que traz argumentos tão bons quanto qualquer outro.

Hell Bent for Election foi escrito por James P. Warburg, um banqueiro que testemunhou de dentro a eleição de 1932 e os dois primeiros anos do primeiro mandato. Warburg, filho de um importante investidor e cofundador do Federal Reserve, Paul Warburg, era nada mais, nada menos que o conselheiro financeiro de alto nível do próprio Roosevelt. Desiludido com o presidente, ele deixou a administração em 1934 e escreveu o livro um ano depois.

Warburg votou no homem que disse o seguinte, em 2 de maio de 1930, como governador de Nova York:

> A doutrina de regulação e legislação criada por "mestres da manipulação", com cujos julgamento e vontade o povo consente em silêncio e de bom grado, tem sido notoriamente visível em Washington nos últimos dez anos. Quem dera fosse possível encontrar "mestres da manipulação" tão altruístas, tão aptos a decidir sem hesitação contra seus interesses ou preconceitos pessoais, homens quase divinos em suas habilidades de sustentar a balança da justiça de maneira imparcial — esse seria o governo ideal para os interesses do país. Mas não há nada parecido no horizonte político, e não podemos esperar uma inversão completa de todos os ensinamentos da história.

O que Warburg e o país elegeram de fato em 1932 foi um homem cuja atuação subsequente pouco teve a ver com a plataforma e com as promessas de sua campanha, mas sim com as promessas do candidato daquele ano pelo Partido Socialista, Norman Thomas.

Quem defendeu em campanha uma "drástica" redução de 25% nas despesas federais, um orçamento federal equilibrado, um recuo na intromissão do governo na agricultura e a restauração de uma sólida moeda com lastro em ouro? Roosevelt. Quem chamou a administração do presidente Herbert Hoover de "a administração mais perdulária em tempos de paz da nossa história" e o atacou por elevar tributos e taxações? Roosevelt. O vice de Roosevelt, John Nance Garner, chegou a declarar que Hoover "estava conduzindo o país para a estrada do socialismo".

Foi o socialista Norman Thomas, não Franklin Roosevelt, que propôs grande aumento dos gastos federais, do déficit e da intervenção indiscriminada na economia privada — e ele mal somou 2% dos votos. Quando a poeira baixou, Warburg nos mostra, ficamos com o que Thomas prometeu, mais daquilo pelo que Hoover era criticado e quase nada das promessas do próprio Roosevelt. Roosevelt empregou mais "mestres da manipulação" para planejar a economia do que, talvez, todos os presidentes anteriores somados.

Depois de detalhar as promessas e as hipocrisias, Warburg apresenta a seguinte análise do homem que o traiu, bem como o país:

> Por mais que eu não goste de dizer, minha sincera convicção é de que o sr. Roosevelt perdeu completamente o senso de proporção. Ele se vê como o único homem que pode salvar o país, como o único homem que pode "salvar o capitalismo dele mesmo", como o único homem que sabe o que é bom ou não para nós. Ele se vê como alguém indispensável. E quando um homem acha que é indispensável (...) esse homem está fadado ao fracasso.

Roosevelt foi um mago da economia? Warburg revela algo bem diferente, destacando que Roosevelt era "inegável e surpreendentemente superficial a respeito de qualquer coisa relacionada a finanças". Ele era movido não por lógica, fatos ou humildade, mas por "seus desejos emocionais, predileções e preconceitos".

"O sr. Roosevelt", escreveu Warburg, "dá a impressão de que realmente acredita naquilo que quer acreditar, realmente pensa aquilo que quer pensar, e realmente se lembra daquilo de que quer se lembrar, em proporções que jamais vi na vida". Observadores menos generosos talvez diagnostiquem o problema como "delírios de grandeza".

"Acredito que o sr. Roosevelt esteja tão enfeitiçado pela graça de agitar a batuta do maestro na frente da orquestra, tão contente com a imagem que faz de si mesmo, que não mais se encontra em condições de reconhecer que o poder humano para liderar é limitado, que as 'novas ideias' de liderança enlatadas para ele pelos brilhantes jovens da Brain Trust são nada mais que velhas ideias já experimentadas no passado, e que não se pode preservar a ordem social definida na Constituição e destruí-la ao mesmo tempo", lamentou Warburg.

Portanto, se Warburg tinha razão (e acredito que sim), Franklin Delano Roosevelt enganou o país com suas promessas em 1932 e pôs no comando a ambição pessoal e o desejo pelo poder — algo nada incomum quando falamos de políticos. De todo modo, o país comprou a ideia de uma bela propaganda enganosa, e a economia deteriorou-se como consequência.

No mundo da economia e das livres transações, a regra é que você recebe por aquilo que paga. A eleição de 1932 é, talvez, o melhor exemplo da regra que predomina com frequência no mundo político: você recebe aquilo contra o que votou.

RESUMO

- Franklin Roosevelt resgatou muito do planejamento central de Washington, mas não foi para isso que os eleitores o apoiaram na eleição de 1932.
- Roosevelt atacou Hoover por aumentar muito os impostos e as despesas, mas, assim que eleito, aumentou ainda mais os dois.
- O conselheiro direto de Roosevelt, James Warburg, achava que Roosevelt era analfabeto econômico e oportunista político.

33 A Grande Depressão foi uma calamidade do capitalismo desenfreado

Por Lawrence W. Reed

QUÃO GRAVE FOI A GRANDE DEPRESSÃO? DURANTE OS QUATRO anos de 1929 a 1933, a produção nacional nas fábricas, nas minas e no setor de abastecimento caiu para menos da metade. A renda real disponível das pessoas caiu 28%. Os preços das ações despencaram para um décimo de seus valores anteriores. O número de desempregados americanos subiu de 1,6 milhão em 1929 para 12,8 milhões em 1933. Um em cada quatro trabalhadores estava desempregado no ápice da Depressão, e terríveis rumores de revolta fervilhavam pela primeira vez desde a Guerra Civil.

Velhos mitos nunca morrem; eles sempre voltam para assombrar os manuais universitários de economia e ciência política. Os alunos de hoje em dia estão sempre ouvindo que a livre iniciativa desenfreada foi ao colapso por conta própria em 1929, o que abriu caminho para uma década de depressão econômica, cheia de privações e miséria. O presidente Herbert Hoover é mostrado como um defensor da "não intervenção", ou da política econômica do *laissez-faire*, enquanto seu sucessor, Franklin Roosevelt, é o salvador da economia cujas políticas nos levaram à recuperação. Essa fábula popular da Depressão pertence a um livro de contos de fadas, e não a uma discussão séria sobre história econômica, como demonstra uma revisão dos fatos.

Para entender de maneira adequada os eventos da época, é importante visualizar a Grande Depressão como não uma, mas quatro depressões consecutivas tornadas em uma. O economista Hans F. Sennholz nomeou essas quatro "fases" da seguinte forma: o ciclo empresarial; a desintegração da economia mundial; o New Deal; e a Lei de Wagner. A primeira fase explica por que o *crash* de 1929 aconteceu, para começo de conversa; as outras três mostram como a intervenção governamental manteve a economia em estado letárgico por mais de uma década.

A Grande Depressão não foi a primeira depressão do país, embora tenha se provado a mais longa. O elo comum que permeia as muitas calamidades anteriores foi a manipulação desastrosa da oferta de dinheiro pelo governo. Por diversos motivos, certas políticas públicas adotadas inflaram a quantidade de dinheiro e crédito. O resultado foi um *boom*, seguido depois por um doloroso ajuste de contas. Contudo, nenhuma das depressões americanas anteriores a 1929 durou mais que quatro anos, e a maioria delas acabou em dois. A Grande Depressão durou 12 anos, porque o governo agravou os equívocos monetários com uma série de intervenções prejudiciais.

A maioria dos economistas monetários, especialmente aqueles da Escola Austríaca, observou a íntima relação entre oferta de dinheiro e atividade econômica. Quando o governo infla o dinheiro e a oferta de crédito, as taxas de juros caem no início. Os empreendimentos investem esse "dinheiro fácil" em novos projetos produtivos e acontece um *boom* nos bens de capital. Conforme o *boom* amadurece, as custas empresariais aumentam, as taxas de juros reajustam-se para cima, e lucros são pressionados. Desaparecem, assim, os efeitos do dinheiro fácil, e as autoridades monetárias, temendo a inflação, desaceleram o crescimento da oferta monetária, ou até a reduzem. Independente do caso, a manipulação é suficiente para derrubar as bases instáveis do castelo de cartas econômico.

Um dos relatos documentais mais completos e meticulosos das ações inflacionárias do Sistema de Reserva Federal (Fed) anteriores a 1929 é o livro *A Grande Depressão Americana*, de Murray Rothbard. Utilizando-se de uma medida ampla, que inclui moeda, demanda e depósitos a prazo, além de outros ingredientes, Rothbard estimou que o Federal Reserve expandiu a oferta de dinheiro em mais de 60% de meados de 1921 a meados de 1929. A enxurrada de dinheiro fácil empurrou as taxas de juros para baixo, levou o mercado de ações às alturas e deu origem aos "Loucos Anos 20". Alguns economistas não levam isso em conta, porque olham para as medidas do "nível de preços", que não mudaram tanto. Mas o dinheiro fácil distorce os preços *relativos*, que, por sua vez, fomentam condições insustentáveis em certos setores.

Lá pelo início de 1929, o Federal Reserve veio para acabar com a festa. Sufocou a oferta monetária, elevou as taxas de juros e, pelos próximos três anos, tomou as rédeas de uma oferta monetária que encolheu 30%. Essa inflação seguida de deflação levou a economia de um tremendo crescimento para uma falência colossal.

O dinheiro "inteligente" — especuladores como Bernard Baruch e Joseph Kennedy, sempre de olho em coisas como a oferta monetária — viu que a festa estava chegando ao fim antes da maioria dos americanos. Baruch, na verdade, começou a vender ações e comprar títulos e ouro já no início de 1928; Kennedy fez o mesmo e comentou: "Só um tolo resiste a esses preços altos."

Quando finalmente as massas de investidores se deram conta da mudança na política do Fed, a debandada começou. O mercado de ações, após cerca de dois meses de declínio moderado, mergulhou na Quinta-Feira Negra — 24 de outubro de 1929 — quando se espalhou a visão pessimista de grandes investidores conhecedores do assunto.

O *crash* do mercado de ações foi só um sintoma — não a causa — da Grande Depressão: o mercado subia e descia quase em sincronia com o que o Fed fazia. Se esse *crash* tivesse sido como os anteriores, os tempos difíceis subsequentes teriam acabado em um ou dois anos. Mas, em vez disso, uma série de incompetências políticas sem precedentes prolongou a miséria por 12 longos anos.

O desemprego em 1930, na casa dos 8,9%, era ligeiramente recessivo, acima dos 3,2% em 1929. Essa taxa de desemprego, porém, subiu rapidamente até ultrapassar os 25% em 1933. Até março de 1933, esses foram os anos do presidente Herbert Hoover — o homem que os anticapitalistas retratam como um campeão da economia não intervencionista e do *laissez-faire*.

Será que Hoover realmente concordou com uma "economia sem intervenção" e de livre mercado? O oponente dele nas eleições de 1932, Franklin Roosevelt, não achava isso. Durante a campanha, Roosevelt atacou Hoover por elevados gastos e tributos, que aumentaram a dívida nacional, sufocando os negócios e levando milhões de pessoas a serem sustentadas pelo governo. Ele acusou o presidente de gastar de forma "inconsequente e extravagante", de pensar "que deveríamos ter o controle central de tudo em Washington o mais rápido possível", e de presidir "a administração mais perdulária em tempos de paz na história do país". O vice da chapa de Roosevelt, John Nance Garner, culpou Hoover por estar "levando o país para a via do socialismo". Ao contrário do mito moderno sobre Hoover, Roosevelt e Garner estavam absolutamente certos.

O auge da loucura da administração Hoover foi a Lei Smoot-Hawley, aprovada em junho de 1930. Ela substituiu a Lei Fordney-McCumber de 1922, que já tinha levado a agricultura americana a uma queda livre durante a década anterior. Como a legislação mais protecionista da história dos Estados Unidos, a lei Smoot-Hawley virtualmente fechou as fronteiras para bens estrangeiros e deu origem a uma perversa guerra comercial internacional.

Membros da administração e do Congresso acreditaram que com a elevação das barreiras comerciais os americanos seriam forçados a comprar mais bens feitos regionalmente, o que resolveria o irritante problema do desemprego. Eles ignoraram um importante princípio de comércio internacional: comércio é, sobretudo, uma via de mão dupla; se estrangeiros não podem vender seus bens aqui, então não podem receber os dólares de que precisam para comprar aqui.

Empresas estrangeiras e seus trabalhadores foram achatados pelas altíssimas tarifas da lei Smoot-Hawley, e os governos estrangeiros logo retaliaram com barreiras comerciais próprias. Com a habilidade deles de vender no mercado americano severamente prejudicada, eles restringiram suas compras de bens americanos. A agricultura americana, em especial, foi gravemente atingida. Com uma canetada presidencial, fazendeiros daquele país perderam quase um terço de seus mercados. Os preços dos produtos agrícolas despencaram, e dezenas de milhares de produtores rurais foram à bancarrota. Com o colapso da agricultura, bancos rurais faliram em número recorde, arrastando consigo centenas de milhares de clientes.

Hoover aumentou de forma dramática as despesas do governo em função de subsídios e programas de dedução fiscal. No período de apenas um ano, de 1930 a 1931, a parcela do governo federal no GNP aumentou em cerca de um terço.

A burocracia rural de Hoover distribuiu centenas de milhões de dólares para produtores de trigo e algodão, mesmo quando as novas tarifas os varreram dos mercados. A Empresa de Reconstrução Financeira forneceu mais bilhões em subsídios empresariais. Ao comentar décadas mais tarde sobre a administração Hoover, Rexford Guy Tugwell, um dos arquitetos das políticas de Franklin Roosevelt nos anos 1930, explicou: "Não admitimos na época, mas o New Deal praticamente inteiro foi idealizado a partir dos programas iniciados por Hoover."

Para completar as loucuras das altas tarifas e enormes subsídios, o Congresso aprovou e Hoover sancionou as Leis das Receitas de 1932, que dobraram o imposto de renda para a maioria dos americanos. Com isso, as camadas mais ricas foram taxadas em mais do que o dobro: de 24% para 63%. As deduções foram reduzidas; a restituição do imposto de renda foi abolida; impostos corporativos e estaduais foram elevados; aplicaram-se novos tributos sobre doações, gasolina e automóveis; e as taxas postais tiveram aumentos acentuados.

Será que algum estudioso sério pode observar a enorme intervenção econômica da administração Hoover e, impassível, proferir que os efeitos deletérios inevitáveis foram culpa dos livres mercados?

Franklin Delano Roosevelt venceu as eleições presidenciais de 1932 com uma larga vantagem, ganhando em 472 distritos eleitorais contra apenas 59 do presidente em exercício, Herbert Hoover. A plataforma do Partido Democrata, encabeçada por Roosevelt, declarou: "Acreditamos que uma plataforma partidária é uma aliança com o povo e deve ser mantida fielmente pelo partido ao qual o poder foi confiado." As promessas eram de uma redução de 25% nas despesas públicas, um orçamento federal equilibrado, uma sólida moeda com lastro em ouro "a ser preservada contra todos os males", a remoção do governo de áreas que pertenciam, preferencialmente, a empresas privadas e pôr um fim na "extravagância" dos programas rurais de Hoover. Foi isso o que o candidato Roosevelt prometeu, mas em nada se parece com o que o presidente Roosevelt, de fato, realizou.

No primeiro ano do New Deal, Roosevelt propôs gastar 10 bilhões de dólares diante dos meros 3 bilhões de dólares em receitas. Entre 1933 e 1936, as despesas públicas subiram mais de 83%. A dívida federal disparou cerca de 73%.

Roosevelt assegurou a aprovação da Lei para Ajuste da Agricultura (AAA, na sigla em inglês), que cobrava um novo imposto sobre as indústrias agrícolas cuja receita era usada para fiscalizar a destruição total de plantações e gados valiosos. Agentes federais supervisionavam o terrível espetáculo de campos saudáveis de algodão, trigo e milho serem ceifados e devastados. Bois, ovelhas e porcos saudáveis eram abatidos aos milhões e enterrados em sepulturas coletivas.

Mesmo que a AAA tenha ajudado os fazendeiros com a redução da oferta e a elevação dos preços, isso só foi possível em prejuízo de milhões de outras pessoas, que tiveram de pagar tais preços ou sobreviver com menos comida.

Talvez o aspecto mais radical do New Deal tenha sido a Lei de Recuperação da Indústria Nacional (NIRA, na sigla em inglês), aprovada em junho de 1933, que estabeleceu a Administração de Recuperação Nacional (NRA, na sigla em inglês). Por força da NIRA, a maioria das indústrias de manufatura foi forçada a negociar com cartéis impostos pelo governo. Códigos que regulavam preços e condições de venda rapidamente transformaram boa parte da economia americana em um regime quase fascista, enquanto a NRA era financiada por novos tributos sobre as mesmas indústrias por ela controladas. Alguns economistas estimaram que a NRA aumentou o custo para fazer negócios no país em cerca de 40% — tudo de que uma economia em depressão não precisava para se recuperar.

Como Hoover antes dele, Roosevelt sancionou em lei fortes aumentos nas taxas de imposto de renda para os mais ricos e introduziu um imposto de 5% cobrado na fonte sobre dividendos empresariais. Na verdade, alta de impostos se tornou a política favorita do presidente nos dez anos seguintes, o que culminou em um imposto de renda absurdo de 94% durante os últimos anos da Segunda Guerra Mundial.

Os programas públicos de auxílio de Roosevelt contrataram atores para apresentações gratuitas e bibliotecários para catalogar arquivos. O New Deal chegou a pagar pesquisadores para estudar a história dos alfinetes, contratou cem funcionários de Washington para patrulhar as ruas com balões para afugentar andorinhas de prédios públicos e colocou homens na folha de pagamento do governo para retirar galhos secos em dias com muito vento.

Roosevelt criou a Administração da Construção Civil em novembro de 1933 e a finalizou em março de 1934, apesar de os projetos inacabados terem sido transferidos para a Administração Federal de Auxílio Emergencial. Roosevelt garantiu ao Congresso em seu pronunciamento que qualquer programa do gênero seria abolido em um ano. "O governo federal", disse o presidente, "deverá e irá terminar esse programa de auxílio. Não sou a favor de que a vitalidade de nosso povo seja inibida por doações de dinheiro, de cestas básicas, de migalhas advindas de trabalhos semanais como cortador de grama, limpador de folhas ou catador de papéis em parques públicos".

Mas, em 1935, a Administração de Progresso de Obras veio à tona. Ela é hoje conhecida como o programa governamental que deu origem ao termo *"boondoggle"*, que pode ser traduzido como "perda de tempo" ou "trabalho inútil", porque "produziu" muito mais do que as 77 mil pontes e os 116 mil prédios que seus defensores adoram apontar como evidência de sua eficácia. A lista impressionante de gastos desnecessários gerados por esses programas de emprego representou uma realocação de recursos valiosos para propósitos de motivações políticas e economicamente contraproducentes.

A economia americana foi logo aliviada da carga de alguns excessos do New Deal quando a Suprema Corte vetou a NRA em 1935 e a AAA em 1936, o que lhe rendeu a eterna ira e escárnio de Roosevelt. Reconhecendo boa parte dos feitos de Roosevelt como inconstitucionais, os "nove velhotes" da Corte também rejeitaram outras leis menores e programas que atrapalhavam a recuperação. Isenta da pior parte do New Deal, a economia mostrou alguns sinais de vida. O desemprego caiu para 18% em 1935, 14% em 1936 e baixou ainda mais em 1937. Mas em 1938 tornou a subir para 20%, pois a economia voltou a retrair. O mercado de ações caiu quase 50% entre agosto de 1937 e março de 1938. O "estímulo econômico" do New Deal de Franklin Roosevelt conseguiu uma façanha única: uma depressão dentro de uma depressão!

Com a aprovação da Lei Nacional de Relações Trabalhistas em 1935 — mais conhecida como Lei de Wagner e a "Magna Carta" do trabalho organizado — estava montado o cenário para o colapso de 1937-38. Para citar mais uma vez Hans Sennholz:

> Essa lei revolucionou as relações trabalhistas americanas. Retirou as disputas trabalhistas dos tribunais e as levou ao controle de uma agência federal recém-criada, o Órgão de Proteção aos Trabalhadores, que se tornou promotor, juiz e júri, todos em um só. Simpatizantes do órgão nos sindicatos, posteriormente, perverteram essa lei, que já concedia imunidades legais e privilégios aos sindicatos. Por conta disso, os Estados Unidos abandonaram uma grande conquista da civilização ocidental: igualdade perante a lei.

Armados com esses novos poderes abrangentes, os sindicatos partiram para uma militância frenética organizada. Ameaças, boicotes, greves, ocupações de fábricas e violência generalizada fizeram a produtividade despencar e o desemprego subir de forma dramática. As filiações aos sindicatos nacionais aumentaram vertiginosamente; por volta de 1941 havia duas vezes e meia o número de americanos em sindicatos na comparação com os números de 1935.

Da Casa Branca, logo após a promulgação da Lei de Wagner, veio uma poderosa enxurrada de insultos contra a livre iniciativa. Os empresários, vociferava Roosevelt, eram obstáculos na estrada para a recuperação. Novas restrições foram impostas sobre o mercado de ações. Foi aplicado um imposto sobre lucros retidos nas empresas, chamado de "imposto sobre lucros não distribuídos". "Esses esforços para sugar dos mais ricos", escreveu o economista Robert Higgs, "não deixou dúvidas de que o presidente e sua administração pretendiam fazer passar no Congresso tudo que pudessem para extrair a fortuna dos mais abastados, que eram os responsáveis por tomar boa parte das decisões nacionais sobre investimentos privados".

Higgs estabelece uma estreita ligação entre o nível de investimento privado e o curso da economia americana nos anos 1930. Os incansáveis ataques da administração Roosevelt — em palavras e atos — contra empresas, propriedades e livres iniciativas garantiam que o capital necessário para impulsionar a economia estava sonegado ou ocultado. Quando Roosevelt levou os Estados Unidos para a guerra em 1941, ele sossegou com sua agenda antiempresarial, mas grande parte do capital da nação foi desviado para a guerra em vez de investido em expansão de fábricas ou bens de consumo. Só quando Roosevelt e a guerra se foram os investidores se sentiram confiantes o bastante para "implementar a expansão de investimentos pós-guerra que catapultaram a retomada da economia para uma prosperidade sustentável".

Às vésperas da entrada dos Estados Unidos na Segunda Guerra Mundial e 12 anos depois da quebra do mercado de ações na Quinta-Feira Negra, 10 milhões de americanos estavam desempregados. Roosevelt prometeu, em 1932, acabar com a crise, mas ela persistiu por dois mandatos presidenciais e incontáveis intervenções posteriores. Quando entrou em colapso o gasto federal, os controles de preço foram abandonados após a guerra e os impostos sobre as empresas foram bastante reduzidos em 1945, a economia começou uma recuperação genuína.

A gênese da Grande Depressão reside nas políticas monetárias inflacionárias do governo dos Estados Unidos nos anos 1920. Ela foi prolongada e exacerbada por uma ladainha de equívocos políticos: tarifas que acabaram com o comércio, impostos que minavam incentivos, controles entorpecentes sobre produção e competição, destruição sem sentido de plantações e gado e leis trabalhistas coercivas, isso só para lembrar de algumas. Não foi o livre mercado que produziu 12 anos de agonia; foi, isso sim, a incompetência política em uma escala maior do que jamais existiu.

[Nota do Editor: este ensaio é uma versão condensada do artigo do autor "Great Myths of the Great Depression", disponível em FEE.org.]

RESUMO

- A Grande Depressão não veio após um período de "capitalismo desenfreado". Na verdade, ela foi inevitável em virtude de políticas monetárias erráticas do governo federal, em especial, do Federal Reserve.

- Após anos de dinheiro barato e baixas taxas de juros, o Fed armou o palco para uma retificação com uma política de aumentos acentuados nas taxas de juros e uma deflação na oferta monetária.

- A administração Hoover pegou uma recessão e a transformou numa depressão ao sufocar dramaticamente o comércio internacional por meio de tarifas altíssimas e dobrando o imposto de renda.

- Franklin Roosevelt prometeu desfazer os gastos e aumentos de impostos, mas depois de eleito, ele fez o oposto.

- O New Deal estendeu a Depressão por impedir a recuperação. Cartelizou as indústrias, que elevaram os custos, e destruiu valiosos gados e plantações.

- A "depressão dentro de uma depressão" ocorreu em 1937, após a imposição de custosas leis trabalhistas e impostos mais altos.

34 O governo deve subsidiar as artes

Por **Lawrence W. Reed**

AQUELES QUE SE OPÕEM AO ESTILO SOVIÉTICO DE FAZENDAS coletivas, a subsídios públicos para a agricultura ou à propriedade pública dos mercados porque querem que a provisão dos alimentos seja uma questão privada dos supermercados não costumam ser rejeitados como selvagens ou insensíveis. Praticamente ninguém alegaria que uma pessoa que tem tais visões é oposta a café da manhã, almoço e jantar. Mas aqueles que se opõem ao financiamento público das artes são, com frequência, taxados de desalmados ou incultos. A seguir, encontra-se a adaptação de uma carta que escrevi para um famoso administrador de obras de arte que me acusou dessas mesmas coisas. Nela, eu defino que arte, assim como os alimentos, deveria depender de provisões privadas e voluntárias:

> Obrigado por me enviar suas considerações lamentando os cortes nos financiamentos estadual e federal das artes. No entanto, penso que o fato de as artes serem severamente fustigadas por tendências políticas é, na verdade, um poderoso argumento contra o financiamento público. Sempre acreditei que a arte é importante demais para depender da política, essencial demais para ser minada pela politização. Além do mais, esperar que o governo pague essa conta é uma desculpa esfarrapada, uma séria degradação das responsabilidades pessoais e do respeito pela propriedade privada.
>
> Esses estudos que se propõem mostrar um retorno X diante de um investimento público Y nas artes costumam ser motivo de chacota no meio

dos economistas. Os números são, em geral, fabricados, e quase nunca colocados ao lado de utilizações concorrentes do dinheiro público para comparação. Sem falar que um retorno puramente de dólares e centavos — ainda que preciso — é só uma pequena parte do quadro geral.

O fato é que praticamente todos os grupos de interesse que desejam o dinheiro do erário argumentam que os gastos com seus projetos produzem um mágico efeito "multiplicador". Redirecionar o dinheiro alheio por meio da máquina alquímica do governo deveria, de alguma forma, aumentar a riqueza e a renda da nação, enquanto deixá-la nos bolsos daqueles que as produziram é um desperdício. Supondo, só por um instante, que tais alegações estapafúrdias estejam corretas, não faria mais sentido, a partir de uma perspectiva puramente material, calcular o multiplicador médio e, depois, redirecionar toda a renda por meio do governo? Algo semelhante não é feito em Cuba e na Coreia do Norte? O que aconteceu com o multiplicador nesses lugares? Parece-me que, em algum momento, ele se tornou um divisor.

E se, por exemplo, o "investimento público" simplesmente deslocasse certa quantidade dos investimentos privados? (O pessoal do subsídio às artes defende jamais levantar essa questão, mas sei que eu, pessoalmente, sou muito menos inclinado a fazer uma contribuição para algo que sei que está nas costas do governo do que para algo que sei que depende do bom coração de doadores voluntários.)

E se o "investimento público" trouxesse consigo uma bagagem, como a manipulação política, que, com o passar do tempo, corroesse a integridade das instituições recebedoras? Como isso se encaixaria na equação?

E se eu, como contribuinte que fez por merecer os dólares em questão, pudesse ficar com a parcela que o governo gastaria com as artes, investisse na educação do meu filho, e, assim, obtivesse duas vezes mais retorno sobre o meu dinheiro que o governo jamais obteria com as artes? O fato de você tirar muito de mim agora, a propósito, significa que posso comprar menos coisas a que dou valor, inclusive coisas como ingressos para o teatro ou para um concerto.

Se o simples fato de obter bons retornos qualificasse uma atividade para o investimento e envolvimento públicos, então me vêm à mente centenas de companhias e indústrias nas quais o governo "deveria" investir o dinheiro dos impostos — desde chips de silício até a Berkshire Hathaway. Os idealizadores da Constituição poderiam ter dispensado toda aquela lenga-lenga sobre direitos dos cidadãos e deveres do Estado e parado no preâmbulo que diz apenas: "Nós, o Povo, em virtude de obter altos rendimentos sobre o dinheiro arrecadado com os impostos, estabelecemos este governo para fazer tudo o que as pessoas mostrarem ser capaz de angariar uma grana preta".

Às vezes, aqueles de nós que depositam sua fé em coisas como indivíduo, propriedade privada e livre mercado são acusados de se concentrar apenas em cifras e centavos. Mas, na verdade, as pessoas do outro lado é que são as maiores culpadas. A questão do financiamento às artes é um exemplo disso. Defensores do financiamento público estão focados em dinheiro — o máximo que conseguirem, *sempre* o máximo que conseguirem —, e independentemente do tamanho do financiamento público nas artes, nunca é o bastante.

Aqueles de nós que desejam estimular as artes por meios privados frisam outros valores muito mais importantes. Acredito, por exemplo, que o dinheiro que vem voluntariamente, do fundo do coração, é muito mais significativo que o dinheiro que vem sob a mira de uma pistola (o que tem tudo a ver com os impostos). Você se sente muito mais gratificado quando convence as pessoas a fazer o que é certo, ou defender as causas certas, porque elas *querem*, não porque elas *têm* de fazer. Por esse mesmo motivo que também não acredito em casamentos arranjados.

Consigo pensar em uma lista infinita de coisas desejáveis e enriquecedoras, e pouquíssimas delas portam uma etiqueta que diz: "Deve ser fornecido por impostos e políticos." Uma cultura rica consiste, como você sabe, em muitas coisas boas que não têm nada a ver com o governo, e graças a Deus que é assim. Deveríamos buscar estimular essas coisas por meios privados e voluntários, porque "privado" e "voluntário" são indicadores fundamentais de que as pessoas acreditam nessas coisas.

A melhor maneira que conheço de destruir a vitalidade de quase qualquer empreitada digna de valor é mandar uma mensagem que diga: "Você pode relaxar; o governo vai fazer isso a partir de agora." Esse tipo de fuga às responsabilidades, francamente, é a fonte de muitos males sociais dos dias atuais: muitos não tomam conta de seus pais em idade avançada porque um programa federal assim o fará. Muitos pais esquivam-se dos deveres de educar os próprios filhos porque as escolas públicas supostamente deveriam fazê-lo (embora muitas delas façam um trabalho péssimo e dispendioso).

Eu sei que arte representa tudo para algumas pessoas, principalmente para aquelas cuja subsistência deriva dela. Mas, como adultos, temos de resistir à tentação de pensar que aquilo que fazemos individualmente é, de alguma maneira, a coisa mais importante do mundo, e que, por isso, deve receber mais do que os outros estão dispostos a dar.

Penso que o que minha igreja faz é importante, mas não quero que o governo lhe dê dinheiro. Penso que o que fazemos no FEE é importante, mas preferiríamos ir à falência antes de receber um centavo contra a vontade de alguém. Posso até gostar mais de certos tipos de arte não financiadas do que daquelas que têm ligações políticas suficientes para obter um subsídio, mas não quero corrompê-las com um cheque do governo. Quando somos crianças, queremos o que queremos e queremos para já, e não nos importamos de onde isso virá, nem que alguém tenha que ser roubado para que consigamos tal coisa. Mas na posição de adultos com discernimento, que valorizam mais o respeito mútuo e a construção de uma cultura baseada na criatividade e na persuasão em vez de no constrangimento, deveríamos ter padrões diferentes.

Se não roubarmos Peter, o trabalhador, para pagar Paul, o artista, talvez Paul tenha que se tornar um artista melhor ou fazer uma propaganda melhor de sua arte, ou talvez mude completamente de profissão. Isso significaria que privamos Paul de sua liberdade? Pouco provável. Numa sociedade livre, Paul é sempre livre para ir atrás de sua arte, seja como hobby, seja como profissão. E o mesmo pode ser dito de Peter, que também tem todo o direito de ir atrás de seus interesses, sem ter sua liberdade diminuída por meio de impostos para que os interesses de Paul possam ser mais lucrativos.

Além disso, já não aprendemos com diversas experiências dolorosas que, quando injetamos dinheiro público em algo, introduzimos política e conflito, demagogia e compra de votos, desperdício e ineficiência? Por que politizar uma coisa tão espontânea e linda como a arte? Por que subsidiar arte ruim?

Diversas coisas são importantes na vida. Isso não significa que todas elas precisam ser financiadas arbitrariamente. A arte, em suas infinitas expressões, desfruta do apoio de quase todos os seres humanos, em vários níveis (já visitei centenas de lares, e não vi nenhum de paredes vazias ou sem um aparelho de som). Alegar que as artes necessitam de ação governamental é, se não egoísta, uma afirmação temerária e inconsistente.

RESUMO

- O financiamento público das artes não é mera música para os ouvidos. Ele carrega consigo todos os pontos negativos da dependência política.

- Alegações de que as despesas com arte são magicamente "multiplicadas" são enganosas e, normalmente, egoístas, e nunca enxergam usos alternativos do mesmo dinheiro.

- A cultura surge natural e espontaneamente entre as pessoas que escolhem interagir umas com as outras. A arte faz parte disso, mas também concorre com tudo o mais que as pessoas escolhem fazer com seu tempo e dinheiro.

- Se arte é verdadeiramente importante, então a última coisa que deveríamos querer seria politizá-la ou redirecioná-la para aquilo que as pessoas no poder pensam que deveríamos ver ou ouvir.

35 O governo combate a inflação

Por Lawrence W. Reed

"O GOVERNO", OBSERVOU O RENOMADO ECONOMISTA AUSTRÍACO Ludwig von Mises, "é a única instituição que consegue pegar uma mercadoria de valor como o papel e torná-lo inútil ao aplicar tinta nele."

Mises descrevia a praga da inflação, o processo pelo qual o governo expande a oferta de dinheiro à nação e, com isso, corrói o valor de cada unidade monetária — dólar, real, libra, euro, ou o que for. Ela se apresenta na forma de preços elevados, que a maioria das pessoas confunde com a inflação em si. A distinção é importante, porque, como o economista Percy Greaves certa vez explicou de forma eloquente: "Mudando a definição, transfere-se a responsabilidade."

Defina inflação como elevação de preços e, como Jimmy Carter, você pensará que xeiques árabes do petróleo, cartões de crédito e empresas privadas são os culpados, e o controle de preços, a solução. Defina inflação à moda antiga, como um aumento na oferta de dinheiro, com a elevação dos preços como consequência, e você chegará à pergunta elucidativa: "Quem aumenta a oferta de dinheiro?" Só uma entidade pode fazê-lo legalmente; todas as outras são chamadas de "falsárias" e vão para a cadeia.

Claro que muitas coisas, algumas além do controle de qualquer ser humano, podem fazer com que alguns preços sejam elevados. Uma geada na Flórida, que reduzirá o fornecimento de laranjas, ainda que temporariamente, induzirá a uma disparada nos preços do suco de laranja. Se fábricas forem bombardeadas em tempos de guerra, os preços dos produtos feitos nessas fábricas serão alavancados. Depois que os cidadãos pagarem preços altos em virtude de suprimentos reduzidos, talvez eles tenham menos dinheiro no bolso para comprar outros itens, o que pressionará para baixo os outros preços. Mas uma elevação extensa e prolongada na maioria ou em todos os preços é o resultado de uma só coisa: um declínio no valor do dinheiro, e isso ocorre porque, quem quer que esteja produzindo o dinheiro, estará fazendo isso em excesso.

Considere a seguinte analogia: digamos que você goste do molho de tomate da marca X, tanto que talvez o coma toda semana. Então, em determinada semana, você o nota um pouco menos vermelho, e o sabor não está do "jeitinho que você gosta". Uma semana depois, ele ficou rosado, não vermelho, e o sabor está aguado demais. Semana após semana, essa tendência desagradável continua. Você culparia os consumidores ou apontaria o dedo para a marca que produz o molho? Quando seu dinheiro compra cada vez menos, ano após ano, que sentido faz culpar aqueles que usam a coisa em si em vez de culpar as pessoas que a produzem?

A maioria dos economistas que valem o sal que comem argumenta há muito tempo que a inflação é sempre, e em qualquer lugar, uma questão monetária. Como afirma um deles, a elevação de preços gera inflação tanto quanto ruas molhadas geram a chuva. As autoridades monetárias geram inflação e, depois, os preços aumentam, nessa ordem, e se acaba a confiança das pessoas naquele dinheiro, a alta nos preços será astronômica. Um pouco de aulas de história faz bem para todos.

Antes da existência do papel-moeda, os governos criavam inflação ao diminuir o valor dos metais preciosos na cunhagem. O profeta Isaías repreendeu os israelitas com as seguintes palavras: "Tua prata se tornou entulho, teu vinho se misturou com a água." Os imperadores romanos, constantemente, derretiam os denários de prata e adicionavam metais ruins, até que o denário chegou a ter menos de 1% de prata. Os sarracenos na Espanha aparavam as bordas de suas moedas para que, assim, pudessem cunhar mais delas, até que as moedas se tornassem pequenas demais para circular. Os preços subiram para refletir o valor da moeda.

A alta dos preços não é mera consequência da expansão monetária. A inflação também corrói as poupanças e incentiva débitos. Ela mina a confiança e deteriora investimentos. Desestabiliza a economia fomentando expansões e contrações. Se já não fosse ruim o bastante, pode até levar à derrocada do próprio governo responsável. Pode levar a aflições ainda piores. Hitler e Napoleão ascenderam ao poder por causa, em parte, do caos de inflações descontroladas.

Tudo isso levanta diversas questões que os economistas há muito debatem, e sobre as quais tenho minhas próprias visões. Quem ou o que deveria determinar a oferta monetária de uma nação? Por que os governos a administram mal com tanta frequência? Qual é a ligação entre políticas fiscais e monetárias? Basta dizer aqui que os governos geram inflação porque o apetite deles por rendimentos excede seu desejo de tributar ou sua habilidade de fazer empréstimos. O economista britânico John Maynard Keynes foi um charlatão influente em muitos aspectos, mas acertou quando escreveu: "Em virtude de um contínuo processo inflacionário, o governo pode confiscar, secreta ou inadvertidamente, parte importante da riqueza de seus cidadãos."

A ritmos variados, o papel-moeda sem lastro (ou "*fiat*") emitido por bancos centrais estatais tem perdido valor ao redor do mundo há décadas. Mesmo o dólar americano vale hoje cerca de cinco centavos de seu valor em 1914, o primeiro ano completo em operação de seu emissor monopolista, o Federal Reserve. Em anos recentes, talvez nenhum outro lugar no mundo tenha sido tão devastado pela inflação do que o Zimbábue, no Sul da África. Os preços por lá dispararam a uma taxa anual que excedeu os 11.000.000% em 2007. Após imprimir trilhões de dólares zimbabuanos para financiar um regime socialista, o ditador Mugabe arruinou por completo a moeda.

A América do Sul abriga muitos inflacionistas em série — regimes corruptos e lunáticos, que destroem um papel-moeda após o outro. Os preços na Argentina e na Venezuela, por exemplo, estão, atualmente, subindo entre 50% e 100% ao ano, e todos os indicadores mostram que as taxas tendem a acelerar nos meses vindouros.

Em abril de 1985 eu visitei a Bolívia para observar a maior taxa de aumento de preços do mundo à época: estonteantes 50.000%. Depois de passar a perna em seus credores estrangeiros no início dos anos 1980, o governo em La Paz só podia financiar seus maus hábitos tributando o próprio povo e imprimindo mais dinheiro. E foi feito muito dos dois. Contudo, em 1985, só 10% de suas despesas eram cobertas pelos impostos; o restante era bancado pelas impressões monetárias. O papel-moeda se tornou o terceiro produto mais importado pelo país. Suas próprias impressoras não suportavam as demandas do governo, por isso, aviões carregados de papel-moeda chegavam todas as semanas da Europa.

No dia em que cheguei, o peso boliviano era transacionado a 150 mil por dólar. Dias depois, já tinha chegado a 200 mil. Eu trouxe 9 milhões de pesos para casa comigo — um milhão de pesos (em notas de mil pesos) em cada um dos nove chumaços amarrados com um barbante pelo banco local. Mantive um milhão, que tenho até hoje, e vendi os outros oito para compradores de ouro e colecionadores de moeda por quinhentos dólares cada. Nada mal, considerando que, a 200 mil por dólar, paguei apenas cinco dólares por chumaço de um milhão de pesos (45 dólares pelos nove milhões). Por acaso, essa pequena arbitragem internacional financiou minha viagem.

A hiperinflação boliviana acabou apenas quatro meses depois, em agosto de 1985, após o governo socialista que a engendrou ser deposto. O regime imprimiu tantos pesos que eles chegaram a valer menos que a tinta e o papel.

Portanto, você dirá, a inflação pode ser um negócio sórdido, mas só os poucos realmente podres que a criam. Não exatamente. Frederick Leith-Ross, renomada autoridade das finanças internacionais, observou: "Inflação é como um pecado; todo governo a denuncia e todo governo a pratica." Até os americanos já testemunharam hiperinflações que destruíram duas moedas — o malfadado dólar continental, da Guerra Revolucionária, e a falida moeda Confederada, da Guerra Civil.

A lenta depreciação do dólar hoje em dia, com preços subindo em taxas persistentes, mas de apenas um dígito, é só a versão limitada do mesmo processo. O governo gasta, aumenta o déficit, e paga parte de suas contas com o imposto da inflação. Por quanto tempo isso poderá continuar é uma questão de especulação, mas trilhões em dívida interna e membros do governo que foram eleitos com base em promessas que não querem cumprir não são fatores que deveriam nos encorajar. O governo não combate a inflação. Em um mundo de orçamentos deficitários, gastos e dívidas nos setores públicos fora de controle e promessas mirabolantes que serão feitas para resolver praticamente tudo, o governo é uma fábrica de inflação.

Tanto o é que a inflação está conosco e, sem dúvida, é uma das consequências inevitáveis para o governo perder as rédeas da situação. Mas não é uma política permanente e sustentável. Ela precisa acabar algum dia. O valor de uma moeda não é um poço sem fundo. Sua corrosão deve cessar, quer para o governo parar com sua impressão desvairada, quer para impedir que as impressões acabem com o dinheiro. Claro, sua conclusão dependerá em larga medida de suas vítimas compreenderem o que é a inflação e de onde ela vem.

RESUMO

- Ao mudarmos a definição de "inflação", transferimos a responsabilidade por ela.

- Inflação não é aumento de preços. Na verdade, primeiro vem a inflação; depois, como uma das consequências, vem a subida dos preços. Inflação, definida da forma certa, envolve um aumento na oferta de dinheiro.

- Historicamente, quanto mais controle o governo exerce sobre o dinheiro, maior é a probabilidade de o dinheiro perder seu valor. Quanto mais o governo gasta e não paga com a receita dos tributos, mais ele dependerá da impressão de moeda.

- É muito mais acurado pensar no governo como uma fábrica inflacionária, não um ente que combate a inflação.

36 O *outsourcing* é ruim para a economia

Por Tyler Watts

NAS ELEIÇÕES DE 2012, O PRESIDENTE OBAMA DIVULGOU ANÚN- cios acusando o oponente, Mitt Romney, de "mandar empregos para o exterior" na posição de CEO de uma firma de investimentos, a Bain Capital. Romney respondeu sem negar esse aspecto das operações da Bain, mas insistindo que ele não mais comandava ativamente a empresa na época em que ocorreu o suposto *outsourcing*.

Compreendo por que um político minimizaria tais acusações. Afinal, "a economia" é quase sempre uma questão fundamental numa eleição. Muitos eleitores são convencidos pela retórica de que as empresas envolvidas em contratações externas são, de certa forma, responsáveis pela perda líquida de oportunidades de emprego em solo nacional.

Longe de ser uma causa do problema econômico, *outsourcings*, na verdade, fazem parte de qualquer economia de mercado altamente desenvolvida. Eles são, em um sentido fundamental, a fonte de toda a riqueza.

Para acabar com os mal-entendidos em torno dessa controvérsia, vamos começar com uma definição. *Outsourcing*, que em alguns contextos pode significar "contratação externa" ou "terceirização", significa "contratar trabalhadores estrangeiros para realizar uma tarefa em particular em vez de contratar trabalhadores locais". Agora, por que um empresário faria algo assim? A essa altura, deve estar bastante óbvio que o trabalho estrangeiro custa menos. Esse *outsourcing*, portanto, gera uma combinação de preços mais baixos para os produtos da empresa e maiores lucros para seus proprietários — indicando que a empresa está criando mais valor com os recursos que usa. Por isso, como diria um executivo em defesa de um anúncio de *outsourcing*, "faz mais sentido econômico para nossos clientes e acionistas".

Mas e quanto aos trabalhadores? O foco da mídia está no terrível aspecto do *outsourcing* de "enviar empregos para o exterior". Mesmo que eles reconheçam os ganhos para os consumidores (preços mais baixos) e para os acionistas (maiores lucros), muitos comentadores costumam reclamar que esse desequilíbrio gera perdas para os trabalhadores locais.

Primeiramente, reconheçamos que, numa sociedade livre, os trabalhadores não são nomeados para os seus empregos; a maioria dos empregos é um acordo sujeito a rescisão por ambas as partes, a qualquer tempo e por qualquer motivo. Trabalhadores individuais estão sempre perdendo empregos pelas mais diversas razões, e encontrando novos postos — mesmo durante uma recessão. As demissões em massa associadas aos *outsourcings* não são economicamente diferentes, só mais perceptíveis, e, por conseguinte, mais sujeitas à demagogia política — principalmente, numa recessão.

Não deveríamos ignorar esse tipo de revolta trabalhista, por qualquer que fosse o motivo. Certamente haverá desconfortos associados ao processo de adaptação. Nunca é fácil para ninguém encontrar novas oportunidades de emprego, quanto mais uma grande concentração de demitidos em busca de recolocação ao mesmo tempo. Os custos da readaptação são especialmente altos para pessoas com fortes laços locais, como obrigações familiares. Hipotecas recém-contraídas dificultam ainda mais a migração de alguns. Reciclagens para novas indústrias é bastante duro para pessoas mais velhas, e assim vai. Histórias tristes não faltam, e os políticos as manipulam habilmente para aprovar leis e programas voltados à interrupção do processo mercadológico normal, a fim de conseguir "salvar os empregos".

Mas as mudanças econômicas acontecem por um motivo. Num livre mercado, quando o *outsourcing* se torna viável, as forças do mercado estão dizendo aos empreendedores, trabalhadores e detentores de recursos, basicamente, o seguinte: "As velhas maneiras de fazer as coisas, os velhos lugares, os velhos padrões com os quais você estava tão habituado — nada disso funciona mais. Existem maneiras melhores, lugares melhores e padrões melhores à disposição. Para o bem de toda a humanidade, para aproveitarmos as melhores oportunidades globais possíveis, precisamos nos readaptar. Um grande grupo no lugar

Z estará, a partir de agora, disponível para fazer o que as pessoas no lugar F costumavam fazer, mas a preços menores. Isso significa que as pessoas em F precisam encontrar outra coisa para fazer, quer isso signifique mudar-se para o lugar Q e entrar para a indústria Y, quer seja fazer reciclagens ou o que for preciso."

É claro que o mercado não é uma pessoa e não tem motivos. Aquilo que chamamos de mercados são apenas padrões sistemáticos de negociação, produção e especialização que acontecem entre incontáveis indivíduos ao redor do mundo. Por isso, a perspectiva central na economia é que enquanto as pessoas tendem a perseguir apenas seus próprios interesses limitados, as "forças do mercado" agem como se estivessem tentando maximizar o valor daquilo que está sendo produzido em todo o ambiente de mercado — em nosso caso, o mundo inteiro. Transações comerciais a longa distância são uma parte natural e importante desse processo mercadológico. Isso é apenas rotulado de *outsourcing*" quando é feito por uma grande corporação e envolve uma transferência vultosa de determinado processo produtivo para além das fronteiras nacionais. O termo invoca imagens de executivos iguais a Gordon Gekko, do filme *Wall Street*, em salas de reunião cheias de fumaça de charuto, rindo dos lucros exorbitantes a serem obtidos com a transferência da produção de uma geringonça qualquer de Chicago para Xangai.

Mas, na realidade, todos os avanços econômicos envolvem contratações externas, de uma forma ou de outra. Todos fazemos isso, o tempo todo. Quando um cliente escolhe uma cerveja alemã ou um café colombiano, poucas pessoas o acusam de *outsourcing* (não obstante, os ativistas fervorosos do "compre coisas locais"). Nesse caso, o consumidor está comercializando com alguma produção que ocorreu numa localidade bem longe dali. Será que não estou praticando *outsourcing* quando entro na internet e compro um livro de uma editora de outra cidade ou um terno de uma confecção do outro canto do país? O *outsourcing* está em toda parte!

Imagine como seria um mundo sem *outsourcing*. Tudo aquilo que você usa — e eu digo tudo mesmo! — deve ser adquirido de lugares que se encontram a alguns quilômetros de onde você mora. Como disse o economista Russ Roberts, nós já tentamos isso. Chamava-se Idade Média, e a vida era "suja, brutal e curta". De fato, o progresso econômico dos séculos mais recentes tem sido marcado por cada vez mais terceirizações — o que Adam Smith chamava de uma "divisão laboral" em expansão contínua. Nós terceirizamos a maior parte da nossa produção alimentícia dos campos atrás de nossas casas para as imensas fazendas de milho e cinturões de trigo, os quais detêm enormes maquinários agrícolas, engenharia genética e maravilhas químicas; e eles próprios dependem de processos produtivos altamente especializados, que são terceirizados em todo o mundo.

Nós terceirizamos nossas necessidades de vestuário do rebanho no quintal e do tear para as fábricas têxteis, as quais foram progressivamente terceirizadas do Norte da Inglaterra, no século XVIII, para a Nova Inglaterra, no século XIX, depois para os Estados Unidos, no início do século XX, e hoje está presente em partes da Ásia. Nós terceirizamos o entretenimento dos trovadores casuais nos vilarejos para as grandes gravadoras, e agora, com a internet, para especialistas em todo o planeta.

Eu poderia continuar, mas você já entendeu o ponto: no curso da história, o aumento da terceirização corre em paralelo com o aumento na produtividade, o aumento das oportunidades e conquistas da humanidade e um aumento no padrão de vida de todo o mundo. Não é mera coincidência; a economia indica que o *outsourcing* não é um veneno para nossa saúde econômica, mas um componente fundamental para o progresso econômico.

Contudo, nada do que foi dito aqui tem o objetivo de tolerar as diversas intervenções governamentais, aqui e no exterior, que distorcem os padrões do comércio global, tornando-os diferentes daqueles que seriam gerados pelo livre mercado.

A economia deixa claro que o chamado *outsourcing* não é o problema; o problema é a escassez. *Outsourcing* é a solução (ou parte dela). Candidatos à presidência, ou qualquer um interessado em promover o progresso econômico, deveriam pensar a respeito de mudanças políticas que permitiriam a empreendedores, trabalhadores e detentores de recursos integrarem-se melhor em uma economia global cada vez mais interconectada.

[Nota do Editor: este artigo foi publicado originalmente na revista da FEE, *The Freeman*, em novembro de 2012.]

RESUMO

- A terceirização ocorre quando pessoas saem às compras em busca das melhores ofertas. Nós, como consumidores, fazemos isso o tempo todo. Se ela gera economia, essa economia poderá ser utilizada para a compra de outras coisas.

- O *outsourcing* aumenta a produtividade e os padrões de vida. Impedi-lo é o mesmo que incentivar os "compradores" (nesse caso, as empresas) a se contentarem com opções mais caras e menos desejáveis.

37 Se não foi o New Deal de Roosevelt que pôs fim à Depressão, então foi a Segunda Guerra Mundial

Por Burton W. Folsom

O QUE, AFINAL, ACABOU COM A GRANDE DEPRESSÃO? ESSA QUESTÃO deve ser a mais importante da história econômica. Se conseguirmos respondê-la, poderemos compreender melhor o que perpetua a estagnação econômica e o que a cura.

A Grande Depressão foi a pior crise econômica na história dos Estados Unidos. De 1931 a 1940, o desemprego ficou sempre em dois dígitos. Em abril de 1939, quase dez anos depois do início da crise, mais de um em cada cinco americanos ainda não conseguia achar trabalho.

À primeira vista, a Segunda Guerra Mundial parece marcar o fim da Grande Depressão. Durante a guerra, mais de 12 milhões de americanos foram enviados para o exército, e um número semelhante trabalhava em empregos ligados à área da defesa. Essas funções de guerra, aparentemente, deram um jeito nos 17 milhões de desempregados em 1939. Por conta disso, a maior parte dos historiadores tem citado os gastos maciços durante o período da guerra como o evento que acabou com a Grande Depressão.

Muitos economistas, sabiamente, desafiaram essa conclusão. Sejamos diretos. Se a receita para a recuperação econômica fosse colocar 10 milhões de pessoas em instalações da defesa ou marchas militares e depois obrigá-las a fazer ou jogar bombas sobre nossos inimigos no além-mar, o valor da paz mundial seria colocado em dúvida. Na verdade, construir tanques e alimentar soldados — por mais necessário que fosse para vencer a guerra — tornou-se um fardo financeiro esmagador. O que se fez foi simplesmente trocar desemprego por débito. O custo do financiamento da Segunda Guerra Mundial fez a dívida interna disparar de 49 bilhões de dólares, em 1941, para quase 260 bilhões de dólares, em 1945. Em outras palavras, a guerra só adiou a questão da recuperação.

Mesmo o presidente Roosevelt e seus agentes do New Deal perceberam que as despesas com a guerra não eram a melhor solução; eles temiam que a Grande Depressão — com mais desempregados do que nunca — fosse retomada depois da rendição de Hitler e Hirohito. Mesmo assim, a equipe de Roosevelt estava cegamente casada com os gastos públicos, o que (como discuto em meu livro de 2009, *New Deal or Raw Deal?*) perpetuou a Grande Depressão durante os anos 1930.

Roosevelt interrompeu muitos de seus programas do New Deal durante a guerra — e permitiu que o Congresso aniquilasse várias de suas leis e administrações emergenciais — porque ganhar a guerra era a prioridade. Em 1944, no entanto, quando ficou claro que os Aliados prevaleceriam, ele e seus comparsas prepararam o país para a retomada do New Deal, prometendo uma nova declaração dos direitos humanos. Incluídos no pacote presidencial de novas prerrogativas estavam os direitos a "tratamento médico adequado", a um "lar decente" e a um "trabalho útil e bem remunerado". Esses direitos (ao contrário da livre expressão e da liberdade religiosa) impunham obrigações sobre outros contribuintes americanos, fazendo-os arcar com óculos, casas "decentes" e empregos "úteis", mas Roosevelt acreditava que sua segunda carta dos direitos humanos era um avanço nas ideias concebidas pelos Pais Fundadores.

A morte de Roosevelt no último ano da guerra evitou que ele inaugurasse a retomada de seu New Deal. Mas o presidente Harry Truman apoiava a maioria das novas reformas. Nos meses seguintes ao fim da guerra, Truman fez grandes discursos para apresentar uma declaração do direito ao pleno emprego — com empregos e despesas que seriam destinados a todos que não conseguissem trabalho na iniciativa privada. Ele também aprovou um programa nacional de saúde e um programa federal de habitação.

No entanto, 1946 foi bem diferente de 1933. Em 1933, a maioria absoluta dos democratas no Congresso e o apoio da população deram a Roosevelt seu New Deal, mas a estagnação e o desemprego continuaram. Por outro lado, Truman tinha apenas uma maioria relativa no Partido Democrata — e nenhuma maioria, se subtrairmos os democratas mais conservadores do Sul.

Além do mais, o fracasso do New Deal de Roosevelt não deixou muitos americanos empolgados com um possível repeteco.

Em resumo, republicanos e democratas sulistas se recusaram a proporcionar uma retomada do New Deal a Truman. Às vezes, ele enfraquecia seus projetos de lei; outras vezes, apenas os abandonava.

O senador Robert Taft, de Ohio, um dos líderes da coalisão Republicanos-Democratas do Sul, explicou por que ele votaria contra grande parte do programa: "O problema agora é recuperar a produção e o emprego. Se retomarmos a produção, os preços baixarão sozinhos até a marca mais baixa justificada pelos custos elevados. Se mantivermos os preços na marca em que ninguém consegue lucrar, não haverá expansão da indústria existente e nenhuma indústria será criada naquela área."

Robert Wason, presidente da Associação Nacional de Manufatureiros, disse apenas: "O problema de nossa economia doméstica é a recuperação de nossa liberdade."

Perguntaram a Alfred Sloan, presidente da General Motors: "A iniciativa privada americana do futuro, assim como a do passado, será conduzida como um sistema competitivo?" Sua resposta foi: "A General Motors (...) não irá participar voluntariamente daquilo que se coloca claramente no fim da linha — uma economia regulamentada."

Taft, Wason e Sloan refletiram os pontos de vista da maior parte dos congressistas, que tratou de reprimir a retomada do New Deal. Para isso, os congressistas cortaram os impostos que incentivavam empreendedores a criar empregos para os veteranos que estavam voltando.

Depois de muitos anos de impostos proibitivos, os empresários precisavam desesperadamente de incentivos para expandir. Em 1945, a taxa marginal do imposto de renda para os mais ricos chegava a 94% em todo rendimento acima de 200 mil dólares. Também havia um imposto sobre lucros excessivos que absorveu mais de um terço de todos os lucros corporativos desde 1943 — e outro imposto corporativo que chegava a 40% sobre os demais lucros.

Em 1945 e 1946, o Congresso revogou o imposto de lucros excessivos, cortou o imposto corporativo a um máximo de 38% e reduziu o imposto de renda para os mais ricos para 86%. Em 1948, o Congresso cortou a taxa marginal ainda mais, para 82%. Essas taxas ainda estavam altas, mas eram as primeiras reduções desde os anos 1920 e mandavam a mensagem de que as empresas poderiam reter boa parte daquilo que ganhassem. O ano de 1946 teve seus altos e baixos nos empregos, nas greves ocasionais e na elevação de preços. Mas a "certeza do regime" dos anos 1920 voltava a passos largos, e os empresários passaram a acreditar que poderiam investir novamente e serem capazes de ganhar dinheiro. Como Robert E. Wood, presidente da Sears, Roebuck and Company, observou: "[Após a guerra] fomos alertados por fontes particulares que uma grave recessão era iminente. (...) Nunca acreditei que uma depressão estivesse a nossa espera."

Os mercados mais livres, os orçamentos equilibrados e os impostos mais baixos provaram que Wood estava certo. O desemprego era de apenas 3,9% em 1946, e se manteve mais ou menos nesse nível durante a maior parte da década seguinte. A Grande Depressão havia acabado.

[Nota do Editor: este artigo foi publicado originalmente na revista da FEE, *The Freeman*, em fevereiro de 2010.]

RESUMO

- Guerras não são curas para depressões. Elas apenas redirecionam a mão de obra e os recursos daquilo que os consumidores querem para o que o governo quer: vencer o conflito.

- O New Deal de Roosevelt prolongou a Depressão e, felizmente, tentativas para retomá-lo, a fim de fazer a economia voltar ao seu curso após a Segunda Guerra, foram abafadas.

- A economia não entrou em colapso após a Segunda Guerra Mundial porque as reduções nos gastos federais e na tributação incentivaram o empreendedorismo.

38 O salário mínimo ajuda os pobres

Por **Lawrence W. Reed**

O SÁBIO SÓCRATES, UM GIGANTE DA FUNDAÇÃO DA FILOSOFIA ocidental, era conhecido por um estilo de ensino em que questionava agressivamente seus alunos. Ele empregava seu "método socrático" como forma de estimular o pensamento lógico e analítico no lugar de declarações emotivas ou superficiais. Em vez de repreender ou pontificar, ele preferia interrogar. A intenção era forçar os discípulos gregos a ver todas as implicações de suas conclusões ou perceber que o que eles tinham aceitado como verdade era nada mais que um equivalente intelectual de um queijo feta em farelos.

O presidente Obama, em seus discursos anuais de 2014 e 2015, exortou o Congresso americano a aprovar um aumento no salário mínimo por hora de 7,25 dólares para 10,10 dólares. (Os dez centavos devem ter sido acrescentados porque um número redondo, sem casa decimal, pareceria pouco científico.) Economistas discutem há muito tempo que a elevação do *custo* do trabalho, principalmente para negócios pequenos e *start-ups*, reduz a *demanda* pelo trabalho (como em qualquer situação). Mas a esquerda a toda hora exige aumentos no salário mínimo — com suas usuais ações desproporcionadas de hipocrisia e convencimento sobre ajudar os trabalhadores. Talvez não seja necessário outro sermão de um economista sobre o salário mínimo, mas um interrogatório à velha moda socrática. Se o bom ancião estivesse aqui conosco, veja só como imaginei que poderia ser esse diálogo:

Sócrates: Quer dizer que você deseja aumentar o salário mínimo. Por quê?

Cidadão: Porque, como diz o presidente Obama, trabalhadores que recebem salário mínimo não têm aumento há cinco anos.

Sócrates: Você sabe me dizer o nome de um só trabalhador que ganhava 7,25 reais por hora há cinco anos que ainda esteja ganhando o mesmo hoje? E se não souber, então, por favor, diga-me o que fez os salários subirem, se não foi o Congresso. Vamos lá, diga-me o nome de apenas uma pessoa.

Cidadão: Na verdade, eu não saberia dar nenhum nome, mas eles devem estar por aí em algum lugar.

Sócrates: Bem, acabamos de passar por uma profunda recessão, porque administrações sucessivas de ambos os partidos, sem falar nos legisladores e seus amigos do Fed, criaram uma imensa bolha e convenceram os bancos a facilitar o crédito. A contração forçou muitas empresas a reduzir as operações ou fechar. Agora temos a mais fraca recuperação em décadas, já que impostos crescentes, regulações e o Obamacare abafam o crescimento. Não me surpreende as pessoas estarem sofrendo! Vocês assumem a responsabilidade por isso ou apenas emitem decretos que aliviam suas consciências?

Cidadão: Isso são águas passadas. Prefiro olhar para o futuro.

Sócrates: Mas como vocês conseguem ver seis meses em um futuro obscuro quando se recusam a olhar para um passado muito mais claro e mais recente? Vocês acham que o mundo começa quando um problema surge, como se fossem incapazes de analisar a origem do problema. Talvez seja por isso que raramente saibam resolver um problema; vocês forçam todo o mundo a repetir a mesma ladainha. Se vocês realmente olham para o futuro, então, por que não previram essa situação?

Cidadão: Veja bem, de qualquer modo, 7,25 reais não é o suficiente para ninguém viver. Os trabalhadores precisam ter mais do que isso para atender às suas necessidades básicas.

Sócrates: Um empregador não tem como remunerar um empregado a não ser que seus clientes o paguem primeiro. Pergunto-me: as "necessidades" de quem *vocês* levam em conta quando decidem comprar ou não comprar são as dos trabalhadores ou as suas próprias? Você já ofereceu pagar mais do que o preço sugerido só para ajudar o cara que criou o produto? E se clientes como você não fizerem isso, de onde imagina que o empregador irá tirar o dinheiro?

Cidadão: Essa não é uma pergunta justa. Minha intenção aqui é só a de ajudar.

Sócrates: Parece-me que a resposta é "não", mas sigamos adiante. Por que você acha que suas intenções significam mais para um trabalhador do que as do empregador dele? É o empregador que está assumindo o risco de lhe oferecer um emprego, não você. Você só está fazendo discursos a respeito. Não vê certa hipocrisia em sua fala? Você, que não está oferecendo pessoalmente trabalho a ninguém, critica hipocritamente outros que, de fato, estão criando empregos e pagando salários, mesmo que não seja o salário que você gostaria.

Cidadão: O único interesse dos empregadores são os lucros.

Sócrates: E você acha que não ocorre o mesmo com os empregados? Eles estão mais interessados em trabalhar para empresas que perdem dinheiro? E, se assim o for, então por que eles não procuram empregos públicos?

Cidadão: Bem, o governo "perde" dinheiro quase todos os anos, no sentido de que ele gasta mais do que recebe, e há muita gente feliz trabalhando por lá.

Sócrates: Porém, o governo tem uma impressora de dinheiro. Também tem o monopólio legal da força. Quando ele pede empréstimos no mercado de capitais, passa na frente da fila à custa de todo o mundo. Você está dizendo que essas coisas são boas e que estaríamos em melhor situação se o setor privado pudesse fazer isso também? Tente acompanhar meu raciocínio.

Cidadão: Repito, empregadores estão apenas interessados em lucros. Pessoas antes de lucros, é o que eu digo! Tenho até um adesivo no carro que diz isso.

Sócrates: Então quer dizer que empregadores seriam pessoas melhores se, em vez de buscarem lucros, tentassem empatar os rendimentos ou fossem à falência? Como isso soma valor à economia ou incentiva quem quer correr riscos para começar um negócio?

Cidadão: Você está tentando me diminuir, mas eu fui para uma universidade estadual. Todos os professores de sociologia, ciências políticas e estudos de gênero nos diziam que aumentar o salário mínimo é uma boa coisa.

Sócrates: Algum desses educadores titulares, isolados e financiados pelo governo, já foi, alguma vez na vida, um empresário criador de empregos e pagador de impostos?

Cidadão: Isso é irrelevante.

Sócrates: *(Suspiro)* Foi o que imaginei.

Cidadão: Olha, 10,10 reais não é muita coisa. Você deve ser mesquinho e ganancioso para não querer que as pessoas recebam, pelo menos, 10,10 reais.

Sócrates: É, como se os caras no governo controlassem suas ambições pessoais antes de entrar para assumir um cargo. Eu gostaria de saber como vocês chegaram a esse número. Foi alguma equação sofisticada, revelação divina ou tiraram na sorte? Por que não escolheram vinte reais, que não apenas é um número redondo como também um valor muito mais generoso?

Cidadão: Bem, vinte reais seriam um valor muito alto, com certeza. Um salto muito grande para dar de uma vez.

Sócrates: Parece que você acha que o custo do trabalho, de fato, deve afetar a demanda por ele. Ótimo! Já é um progresso. Você não é tão indiferente às forças do mercado quanto imaginei. O que quero saber é por que você, aparentemente, não acha que altos custos laborais importam quando se aumenta o salário mínimo de 7,25 reais para 10,10 reais. Na sua opinião, todos, independentemente do nível ou da experiência, valem automaticamente aquilo que o Congresso quiser decretar? Você acredita em mágica também? E quanto à Fada do Dente?

Cidadão: Espere um instante. Eu estou do lado do trabalhador.

Sócrates: Então, por que diabos você é a favor de uma lei que diz que, se um trabalhador não puder encontrar um emprego que pague, pelo menos, 10,10 reais a hora, ele não pode trabalhar?

Cidadão: Não estou dizendo que ele não pode trabalhar! Estou dizendo que ele não pode receber menos de 10,10 reais!

Sócrates: Pensei que estivéssemos progredindo, mas talvez não. No caso de seu programa virar lei, você consegue me dizer o que aconteceria com o trabalhador cuja mão de obra valesse, digamos, 8,10 reais em virtude de sua parca habilidade, falta de educação, experiência fraca ou por causa da baixa demanda por trabalho? Os empregadores irão admiti-lo assim mesmo, com um sorriso no rosto, encarando uma perda de dois reais por cada hora em que ele estiver trabalhando?

Cidadão: Empresas precisam de trabalhadores, e dois reais não é muita coisa, portanto, o senso comum e a decência sugerem que certamente ele o contrataria.

Sócrates: Quer dizer que empregadores que contratam pessoas são gananciosos demais para pagar 10,10 reais a menos que sejam obrigados a isso, mas, quando o Congresso age, eles subitamente se tornam generosos o bastante para contratar pessoas diante de uma perda. Quem foi seu instrutor de lógica?

Cidadão: Podemos acelerar com isso? Tenho outros planos para outras pessoas sobre as quais preciso pensar.

Sócrates: Tudo bem, só mais uma pergunta. O que é melhor: um emprego a 8,50 reais por hora ou emprego nenhum a dez reais por hora? Matemática básica. Escolha um.

Cidadão: Um bom emprego a dez reais por hora.

Sócrates: Desisto. Vocês progressistas são incorrigíveis. Vocês são os únicos sobre os quais meu método de ensino não tem um impacto discernível. Parece que lógica, evidência e economia de nada valem contanto que vocês se sintam bem com suas intenções.

Cidadãos: Você faz perguntas demais.

A essa altura, tomado de frustração, Sócrates bebe a cicuta — ou, pelo menos, ele o faz nesse episódio imaginário.

Como economista, eu desejaria que aumentar os salários das pessoas fosse tão simples e fácil quanto o agitar de uma varinha mágica, ou o aprovar de uma lei, mas não é assim que o mundo funciona.

[Nota do Editor: uma versão deste ensaio foi publicada previamente na revista da FEE, *The Freeman*, em fevereiro de 2014.]

RESUMO

- Milhões de pessoas que não são afetadas em nada pelo salário mínimo, porque já ganham muito mais, para início de conversa, veem seus salários aumentarem quase todos os anos — alguns até durante recessões. Não é um decreto legislativo que faz tal coisa, mas fatores como produtividade, investimento de capital e concorrência no mercado laboral.

- Não se pode esperar que os empregadores paguem aos trabalhadores um valor superior ao que valem suas respectivas produtividades só porque o Congresso mandou. Com preços (ou salários) mais altos, menos se compra. Essa é uma lei da economia mais poderosa do que uma lei de salário mínimo sancionada pelo Congresso.

- Se faz sentido elevar o salário mínimo para 10,10 reais a hora, por que parar por aí? Por que não declarar que todos deveriam ser remunerados a cinquenta reais a hora?

39 Mercados liberais exploram as mulheres

Por Anne Rathbone Bradley

UM CRESCENTE DEBATE NOS ESTADOS UNIDOS É O DE QUE MULHE- res no mercado de trabalho são exploradas por um mercado laboral livre em que elas recebem, em média, significativamente menos do que seus colegas homens. Após essa afirmação, vem a conclusão de que o capitalismo exacerba a disparidade gênero-salarial e explora as mulheres. Como Curly, um dos Três Patetas, disse em um famoso esquete: "Eu me lembro desse comentário!"

Como uma economista em um campo dominado por homens, sou simpática a essas preocupações e sei muito bem que, embora nenhum mercado seja perfeito, os livres mercados deram o seu melhor para ajudar as mulheres a melhorar suas habilidades, seu nível educacional e sua vantagem comparativa em geral, assim como abriu-lhes espaço para oferecerem suas habilidades a serviço de outras pessoas.

Como isso acontece e qual é a evidência?

Vamos começar com a mecânica de como livres mercados laborais oferecem melhores oportunidades para que as mulheres prosperem. A primeira condição necessária é a isonomia perante a lei. Em um mundo onde as mulheres não são iguais perante a lei e não lhes é permitido sequer se apresentar para certos tipos ou setores do mercado de trabalho, a oferta de emprego fica limitada. Simplesmente há menos pessoas disponíveis para oferecer mão de obra quando eliminamos metade da força de trabalho em potencial. Existem aí efeitos extremamente negativos e culturalmente discriminatórios, o que também frustra a liberdade econômica. Empresas deixam de ser tão produtivas quanto poderiam ser. Em muitos países, mulheres ainda não possuem igualdade de direitos e, frequentemente, são mantidas como reféns perante a lei. Por exemplo, na Arábia Saudita proíbe-se que mulheres dirijam e lhes é exigido que tenham um responsável homem, tornando, assim, o trabalho e as contratações mais difíceis e custosos. Não é por acaso que, sem igualdade perante a lei, a Arábia Saudita ocupa a 127ª posição, em 136 países, no quesito paridade de gênero e salário.

A segunda condição necessária é uma fluida oferta de emprego. Isto é, as pessoas precisam ser livres para escolher suas profissões. E essas profissões não podem estar atoladas em excessivos encargos regulatórios, que agem como barreiras para se entrar no mercado de trabalho. Por exemplo, licenças desnecessárias, tributos excessivos e regulações onerosas travam o empreendedorismo e a participação laboral. Demasiados custos para se entrar no mercado de trabalho limitam o crescimento econômico e a prosperidade pessoal. Quando o processo competitivo desabrocha, aqueles que oferecem salários em troca de mão de obra são forçados a competir com outras firmas que estão concorrendo pela mesma mão de obra. Em uma sociedade em que as mulheres são livres perante a lei para buscar empregos em indústrias sem excessivas barreiras de entrada, o que vemos é uma grande equalização da remuneração entre homens e mulheres.

Qual é a evidência?

Somente quando os indivíduos podem reivindicar e manter a renda produzida sem restrições é que podemos prosperar. Um livre mercado laboral é exatamente o que faz isso acontecer. Já foi empiricamente comprovado ser a melhor oportunidade para as mulheres permitir que elas abram as asas de seus talentos criativos pelo mundo. Por isso que pude escolher entrar em um programa de PhD, com matemática pesada e dominado por homens. Eu era livre perante a lei para escolher o que queria, e cabia a mim ver se conseguiria acompanhar aquele ritmo. Não tive que subornar ninguém, ou ter um responsável homem, ou superar barreiras regulatórias tendenciosas em questões de gênero. Tive apenas que aparecer por lá e me esforçar muito — sem garantia de sucesso.

Qual é o resultado de um mercado laboral amplamente liberado? O relatório mais recente da Secretaria de Estatísticas Trabalhistas sugere que o resultado é uma trajetória crescente de igualdade salarial. A maior parte da discrepância salarial, de 17,9% nos Estados Unidos, pode ser explicada pelo número de horas trabalhadas, casamento e idade. Mulheres que trabalham em período integral e que nunca se casaram ganham 95,2% do que os homens ganham, o que diminui a diferença gênero-salarial para menos de 5%. Mulheres casadas e com filhos trabalham menos horas, o que faz com que elas representem uma grande parte dessa diferença salarial.

A estrutura familiar está em mutação. Inclusive, as mulheres estão tendo menos filhos por não precisarem se preocupar em ter muitos filhos, que podem morrer no nascimento ou em idade muito precoce, como era o caso há alguns séculos. Uma coisa é decidir ter uma grande família; outra é precisar ter uma grande família por causa da morte e da necessidade de produzir mão de obra para colocar comida em casa. Conforme a prosperidade aumentou, os países enriqueceram, dando às mulheres maior controle sobre como buscam colocação no mercado de trabalho.

Instituições também estão em mutação. Agora, mais do que nunca, há mais opções para o trabalho a distância e horas flexíveis, o que dá às mulheres ainda mais opções, já que elas podem escolher e administrar os custos familiares e profissionais da oportunidade. A questão principal é que quanto mais mulheres puderem escolher voluntariamente quanto e quando trabalhar, mais livres elas serão para correr atrás das metas escolhidas, seja para ficar em casa com uma grande família, seja gerenciando uma carreira corporativa em tempo integral. Certo é que, para aquelas mulheres que querem trabalhar muitas horas remuneradas e investir pesado em educação, há mais oportunidades de renda nos mais altos escalões do que nunca.

Não obstante, como o economista Steven Horwitz, da Universidade St. Lawrence, argumenta em "Markets and the Gender Wage Gap", disponível em FEE.org, existem alguns bons motivos para aquilo que alguns rapidamente rotulam de "discriminação":

> Os homens que vão para a universidade costumam escolher cursos que irão gerar uma remuneração mais alta (como Ciências da Computação ou Engenharia), enquanto as mulheres tendem a escolher Psicologia e Pedagogia, cuja remuneração não costuma ser tão boa. Mulheres tendem mais do que homens a interromper suas carreiras para tomar conta dos filhos. Mulheres (e homens) que assim o fazem tendem a ficar para trás em experiências de trabalho e em se manter atualizadas em suas profissões. Por conta disso, seus salários ficam defasados em relação a seus semelhantes e são mais baixos do que poderiam

ser se não tivessem se afastado para cuidar de seus filhos. Todas as escolhas que afetam o capital humano também afetam os salários, portanto, a discriminação no mercado não é necessária para explicar diferenças salariais.

A *Forbes* publicou um relatório, em 2014, no qual dizia que nunca houve tantas diretoras executivas na "Fortune 500" como atualmente — 24 no total, e já são quatro a mais em um ano, portanto, o futuro para líderes empresariais mulheres é promissor. Em meu próprio programa de pós-graduação nunca houve tantas mulheres talentosas buscando seus doutorados como hoje, e elas estão concluindo seus cursos e galgando incríveis posições acadêmicas.

A esperança para as mulheres de todo o mundo é a igualdade perante a lei e um livre mercado laboral. Ainda existe alguma discriminação institucional? Claro que sim, mas a busca pelo lucro entre as empresas faz com que elas se tornem responsáveis pelos sinais do mercado relacionados a contratar o melhor funcionário para o cargo em questão. Com o tempo, isso reduz a discriminação por meio de penalizações (empregadores que continuam praticando discriminação perdem valiosos empregados para empresas e oportunidades concorrentes). Um mundo mais livre é um mundo melhor para todos.

RESUMO

- Quanto mais livre o mercado, mais oportunidades haverá para as mulheres (e para todo mundo, diga-se de passagem) ascenderem na escala econômica.

- A maior parte da discrepância salarial, de 17,9% nos Estados Unidos, pode ser explicada pelo número de horas trabalhadas, casamento e idade. Mulheres que trabalham em período integral e que nunca se casaram ganham 95,2% do que os homens ganham, o que diminui a diferença gênero-salarial para menos de 5%.

- Para aquelas mulheres que querem trabalhar muitas horas remuneradas e investir pesado em educação, há mais oportunidades de renda nos mais altos escalões do que nunca.

40 Os ricos estão ficando mais ricos, e os pobres, mais pobres

Por Max Borders

IMAGINE QUE VOCÊ PUDESSE VOLTAR CINQUENTA ANOS NO TEMPO. Digamos que o motivo fosse ter a oportunidade de implementar certas políticas que garantiriam que os ricos ficassem mais ricos, e os pobres, mais pobres. (Por que alguém iria querer fazer algo do tipo não está em questão, mas acompanhe meu raciocínio.) Quais políticas você definiria?

1. Você iria querer tirar do mercado de trabalho pessoas pobres e sem qualificação com aumentos sucessivos do salário mínimo.
2. Você ofereceria favores especiais, vantagens competitivas artificiais e subsídios com dinheiro do contribuinte para os politicamente bem relacionados (ou seja, aqueles já ricos).
3. Você imporia entraves para novas e pequenas empresas por meio de montanhas de regulações e papeladas burocráticas.
4. Você (literalmente) pagaria pessoas para continuarem na pobreza, para serem dependentes do governo, assim qualquer ética no trabalho seria suprimida e destruída.
5. Você implementaria uma política monetária errática e altamente inflacionária para corroer poupanças e criar expansões e contrações destrutivas.
6. Você iria querer explorar "os ricos", reduzindo os investimentos e os incentivos para que os não ricos conseguissem criar riquezas.

Essas seis políticas combinadas já dariam conta do recado. Jogue algumas barreiras para o progresso dos pobres, ou pague pessoas para continuarem pobres, ou manipule o sistema para que os ricos e politicamente bem relacionados obtenham vantagens econômicas artificiais, e as chances serão de que os pobres, de fato, fiquem mais pobres, e os ricos, mais ricos.

A essa altura você já deve ter notado que todas as políticas acima foram implementadas, em diversos níveis, durante e desde a Grande Sociedade*. E, mesmo assim, *os pobres ainda não ficaram mais pobres* nos Estados Unidos.

De acordo com o cético profissional Michael Shermer:

> O quinto mais rico nos Estados Unidos aumentou sua parcela no produto interno de 43% em 1979 para 48% em 2010, e o 1% aumentou sua fatia da torta de 8% em 1979 para 13% em 2010. Mas perceba o que não ocorreu: o restante não ficou mais pobre. Eles ficaram mais ricos: a renda dos outros quatro quintos aumentou 49%, 37%, 36% e 45%, respectivamente.

Detratores tentarão alegar que os quatro quintos mais pobres têm uma porcentagem menor da torta. E isso até pode ser verdade, mas a torta é muito, muito maior. Você preferiria ter 50% de um milhão ou 20% de um bilhão? Outra maneira de mostrar isso: você preferiria estar bem melhor, mesmo que isso significasse que certas pessoas estariam muito, muito melhores? Ou preferiria que todos estivessem piores, contanto que todos fossem relativamente iguais?

O fato de os mais pobres entre nós ainda estarem, no geral, melhores hoje do que há cinquenta anos é uma prova notável do que pessoas e mercados relativamente livres podem fazer, mesmo com os governos impondo obstáculos. Então, se os pobres não estão ficando mais pobres, por que as pessoas dizem que sim?

Se uma pessoa partir do pressuposto de que uma distribuição igualitária da riqueza é a meta suprema, então ela não está tremendamente preocupada com quanto dessa riqueza é criada. Mas alguns, pelo menos, compreendem que a riqueza precisa ser criada e que, quando há mais riqueza criada, os mais pobres

---

* Plano de programas domésticos adotados pelo presidente dos Estados Unidos Lyndon B. Johnson, em 1964-65. Seu objetivo era eliminar a pobreza e a injustiça social, focando os gastos governamentais em projetos para educação, saúde, problemas urbanos, pobreza rural e transporte.

tendem a ficar em melhores condições. A escolha do ponto de partida, portanto, resume se uma pessoa se importa com a distribuição igualitária da riqueza ou com o crescimento geral da riqueza por meio de atividade produtiva.

Um motivo para esse clichê em especial conseguir se manter em voga é que as pessoas, geralmente, enxergam a economia de maneira estática. A ideia é que a riqueza é como uma torta gigante, que não cresce nem encolhe, mas que é recortada e distribuída de algumas formas. Assim, alguns ficam com a falsa noção de que a única maneira de os ricos se tornarem mais ricos é se parte da torta da riqueza for retirada dos pobres. A partir daí, eles concluem que para haver justiça é necessário que haja uma distribuição diferente da torta. Defensores da "meritocracia" acreditam que a torta estática deveria ser dividida de acordo com talento e esforço. Defensores da "justiça social" acham que a torta deveria ser dividida de acordo com um conceito de igualdade. Ambos estão errados, mas o erro fundamental é pensar que a riqueza é uma torta estática, para começo de conversa. E não é assim.

Uma visão melhor da riqueza seria como uma torta em expansão, ou um ecossistema em expansão. É claro, a riqueza nem sempre cresce, mas tende a isso — contanto que os indivíduos tenham incentivos para serem produtivos. Mérito e esforço tendem a ser recompensados nessa torta em expansão, mas as recompensas costumam se acumular para *aqueles que criam valor para outros*.

Em outras palavras, alguém que se esforça muito no trabalho pode não ser recompensado se ninguém achar seu trabalho valioso — digamos, um homem que cave valas e as preencha novamente. Da mesma forma, trabalhos que podem ser considerados dignos de mérito em um obscuro periódico acadêmico podem não conferir quaisquer benefícios terrenos à humanidade que não pertence aos quatro integrantes do comitê avaliador.

Defensores da famosa justiça social querem que a torta da riqueza seja dividida de acordo com uma abstração subjetiva e arbitrária, como "justiça" ou rendas iguais. Mas repartir a riqueza de acordo com um conceito nebuloso de justiça ignora o ecossistema real em que as pessoas operam. Isso quer dizer que um conceito como esse ignora comportamentos, incentivos e negociações que encorajam os indivíduos a serem produtivos — ou seja, gerar riqueza. Ao distribuir dos ricos para os pobres, você acaba pagando pessoas mais pobres para serem menos produtivas, enquanto pune aquelas mais produtivas. A distribuição que fluiria das pessoas ofertando mais bens e serviços disponíveis a todos seria perdida aos poucos, deixando todos em pior situação. Se tributação e redistribuição em prol de rendas equânimes nos deixa em pior situação do que se o contrário fosse feito, como isso pode ser justiça social?

Conceitos igualitários de justiça social também ignoram quaisquer considerações morais que possam ser atribuídas a como uma distribuição desigual talvez ocorresse. Se a expansão da riqueza em geral trata-se de pessoas criando diferentes níveis de valor umas para as outras, e assumindo riscos diferentes, então as recompensas pela criação de valor nunca fluirão igualmente. Algumas ganharão mais dinheiro que outras, por exemplo, seja porque foram investidoras mais espertas, inovadoras mais sagazes ou melhores organizadoras. O restante de nós goza dos frutos desses esforços, e, portanto, talvez queiramos que pessoas bem-sucedidas continuem investindo, inovando e organizando — mesmo que isso signifique que elas fiquem mais ricas. E talvez queiramos reconhecer que elas merecem o que têm.*

Mesmo aqueles de nós que não são tão produtivos (ou politicamente bem relacionados, como pode ser o caso) ainda gozam de notável abundância em sociedades relativamente livres. Nos Estados Unidos, por exemplo, as cinco faixas de renda ficaram mais ricas nos últimos trinta anos.

Também é fato que há menos pessoas muito pobres ao redor do mundo. Em apenas vinte anos, a pobreza extrema no planeta diminuiu pela metade. Essa é uma conquista impressionante — que pode ser atribuída a políticas de liberalização (mercados mais livres) ao redor do mundo, que os ativistas esquerdistas e igualitaristas tanto depreciam. Em outras palavras, quem diz que os pobres estão ficando mais pobres, simplesmente, está equivocado. E há centenas de milhões de pessoas prosperando hoje que podem falar sobre o quanto as coisas ficaram melhores.

Mais de um século e meio atrás, Karl Marx e seus primeiros seguidores alegavam que os ricos estavam ficando mais ricos, e os pobres, mais pobres. Eles alegavam que isso continuaria e tendia a piorar. Ninguém em sã consciência pode olhar

---

* Nota do Editor: o economista Thomas Sowell disse: "Já que essa é uma era em que muitos estão preocupados com 'igualdade' e 'justiça social', qual é a sua 'fatia justa' daquilo que alguém trabalhou para conseguir?". Sempre faço essa pergunta a um redistribucionista na presença de outro alguém, e peço ao primeiro que me diga, especificamente, quanto é a sua "fatia justa" daquilo que a outra pessoa em nossa presença fez por merecer. Ainda estou esperando uma resposta satisfatória.

para os anos que se seguiram e acreditar que os pobres se encontravam em melhores condições em 1850 do que em 2015. Imagine quanto mais o capitalismo poderia fazer para reduzir a pobreza que ainda existe se os governos saíssem do caminho.

RESUMO

- A esquerda deveria ser honesta e admitir que as políticas de mercado antiliberais que ela promove e alcançou nos últimos cinquenta anos deixaram os pobres em desvantagem e conferiram favores aos ricos e politicamente bem relacionados.

- Incrivelmente, apesar dessas políticas, os pobres de hoje estão em melhores condições do que estavam há cinquenta anos. Imagine o progresso que poderia ter acontecido se essas políticas não tivessem sido instituídas!

- Redistribuir riqueza é apenas fatiar a torta de maneira diferente, sob o risco de diminuir a torta. É uma visão estática de riqueza, bastante inferior à visão de assar uma torta maior para todos.

41 A Standard Oil Company de Rockefeller provou que precisávamos de leis antitruste para combater monopólios estatais

Por Lawrence W. Reed

DENTRE OS MAIORES EQUÍVOCOS SOBRE UMA ECONOMIA LIVRE está a crença amplamente difundida de que o *laissez-faire* representa uma tendência natural em direção à concentração de monopólios. Com um capitalismo desenfreado, diz o refrão já conhecido, grandes firmas iriam, sistematicamente, devorar as pequenas empresas, encurralar mercados e erradicar a concorrência, até que todos os habitantes do local se tornassem vítimas de seu poder. Supostamente, John D. Rockefeller com sua Standard Oil Company, do final do século XIX, deu embasamento a essa perspectiva.

Em 1899, a Standard refinava 90% do petróleo americano — o auge da dominação da empresa no mercado de refinarias. Embora aquela fatia de mercado estivesse em constante queda em virtude da concorrência após 1899, a empresa não deixou de ser rotulada, desde então, como "um polvo industrial".

A história da Standard Oil realmente apresenta uma acusação *contra* o livre mercado? Minha resposta é um *não* bem enfático. Além do mais, esclarecer bem essa história deve se tornar uma importante arma no arsenal intelectual de todo defensor do livre mercado.

Teoricamente, há dois tipos de monopólio: coercivo e eficiente. Um monopólio coercivo resulta de, nas palavras de Adam Smith, "um governo dotado de privilégios exclusivos". O governo, de fato, deve decidir de que lado está no mercado para dar origem a um monopólio coercivo. Deve-se dificultar, encarecer ou impossibilitar o ambiente de negócios, com exceção da empresa favorecida.

O Serviço Postal dos Estados Unidos é um exemplo desse tipo de monopólio. Por lei, ninguém pode entregar correspondências de primeira classe a não ser o USPS (sigla em inglês do serviço postal). Multas e detenções (coerção) esperam por todos aqueles ousados o bastante para abrir concorrência.*

Em outros casos, o governo pode até não proibir diretamente a concorrência, mas acaba concedendo privilégios, imunidades ou subsídios a uma empresa, enquanto impõe exigências vultosas a todas as outras. Independentemente do método, uma empresa que desfruta de um monopólio coercivo fica em posição de poder prejudicar o consumidor sem pagar por isso.

Um monopólio eficiente, por outro lado, merece uma fatia maior do mercado, porque cumpre melhor sua função. Não há favorecimentos legais para justificar seu tamanho. Outros são livres para concorrer e crescer tanto quanto o "monopólio", se os consumidores assim escolherem por meio de suas compras.

Um monopólio eficiente não tem poder legal para obrigar as pessoas a negociar com ele ou para proteger-se das consequências de práticas antiéticas. Ele só consegue expandir por meio da excelência na satisfação do consumidor e pela economia em suas operações. Um monopólio eficiente que vira as costas para a performance que gerou seu sucesso seria, na realidade, o mesmo que colocar uma placa na porta dizendo "Procuram-se Concorrentes". O mercado recompensa a excelência e pune a mediocridade. O registro histórico coloca a Standard Oil Company no papel de monopólio eficiente — uma empresa em que os consumidores depositavam continuamente seus votos de confiança.

A corrida do petróleo começou com a descoberta de petróleo pelo coronel Edwin Drake, em Titusville, Pensilvânia, em 1859. O noroeste da Pensilvânia logo "foi invadido por empresários, especuladores, desajustados, vendedores de cavalo, perfuradores, banqueiros e encrenqueiros em geral. Fazendeiros paupérrimos arrendavam suas terras a preços fantásticos, e plataformas começaram a enegrecer a paisagem. As cidades, da noite para o dia, viram-se lotadas de 'forasteiros', e novas cidades apareceram quase instantaneamente".

Em meio ao caos, surgiu o jovem John D. Rockefeller. Homem excepcionalmente econômico e trabalhador, Rockefeller transformou seu antigo

---

* Nota do Editor: nos anos seguintes à publicação deste artigo, a tecnologia na forma de máquinas de fax, serviços de entregas noturnas, a internet e o e-mail permitiram que o setor privado contornasse o monopólio governamental das correspondências tradicionais.

interesse por petróleo em uma parceria no refinamento com o mercado petrolífero em 1865.

Cinco anos depois, Rockefeller formou a Standard Oil Company, com 4% do mercado de refino. Menos de trinta anos depois, ele chegou à marca histórica de 90%. O que contribuiu para esse incrível sucesso?

Em 30 de dezembro de 1899, fizeram a Rockefeller essa mesma pergunta diante de um órgão investigativo do governo chamado de Comissão Industrial. Ele respondeu:

> Atribuo o sucesso da Standard às nossas políticas constantes de aumento no volume dos negócios por meio da qualidade e do preço baixo de nossos produtos. Não poupamos despesas para encontrar, assegurar e utilizar os melhores e mais baratos métodos de manufatura. Buscamos os melhores superintendentes e operários, e pagamos os melhores salários. Nunca hesitamos em sacrificar máquinas e instalações velhas por outras mais novas. Instalamos fábricas em locais que pudessem atender aos mercados com o mínimo de gastos. Não apenas fomos atrás de mercados para os produtos principais, mas para todos os derivados possíveis, não economizando esforços para apresentá-los ao público. Jamais hesitamos em investir milhões de dólares em métodos para baratear a extração e a distribuição do petróleo por meio de oleodutos, carros especiais, navios a vapor e vagões de transporte. Erigimos estações de armazenamento de óleo perto de todas as importantes ferrovias para baratear o armazenamento e fornecimento de nossos produtos.

Rockefeller era um gênio do gerenciamento — um mestre em coordenar homens e materiais. Ele tinha o dom de trazer jovens leais, brilhantes e esforçados para sua organização. Entre seus sócios de maior destaque estão H. H. Rogers, John D. Archbold, Stephen V. Harkness, Samuel Andrews e Henry M. Flagler. Juntos, eles se concentraram em operações econômicas eficientes, pesquisas e sólidas práticas financeiras.

O historiador socialista Gabriel Kolko, que argumenta em *The Triumph of Conservatism* que as forças de concorrência no livre mercado do fim do século XIX eram poderosas demais para permitir que a Standard enganasse o público, reforça que a "Standard tratava o consumidor com respeito. Os preços do petróleo cru e refinado para os consumidores caíram durante o período em que a Standard exerceu grande controle sobre a indústria".

O serviço ao consumidor da Standard, na forma de preços baixos, é bem documentado. Observa o professor D. T. Armentano:

> Entre 1870 e 1885, o preço do querosene refinado caiu de 26 centavos para oito centavos por galão. No mesmo período, a Standard Oil Company reduziu os custos [de refinamento] por galão de quase três centavos, em 1870, para 0,452 centavo, em 1885. Sem dúvida, a empresa era bastante eficiente, e sua eficiência era traduzida para o consumidor na forma de preços mais baixos por um produto muito melhor, e para a empresa, na forma de lucros adicionais.

Essa história continuou pelo resto do século, com o preço do querosene para o consumidor caindo a 5,91 centavos por galão, em 1897. Armentano conclui a partir desse registro que, "no auge do 'controle' industrial da Standard, os *custos e preços pelo petróleo refinado chegaram aos níveis mais baixos da história da indústria petrolífera*".

O sucesso de John D. Rockefeller, portanto, foi consequência de sua alta performance. Ele obteve sua impressionante fatia de mercado não por favores do governo, mas por conta de uma ofensiva para agradar o consumidor. A Standard Oil é um dos mais clássicos exemplos de monopólios eficientes da história.

Mas e quanto às muitas acusações graves contra a Standard? Corte predatório de preços? Compra de concorrentes? Conspiração? Abatimentos em ferrovias? Cobrança do preço que quisesse? Ganância? Cada uma delas pode ser vista como um ataque não só contra a Standard Oil, mas contra as empresas e o livre mercado em geral. Elas podem e devem ser respondidas.

Corte predatório de preços é "a prática deliberada de desvalorizar rivais em certos campos para expulsá-los do mercado, e depois elevar preços para explorar o mercado destituído de concorrentes". Vejamos se essa é uma acusação que tem algum fundamento ou se é só mais uma daquelas piadinhas que os progressistas gostam de deixar no ar, sejam verdadeiras ou não.

Na verdade, o professor John S. McGee, ao escrever no *Journal of Law and Economics* em outubro de 1958, acabou com o teor intelectual dessa acusação. Descrevendo-a como "logicamente deficiente", ele concluiu: "Não consigo achar provas para embasá-la."

Em pesquisa para seu extraordinário artigo, McGee analisou o testemunho dos concorrentes de Rockefeller que afirmavam terem sido vítimas de corte predatório de preços, e viu que suas alegações eram rasas e duvidosas. McGee destacou que algumas dessas pessoas, mais tarde, abriram novas refinarias e, com sucesso, concorreram novamente com a Standard.

Além do registro de fato, a teoria econômica também se opõe a uma política de corte predatório de preços em um livre mercado pelas seguintes razões:

1. *Preço é só um aspecto da concorrência.* Empresas competem de diversas formas: serviço, localização, embalagem, propaganda e até cortesia. Para que apenas os preços afastem clientes da concorrência, o predador teria que realizar cortes significativos — suficientes para compensar todas as outras pressões competitivas. Isso significa sofrer perdas em todas as unidades vendidas. Se o predador tem um cofre de "lucros de monopólio" ao qual recorrer nessa batalha, então o teórico do corte predatório de preços deve explicar como foi capaz de alcançar essa capacidade na ausência da prática!

2. *A maior empresa tende a perder mais.* Por definição, a maior empresa já está vendendo a maior parte das unidades. Como predadora, ela precisa avançar demais em sua produção se quiser surtir algum efeito sobre seus concorrentes. Como observou o professor McGee: "Para ludibriar o consumidor, ele (o predador) deve estar preparado para servi-lo. O monopolizador, assim, encontra-se na posição de ter de vender mais — e, por conseguinte, perder mais — que seu concorrente."

3. *Consumidores aumentarão suas compras no "preço de barganha".* Esse fato força o predador a avançar ainda mais na produção. E também posterga o dia em que ele poderá "ver o lucro" de sua tão sonhada vitória, porque os consumidores vão parar de comprar a preços mais altos, consumindo, portanto, seus estoques.

4. *A duração da batalha é sempre incerta.* O predador não sabe por quanto tempo terá que sofrer perdas até seu concorrente desistir. Pode levar semanas, meses ou anos. Enquanto isso, os consumidores estão "limpando" seus estoques.

5. *Qualquer empresa "vencida" pode reabrir.* Os concorrentes podem diminuir sua produção ou apenas fechar temporariamente enquanto

"esperam passar a tempestade". Quando o predador subir os preços, eles entram de novo no mercado. Em tese, uma empresa "vencida" pode ser comprada por alguém por uma bagatela, e depois, sob uma nova direção e com custos de capital relativamente baixos, encarar o predador com uma vantagem realmente competitiva.
6. *Preços altos incentivam novatos.* Mesmo que o predador expulse todo o mundo do mercado, a elevação de preços costuma atrair concorrência de pessoas que nem pertenciam à indústria. Quanto maiores os preços, mais forte é essa atração.
7. *O predador perderia a simpatia dos consumidores.* Cortes predatórios de preço não fazem nada bem para as relações públicas. Uma vez conhecida, a política de cortes rapidamente destrói a fé e a boa vontade do público. Pode acontecer de gerar boicotes por parte dos consumidores e uma irritação por parte dos que gostavam dos concorrentes.

Em suma, permita-me citar o professor McGee mais uma vez:

A julgar pelos registros, a Standard Oil não usou discriminação predatória de preços para combater refinarias concorrentes, e sua prática de preços também não teve esse efeito (...) Estou convencido de que a Standard não usou sistematicamente, se é que chegou a usar, corte regional de preços no varejo, ou em qualquer outro lugar, para reduzir a concorrência. Fazer isso teria sido uma estupidez; e, independente do que tenha sido dito sobre eles, a velha organização Standard era raramente criticada por ganhar menos dinheiro quando poderia ter ganhado mais.

A segunda acusação é de que a Standard comprou seus concorrentes. A intenção dessa prática, dizem os críticos, era sufocar a concorrência ao incorporá-la.

Primeiro, é preciso dizer que a Standard não tinha nenhum poder legal para coagir um concorrente a vender. Para que uma compra ocorresse, Rockefeller teria que pagar o preço do *mercado* por uma refinaria de petróleo. E evidências não faltam de que ele sempre contratava as pessoas que pertenciam às operações por ele compradas. "A vitimização dos ex-concorrentes", escreveu McGee, "pode ser esperada para gerar empregados descontentes ou acionistas relutantes".

Eis o que afirmou Kolko: "A Standard conquistou o controle do mercado de refinarias, primeiramente, por meio de fusões, não por guerras de preço, e a maioria dos donos das refinarias ansiavam poder vendê-las. Alguns desses donos de refinarias, mais tarde, reabriram novas fábricas após vender para a Standard."

Comprar os concorrentes pode ser uma jogada inteligente se a intenção for alcançar uma economia de escala. Comprar concorrentes apenas para eliminá-los do mercado pode ser uma política fútil, dispendiosa e interminável. Parece que as fusões de Rockefeller foram planejadas com o primeiro motivo em mente.

Mesmo assim, houve quem achasse lucrativo construir refinarias e depois vendê-las para a Standard. David P. Reighard conseguiu construir e vender três refinarias seguidas para Rockefeller, todas em condições excelentes.

Uma empresa que adota uma política de incorporar outras só para sufocar a concorrência embarca numa aventura inviável de apagar fogos recorrentes e imprevisíveis da concorrência.

A terceira acusação diz que a Standard realizou acordos secretos com os concorrentes para definir mercados e fixar preços mais altos que o mercado. Não posso defender aqui que Rockefeller nunca tentou essa política. O experimento dele com a South Improvement Company, em 1872, apresenta, no mínimo, algumas evidências de que ele a praticou. No entanto, defendo que todas essas tentativas foram um fracasso desde o início e nenhum consumidor foi prejudicado.

A performance dos preços da Standard, citada várias vezes acima, embasa meu argumento. Os preços caíam constantemente com um produto aprimorado. Uma conspiração! A partir da perspectiva da teoria econômica, o conluio para elevar e/ou fixar preços é uma prática fadada ao fracasso dentro de um livre mercado pelos seguintes motivos:

1. *Pressões internas*. Empresas mancomunadas devem solucionar o dilema da produção. Para cobrar um preço mais alto do que o permitido pelo mercado, a produção deve ser restringida. Caso contrário, diante de uma queda na demanda, as empresas ficarão encalhadas com um monte de bens não vendidos. Quem irá interromper sua produção e em que medida? Será que os conspiradores aceitarão uma redução equivalente para todos, quando é provável que cada um veja diante de si uma miríade de vantagens e desvantagens de custo e distribuição?

2. Supondo que uma fórmula para a restrição da produção seja acordada, torna-se, assim, muito lucrativo a qualquer membro do cartel trair em silêncio o acordo. Ao oferecer descontos secretos ou outros "negócios" aos clientes de seus concorrentes, qualquer conspirador pode subcotar o preço do cartel, obter uma fatia maior do mercado e ganhar muito dinheiro. Quando ficarem a par disso, os outros deverão rapidamente romper o acordo ou perderão suas fatias de mercado para o "traidor". O motivo primeiro para a conspiração — lucros maiores — prova ser sua própria ruína!
3. *Pressões externas.* Vêm de concorrentes que não participam do acordo secreto. Eles não se sentem obrigados a concordar com o preço cartelizado e, de fato, usam seus preços relativamente mais baixos como atrativo para os consumidores. Quanto mais alto o preço do cartel, mais compensa essa concorrência externa. A conspiração deve convencer todos que estiverem de fora a participar do cartel (o que aumenta a probabilidade de alguém trapacear) ou dissolver o cartel para enfrentar a concorrência.

A quarta acusação envolve a questão dos abatimentos nas ferrovias. John D. Rockefeller recebeu abatimentos generosos das empresas ferroviárias que transportavam seu petróleo, um fato que os críticos alegam lhe ter dado uma vantagem injusta sobre outras refinarias.

O fato é que a maioria das refinarias recebia abatimentos dessas empresas. Essa prática era só mais uma prova de rígida concorrência entre as empresas ferroviárias para o mercado de transporte de derivados do petróleo. A Standard conseguia os melhores abatimentos porque Rockefeller era um hábil negociante, e porque ele oferecia regularmente grandes volumes para empresas ferroviárias.

Essa acusação é ainda menos crível se considerarmos que Rockefeller, cada vez mais, recorria aos seus próprios oleodutos, não às ferrovias, para transportar seu petróleo.

A Standard Oil tinha o poder de cobrar qualquer preço que quisesse? Uma quinta acusação diz que sim. De acordo com a noção de que o tamanho da Standard lhe deu poder para cobrar qualquer preço, a grandeza por si só imunizaria a empresa da concorrência e da soberania do consumidor.

Como um "monopólio eficiente" que era, a Standard não podia impedir coercivamente que outros concorressem com ela. E outros concorriam, tanto que a fatia de mercado da empresa caiu drasticamente depois de 1899. Quando a economia mudou do querosene para a eletricidade, do cavalo para o automóvel e da produção de petróleo no Leste dos Estados Unidos para a produção nos países do Golfo, Rockefeller viu que estava perdendo terreno para concorrentes mais jovens e mais agressivos.

A Standard também não tinha o poder de forçar as pessoas a comprar seus produtos. Ela dependia de sua própria excelência para atrair e manter seus clientes. (Ver capítulo 13, "Cooperação, Não Competição", para uma breve discussão sobre os fatores que asseguram que nenhuma firma, independentemente do tamanho, pode cobrar e receber o preço que quiser.)

Faz mais sentido ver a concorrência, em um livre mercado, não como um fenômeno estático, mas como um processo dinâmico, interminável e de muita superação, pelo qual o líder de hoje pode ser o seguidor de amanhã.

A sexta acusação, a de que John D. Rockefeller era um homem "ganancioso", é a mais insignificante de todas, mas sempre encontra lugar nos livros de história.

Se Rockefeller queria ganhar muito dinheiro (e não há dúvida de que ele ganhou), certamente ele descobriu a solução do livre mercado para esse problema: produzir e vender algo que os consumidores queiram comprar sem parar. Um dos grandes atributos do livre mercado é que ele canaliza a ganância em direções construtivas. Não se pode acumular riqueza sem oferecer alguma coisa em troca!

A essa altura, o leitor já deve estar se perguntando sobre a dissolução da Standard Oil Trust, em 1911. A Suprema Corte não considerou a Standard culpada pelo emprego bem-sucedido de práticas anticompetitivas?

Curiosamente, uma leitura atenta da decisão revela que não foi feita nenhuma tentativa por parte da Corte de examinar a conduta ou performance da Standard. Os juízes não perscrutaram as evidências conflitantes com relação a nenhuma das alegações do governo contra a empresa. Não houve nenhuma atribuição específica de culpa quanto a essas acusações. Embora o registro claramente indique que "os preços caíram, os custos caíram, produções expandiram, a qualidade do produto melhorou e centenas de firmas, de tempos em tempos, produziam e vendiam derivados do petróleo refinado em concorrência com a Standard Oil", a Suprema Corte decidiu contra a companhia. Os juízes alegaram simplesmente que a concorrência entre algumas das divisões da Standard Oil era inferior à concorrência que existia entre elas quando eram empresas independentes, antes das fusões com a Standard.

Em 1915, Charles W. Eliot, reitor de Harvard, observou: "A organização do grande mercado de tirar petróleo de dentro da terra, canalizar o petróleo através de enormes distâncias, destilá-lo e refiná-lo, e distribuí-lo por meio de navios a vapor, trens e submarinos para todo o planeta foi uma invenção americana." Deixemos que os fatos registrem que a grande Standard Oil Company, mais que qualquer outra empresa, e John D. Rockefeller, mais que qualquer outro homem, foram responsáveis por esse incrível progresso.

[Nota do Editor: este artigo foi publicado originalmente na revista da FEE, *The Freeman*, em março de 1980. Notas de rodapé podem ser encontradas na versão do site FEE.org.]

RESUMO

- Se a Standard Oil Company era algum tipo de "monopólio", este não era "coercivo", porque não obteve sua imensa (e temporária) fatia de mercado por meio de favores especiais do governo. Havia inúmeros concorrentes, no país e no exterior. Se era um monopólio, então era do tipo "eficiente", o que significa que ele fez por merecer a fatia de mercado, pois os consumidores gostavam do que a empresa oferecia a preços atraentes.

- Os preços dos produtos da Standard (principalmente querosene nos primórdios da empresa) caíam constantemente. A qualidade também aumentava constantemente. A produção total crescia ano a ano. Esse não deveria ser o comportamento de um monopolista malévolo, que, supostamente, restringe a produtividade e eleva os preços.

- Acusações contra a Standard — corte predatório de preços, compra de concorrentes, conspiração para restringir a produtividade e elevar preços, garantir abatimentos nas ferrovias etc. — parecem plausíveis à primeira vista, mas perdem o sentido quando analisadas de perto.

42 O livre mercado não pode oferecer educação pública

Por **Sheldon Richman**

**O LIVRE MERCADO PODE OFERECER EDUCAÇÃO PÚBLICA? A RES-
posta** curta é: sim, dê uma olhada ao seu redor. Agora mesmo, empresas privadas e organizações sem fins lucrativos fornecem todo tipo de educação — desde escolas comuns, com aulas das mesmas matérias acadêmicas tradicionais, até escolas especializadas, que ensinam de tudo, desde artes plásticas até artes marciais, de dança a dieta, de mergulho submarino a exame da própria consciência.

Se definirmos "educação pública" como "o que o governo faz agora", então essa é uma pergunta mais difícil. Toda escola serve os membros da população. Pelo bem da discussão, podemos ignorar que a palavra "pública" tenha sido corrompida para significar "financiada coercivamente por meio do sistema tributário".

O livre mercado — e incluo aqui organizações com e sem fins lucrativos — poderia fornecer muito mais educação do que já fornece, não fosse pela "concorrência desleal" do governo. Já que o governo tem um recurso que falta às organizações privadas — os contribuintes —, ele é capaz de oferecer seus serviços "de graça". Não é exatamente de graça, é claro; no contexto governamental, "de graça" significa que todos pagam, quer queiram o serviço, quer não. Claramente, contanto que o governo possa tributar seus cidadãos e, depois, fornecer serviços educacionais a um preço marginal igual a zero, boa parte das escolas particulares jamais chegará a existir. Quanta ironia o governo estar sempre de olho em preços predatórios no setor privado quando *ele* é o maior criminoso.

Certamente, não há nada sobre a educação que deveria deixar alguma dúvida de que o mercado poderia fornecê-la. Como qualquer outro produto ou serviço, educação é uma combinação de terreno, labor e bens de capital voltados para um objetivo em especial — instrução em matérias acadêmicas e assuntos afins exigidos por uma turma de consumidores, em especial os pais.

Aqui é que a coisa fica mais conflituosa. Críticos da educação fornecida pelo mercado se sentem desconfortáveis com a educação sendo tratada como uma mercadoria, sujeita à oferta e demanda. No mercado, os consumidores são os que determinam o que é produzido. Empreendedores assumem riscos para servi-*los*. E consumidores instáveis demonstram falta de misericórdia quando algo novo e atraente surge no cenário. Pergunte aos acionistas do Subway ou da Kodak, entre outros.

Por que os pais deveriam determinar sozinhos o que é ou não é uma educação aceitável? Mas por que *não* os pais? Quem tem mais legitimidade para saber quais são os interesses das crianças? Além disso, a maioria dos pais não tomaria decisões educacionais sem consultar autoridades conhecedoras do assunto tanto quanto não tomariam decisões médicas sem consultar um médico. O argumento do consumidor desinformado contra a educação do livre mercado é um engodo.

Os pais, e o setor privado, deveriam ser livres para determinar o que é ou não uma educação acadêmica aceitável pelos mesmos motivos que eles são livres para determinar o que é uma educação religiosa adequada. Não nos baseamos no número ínfimo de pais negligentes como pretexto para o controle governamental ou financiamento religioso. Nem deveríamos usá-lo como pretexto para controle governamental ou financiamento escolar.

Defensores da educação pública mobilizaram vários argumentos econômicos relacionados ao "fracasso do mercado" para contestar a ideia de que os pais, num livre mercado, deveriam ter a palavra final na escolha dos serviços educacionais à disposição. Esses argumentos falharam. A educação não tem as características de um "bem público". Uma pessoa consumindo determinado serviço prejudica o consumo da outra, e os não pagantes podem ser excluídos.

A situação da externalidade positiva também não funciona. A educação, é claro, possui benefícios reflexos, mas isso não é o bastante, na teoria econômica, para justificar uma ação governamental. Você precisaria acreditar que os benefícios externos fariam a educação ser subconsumida a menos que o governo a subsidiasse. Ninguém jamais demonstrou isso, e nem poderia. Para acreditar nisso, seria preciso acreditar que os pais enveredariam pelo seguinte raciocínio: "Eu gostaria de comprar X-quantidade de educação para meu filho, mas, já que a sociedade se beneficiará da erudição do meu filho sem pagar nada por isso, vou comprar menos de X-quantidade de educação." Ridículo, não acha?

O argumento de que educação de alta qualidade é intrinsecamente cara demais para uma porção considerável da população também não se sustenta. Um livre mercado que pode saturar a sociedade com geladeiras, fornos de micro-ondas, máquinas de lavar roupa e telefones — celulares e similares — certamente pode produzir boa educação para uma sociedade inteira. A chave é o empreendedorismo.

Pensamos saber o que é educação e quais métodos funcionam. E algumas coisas nós sabemos mesmo. Esse senso de certeza pode nos motivar a pensar que a educação estaria melhor nas mãos do governo. Mas não deveríamos ser tão presunçosos, ou podemos acabar como o funcionário do Instituto de Patentes do século XIX que disse que o instituto deveria ser fechado porque tudo de útil já havia sido inventado.

Não há limites para o mundo em que vivemos. Impossível saber o que podemos aprender amanhã. Por sermos seres falhos, podemos ter certeza de que, a todo instante, estamos deixando passar informações e oportunidades valiosas. Recursos escassos estão sendo mal orientados porque nosso conhecimento é incompleto. O mesmo conceito pode ser aplicado à educação tanto quanto para qualquer outra coisa.

O que podemos fazer para acelerar a descoberta e a correção dos erros? Já existe um método: empreendedorismo. O que os empreendedores fazem é buscar no horizonte exemplos de recursos que estejam sendo subutilizados, ou seja, dedicados à produção de bens e serviços que os consumidores valorizam menos do que outros itens aos quais esses mesmos recursos podem estar sendo dedicados. O que atrai os empreendedores a tais descobertas é o lucro. Nada se parece com seu poder de estimular descobertas. O lucro ocorre quando um empreendedor em alerta, percebendo o que outros ignoraram, faz com que se deixe de produzir coisas que os consumidores valorizam menos para produzir coisas a que os consumidores dão mais valor.

A aplicação desse princípio para a educação deveria ser óbvia. Como não sabemos hoje tudo o que podemos aprender amanhã sobre métodos educacionais e objetivos, precisamos de empreendedorismo na educação. O governo não está apto para tamanha tarefa. Burocracia é o contrário de qualquer iniciativa. Ela emperra iniciativas. A dominação governamental da educação garante que inovação e criatividade empreendedoras com as quais estamos acostumados, por exemplo, na indústria dos computadores, faltarão à educação.

Não há bom substituto para o processo empreendedor descentralizado e espontâneo que a total privatização da educação estimularia.

Portanto, não se trata apenas de que o livre mercado *pode* oferecer educação. Podemos concluir, desse modo, que apenas o livre mercado *deveria* oferecer educação.

[Nota do Editor: uma versão deste artigo foi publicada originalmente na revista da FEE, *The Freeman*, em junho de 2000.]

RESUMO

- Enquanto o governo puder tributar seus cidadãos para oferecer serviços educacionais a um preço marginal igual a zero, grande parte da educação privada jamais chegará a existir.

- A maioria dos pais não tomaria decisões educacionais sem consultar autoridades conhecedoras do assunto tanto quanto não tomariam decisões médicas sem consultar um médico.

- Não utilizamos o pequeno número de pais negligentes como pretexto para controle governamental ou financiamento de religiões. Nem deveríamos usá-lo como pretexto para o controle governamental ou o financiamento escolar.

- A dominação governamental da educação garante que inovação e criatividade empreendedoras com as quais estamos acostumados, por exemplo, na indústria dos computadores, faltarão à educação.

43 Warren Buffett paga menos impostos federais que a secretária dele

Por George Harbison

EM AGOSTO DE 2011, WARREN BUFFETT ESCREVEU UM ARTIGO de opinião no *New York Times* no qual ele afirmou que sua "taxa de imposto federal" de 17,4%, em 2010, foi 18,6 pontos percentuais menor do que a taxa média de 36% paga pelos vinte outros trabalhadores de seu escritório.

O artigo de Buffett despertou muita atenção da mídia e, nos meses subsequentes à publicação, sua alegação a respeito da "taxa de imposto federal" enredou-se no tecido da política americana. A análise dele tornou-se a base para a "Lei de Buffett", um plano fiscal proposto pelo presidente Obama que obrigaria todos aqueles que ganham um salário anual maior que um milhão de dólares a pagar uma taxa de imposto efetiva mínima de 30%.

Sem dúvida, dado o status de Buffett como um lendário empresário e investidor (o "Oráculo de Omaha"), sua análise fiscal inspirou grande credibilidade e, dessa forma, jamais foi contestada. Somado à aceitação incontestável da afirmação de Buffett estava o fato de que ele nunca divulgou (a) sua declaração de imposto de renda do ano de 2010, (b) as declarações de imposto de renda de seus empregados, e (c) a análise que embasou a afirmação, ou alegação, sobre "a taxa de imposto federal".

Na verdade, a alegação de Buffett é completamente imprecisa e baseada em uma análise errônea desde a raiz sobre princípios básicos de tributação federal. A realidade é que ele paga uma "taxa de imposto federal" muito mais elevada do que seus empregados.

Primeiramente, contribuições fiscais (contribuições para a previdência social) são totalmente irrelevantes para esse tipo de análise. Porque esses tributos não eram apreciados com base em rendimentos não salariais (antes de 2013), e como os tributos para a previdência social somente eram apreciados com relação aos primeiros 106,8 mil dólares de rendimento salarial em 2010, a quantidade que Buffett pagou para esses programas era muito próxima, em dólares, à quantidade paga por cada um de seus funcionários. Mas pelo fato de Buffett ter uma renda tributável de quase 40 milhões de dólares, a quantidade de tributos previdenciários pagos por ele em 2010 representava apenas uma ínfima fração dessa renda tributável total. Para a maioria de seus funcionários, esses tributos representavam 7,65% de sua renda tributável (embora eles pagassem, mais ou menos, a mesma quantia que Buffett em dólares). Esse diferencial de 7,65% nas contribuições fiscais faz parte do diferencial de 18,6% citado por Buffett em seu editorial.

Porém, o que Buffett deixou de mencionar é que os benefícios previdenciários também possuem um teto. Após aposentar-se, Buffett receberá quase o mesmo valor em benefícios que seus funcionários. Há muito pouca diferença entre Buffett e seus empregados em termos do que pagam para os programas previdenciários e o que eles receberão em benefícios. Por isso, a diferença percentual de 7,65 na "taxa de imposto federal" entre Buffett e seus funcionários advindos do mecanismo tributário da previdência social é simplesmente irrelevante, e é uma ilusão.

A segunda falha na análise de Buffett tem a ver com o fato de que ele incluiu contribuições sociais pagas pelo empregador para chegar aos números das "taxas de imposto federal" aplicadas a ele e a seus empregados. O problema óbvio aqui é que os funcionários de Buffett não pagam esses tributos. Em vez disso, como coproprietário da Berkshire Hathaway, é o próprio Buffett que os paga. A inclusão desses tributos, pagos pela Berkshire Hathaway, na análise de Buffett foi claramente incorreta e distorce as taxas citadas por ele. É claro, ele incluiu os tributos previdenciários pagos pelo empregador para dobrar a "taxa de imposto federal" de 7,65%, o que criou a ilusão diferencial identificada no parágrafo anterior.

O próprio Buffett detém 33,9% da Berkshire Hathaway, uma empresa de capital aberto com renda tributável de 19,1 bilhões de dólares em 2010.

Considerando um imposto federal corporativo bastante conservador de 25%,* a Berkshire, no fim das contas, pagará 4,76 bilhões de dólares em impostos federais para empresas sobre essa renda tributável. Os impostos para empresas são de responsabilidade de seus acionistas, os quais reduzem o valor disponível em dinheiro para (a) pagamento de dividendos (historicamente, a Berkshire não paga dividendos para seus acionistas), ou (b) reinvestimento na empresa para aumentar o valor por acionista.

Em virtude de sua participação acionária na Berkshire, 33,9% dos 4,77 bilhões de dólares em impostos federais para empresas — ou seja, 1,61 bilhão de dólares — foram pagos por Buffett. Ele ignorou esse montante de impostos ao compilar sua análise da "taxa de impostos federais". Se a participação de Buffett nos rendimentos tributáveis corporativos e nos impostos corporativos pagos fosse contabilizada em sua análise, a "taxa de impostos federais" total em 2010 aumentaria 7,65 pontos percentuais, saindo de 17,4% para 24,96%.

Como empregadora, a Berkshire cumpre com suas obrigações tributárias e previdenciárias de acordo com o número de funcionários. Esses tributos são solvidos pelos acionistas da Berkshire pelos mesmos motivos que os impostos corporativos também o são. Utilizando-se de pressupostos razoáveis e de dados provenientes de relatórios de 2010 da SEC [o equivalente à CVM no Brasil], a participação de Buffett nesses tributos foi de aproximadamente 400 milhões de dólares, em 2010. Se esses tributos forem incluídos (e deveriam ser), a "taxa de impostos federais" dele, em 2010, aumentará 6,16 pontos percentuais, passando para 31,12%.

Façamos as contas. Buffett, em sua análise, exagerou na "taxa de impostos federais" de seus funcionários ao incluir contribuições sociais irrelevantes (7,65%) e contribuições pagas pelo empregador (7,65%). Na verdade, a "taxa de impostos federais" relevante de seus funcionários em 2010 foi 20,7%, não 36%.

Buffett, em sua análise, ignorou a parte que lhe cabia nos impostos sobre rendimentos corporativos, os quais foram pagos pela empresa da qual ele detém um terço. Ao fazê-lo, ele reduziu sua "taxa de impostos federais" em 7,56 pontos percentuais. Além disso, ele ignorou sua participação nas contribuições

---

* N. do T.: o imposto citado, na administração do presidente Trump, deverá ser reduzido para 21% em algum momento do ano de 2018. (Até a data desta tradução, essa redução apenas havia sido divulgada pelo próprio presidente, sem sua entrada em vigor.)

previdenciárias pagas pela Berkshire. Dessa forma, Buffett reduziu sua "taxa de impostos federais" em mais 6,16 pontos percentuais. Se você está acompanhando os cálculos, a "taxa de impostos federais" relevantes de Buffett em 2010, na verdade, foi de 31,12%, não 17,4%. Resumo da ópera: a "taxa de impostos federais" relevante de Buffett, em 2010, na verdade, foi, no mínimo, 10,4 pontos percentuais maior do que a taxa média paga por seus funcionários.

Nossa! Quem diria?

Preocupa-nos saber que o editorial original de Buffett no *New York Times*, baseado em uma análise tão falha e incompleta, tenha ganhado visibilidade e credibilidade incontestáveis dentro do panorama político americano. Embora Buffett devesse ser repreendido por divulgar uma análise tão imprecisa e enganosa, comentaristas políticos à direita deveriam ser criticados por não fazerem seu dever de casa e não contestarem de maneira efetiva as ideias defectíveis implícitas no artigo de Buffett.

[Nota do Editor: este ensaio foi publicado originalmente na revista *Forbes*, em outubro de 2013.]

RESUMO

- Warren Buffett criou uma nova métrica tributária ao combinar impostos de renda individuais e contribuições previdenciárias em uma só "taxa de imposto federal". Ele, então, alegou que sua "taxa de impostos federais" de 17,4%, em 2010, foi 18,6 pontos percentuais mais baixa do que a média de 36% paga em "impostos federais" por seus funcionários.

- Os mecanismos de tributação para contribuições previdenciárias em 2010 eram justos por natureza. Atribuir um diferencial na "taxa de impostos federais" para contribuições sociais pagas pelo empregador, como Buffett fez, é analiticamente incorreto. A diferença de 7,65 pontos percentuais na "taxa de impostos federais" é uma ilusão.

- Incrivelmente, Buffett incluiu contribuições sociais pagas pelo empregador em seus cálculos, dobrando, assim, o diferencial de 7,65 pontos percentuais.

- Buffett ignorou em seus cálculos cerca de 1,6 bilhão de dólares em impostos corporativos arcados por ele, em 2010, já que era dono de um terço da Berkshire Hathaway. Ele também ignorou sua participação (cerca de 400 milhões de dólares) em contribuições previdenciárias já pagas pela Berkshire Hathaway.

- A comparação analiticamente correta, excluindo contribuições sociais individuais e incluindo rendas e impostos corporativos, mostra que a tal "taxa de impostos federais" de Buffett foi, na verdade, mais de 10 pontos percentuais maior que a taxa média de seus funcionários, em 2010.

44 Lucro é evidência de comportamento suspeito

Por Lawrence W. Reed

UMA GRANDE VERDADE ESTÁ ENCERRADA NO SEGUINTE COMEN-tário, geralmente atribuído a Samuel Gompers: "O pior crime contra a classe trabalhadora é uma empresa que deixa de operar em busca de lucros."

Gompers foi fundador da Federação Trabalhista Americana. Ele valorizava, naquela época, algo que muitos da esquerda de hoje não apreciam: *Uma economia sem lucro é uma economia em profunda depressão.*

Talvez nenhum esquerdista jamais tenha dito as mesmas palavras do título deste artigo, mas é fato que a esquerda, quase sempre, faz cara feia pela simples menção ao quesito lucro. Para eles, é um termo feio (principalmente se outras pessoas o auferem, e eles não).

Veja agora outro comentário na mesma linha:

> A situação econômica da iniciativa privada terá de depender diretamente do lucro, e o lucro não pode cumprir sua função até os preços estarem liberados de subsídios. Ao longo dos séculos, a humanidade não encontrou medida mais eficaz para funcionar do que por meio do lucro. Só o lucro pode medir a quantidade e a qualidade da atividade econômica e permitir que relacionemos, efetiva e claramente, custos de produção com resultados. (...) Nossa postura desconfiada com relação ao lucro é uma má compreensão histórica, resultado do analfabetismo econômico da população (...)

Essas palavras foram escritas pelo economista Nikolaay Shmelyov, na edição de junho de 1987 da *Novy Mir*, nada menos que o principal periódico político e literário da então União Soviética. Os soviéticos, depois de anos de propaganda antilucro e políticas que produziram uma economia falida perante o mundo, estavam apresentando sinais de expor parte desse analfabetismo econômico no fim dos anos 1980.

Os colonos de Plymouth, cujos banquetes lendários levaram à tradição do feriado de Ação de Graças, quase se destruíram quando estabeleceram uma economia socialista e comunista. Cada indivíduo produzia para todas as pessoas e recebia uma parcela igual da produção total. Na ausência de um forte incentivo para a obtenção de lucro, os colonos começaram a passar fome, até o governador Bradford intervir e alterar a organização. Depois disso, homens e mulheres passaram a produzir em busca de lucro, e o resultado foram colheitas generosas e mesas cheias para o Dia de Ação de Graças.

Aqueles que não gostam de lucros preferem exaltar a virtude do altruísmo, do motivo caridoso. Uma preocupação amorosa e atenciosa pelas outras pessoas pode ser algo muito bonito, principalmente quando vem do coração. De livre e espontânea vontade, os americanos sempre foram o povo mais generoso e humanitário do planeta. Mas não há como negar que o lucro é responsável por mais benefícios — de longe — do que toda a caridade do mundo.

Conforme lê estas palavras, olhe à sua volta, no local onde você está sentado. Atente à mobília, à construção em si, ao computador e ao celular que você usa, à roupa que está vestindo. Quanto daquilo que você está observando foi criado porque alguém quis empatar as contas ou perder dinheiro com o único propósito de lhe proporcionar conforto?

Considere isso da próxima vez que estiver diante da mesa no Natal. Aqueles que criaram o peru não o fizeram com o mero intuito de ajudar você. Os outros que cultivaram as frutas e tudo o mais que é usado nos pratos do banquete não se deram a esse trabalho por conta de um impulso altruísta ou sacrificante. Se você acha que essas pessoas, ou as outras que fizeram quase tudo o que você tem, sacrificaram-se para o benefício alheio, então você deve acreditar no velho slogan do McDonald's que dizia: "Fazemos tudo isso por você".

Eis uma maneira simples e leiga de entender lucro: imagine que você tem cem reais em matéria-prima. Você transforma essa coisa, acrescenta sua criatividade e seu labor, e acaba com um produto final pelo qual as pessoas pagarão 150 reais no mercado. Você acrescentou valor para a sociedade e auferiu lucro por causa disso. Agora imagine-se pegando essa mesma matéria-prima no valor de cem reais, transformando-a e produzindo um produto final que valha apenas cinquenta reais. Certamente, você não gerou nenhum lucro, e acabou reduzindo o valor total na sociedade. Em que mundo isso pode ser considerado virtuoso? E mais, qual dos produtos você acha mais fácil de continuar a ser feito ano após ano — o que gerou lucro ou o que gerou perda? Garanto-lhe que não é preciso nenhuma habilidade ou talento especial para gerar perdas de maneira consistente. Apenas empatar os custos costuma ser difícil.

Economistas veem o lucro de maneira ainda mais perspicaz. Para eles, o lucro não é um tipo de amontoado amorfo do que sobra após os custos serem abatidos. Na verdade, ele é composto por diversos elementos importantes. Em um pequeno negócio típico, no qual o proprietário também é o gestor, o que ele paga a si mesmo é um pró-labore, ou uma "remuneração gerencial". Esse valor pode ser pequeno, ou até inexistente, na fase inicial de formação da empresa, mas, na maioria dos casos, deve ser o bastante para que a pessoa não desista do negócio e vá buscar emprego em outro lugar. Um segundo componente do lucro é o fator dos juros sobre o capital investido. No longo prazo, qualquer negócio deve ter rendimentos suficientes para pagar uma remuneração competitiva aos investidores, ou eles levarão seu capital para outro lugar.

Se um negócio gera lucros acima e além do necessário para pagar remunerações competitivas aos seus proprietários, gestores e investidores, então ele conquista um terceiro elemento, que os economistas chamam de "lucro empresarial" — às vezes chamado de "lucro econômico". Quando um negócio qualquer se insere no mercado com um produto novo e muito aprimorado antes mesmo de alguém pensar em criá-lo, atendendo a necessidades e desejos genuínos que atraem ávidos consumidores, o "lucro empresarial" resultante pode, à primeira vista, ser mensurado. Mas, quanto maior for o lucro, mais o produto atrairá suprimentos adicionais — tanto do fornecedor original quanto de competidores —, e esses altos lucros evaporarão da noite para o dia. Olhando para trás, é evidente que altos lucros agiram como um sinal para produtores, que declararam: "Ei, vejam só! As pessoas querem muito isto aqui, e cada vez mais!"

Às vezes, as pessoas torcem o nariz para grandes firmas que alcançam lucros básicos que soam demasiado vultosos. "O Walmart teve um estonteante lucro de 16 bilhões de dólares em 2014! Quanta ganância! Isso é muito dinheiro!" Esse é o discurso dos preconceituosos e mal informados. Sim, o Walmart, em 2014, obteve lucros de cerca de 16 bilhões de dólares. Mas eles foram obtidos por meio de vendas no valor de 476 bilhões de dólares, o que, no fim das contas, gera um lucro de apenas 3,4% sobre as vendas. A empresa pagou *muito* mais em impostos e salários do que ganhou em lucros. Da mesma forma, as companhias energéticas gastam muitas vezes mais com impostos diretos e indiretos sobre cada litro de gasolina, e, ainda assim, são criticadas por isso, enquanto o governo, que não assume nenhum risco e não participa em nada na produção, arrecada seus impostos e recebe elogios da esquerda por causa disso.

Na Coreia do Norte marxista há um regime que trabalha dia e noite para que ninguém obtenha lucros. Neste ano, não haverá nada parecido com um jantar de Natal na Coreia do Norte, e não por acaso.

A hostilidade em relação ao lucro, seja motivada por inveja, seja por ignorância ou demagogia, é improcedente, com a seguinte ressalva: quando o lucro é gerado por meio de ligações políticas dos donos da empresa a fim de manipular o mercado ou obter subsídios e favores especiais de políticos à custa dos outros. Caso contrário, nos livres mercados, o lucro é mais do que saudável — é indispensável para o processo de aprimoramento da vida e do progresso. Isso é o que todos almejamos quando tentamos melhorar nosso bem-estar ao melhorar o bem-estar dos outros por meio de transações pacíficas.

Lucro não é prova de comportamento suspeito. Devemos suspeitar, sim, quando são suscitados medos e acusações infundadas contra ele.

RESUMO

- O lucro obtido em mercados livres e competitivos é o alvo dos mal informados e nada informados; é prova de valor agregado, não valor subtraído.
- O lucro é um grande motivador e incentivador.
- O lucro, como é visto por muitos economistas, compõe-se por remunerações gerenciais, juros sobre capital investido e lucros "empresariais" ou "econômicos".
- Por si só, o lucro financeiro de uma firma não diz nada sobre o lucro quanto à proporção das vendas ou quanto ao retorno sobre o capital investido.

45 Robôs e informatização geram desemprego

Por Wendy R. McElroy

"RELATÓRIO SUGERE QUE APROXIMADAMENTE METADE DOS empregos nos Estados Unidos estão vulneráveis à informatização", anunciava uma manchete. O alarido de "robôs estão vindo para roubar nossos empregos!" vem reverberando por toda a América do Norte. Mas a preocupação revela nada mais que um medo — e uma incompreensão — do livre mercado.

No curto prazo, a robótica gerará algumas recolocações no mercado de trabalho; no longo prazo, padrões laborais simplesmente tendem a mudar. O uso da robótica para aumentar a produtividade ao mesmo tempo que diminui os custos funciona, basicamente, do mesmo modo que funcionaram os avanços tecnológicos no passado, como as linhas de produção. Esses avanços melhoraram a qualidade de vida de bilhões de pessoas e criaram novas formas de emprego que, na época, eram inimagináveis.

Dada essa realidade, este é o alarido que deveria ser ouvido: "Cuidado com monopólios que querem controlar a tecnologia por meio de patentes restritivas ou outros privilégios concedidos pelos governos."

Na verdade, o futuro já está aqui. O avanço tecnológico é um aspecto inerente ao livre mercado, no qual gente inovadora busca produzir mais valor com menores custos. Empreendedores estão atrás de vantagens mercadológicas. A informatização, os sistemas de controle industriais e a robótica tornaram-se parte integrante dessa busca. Muitos trabalhos manuais, como as linhas de montagem, foram sendo eliminados aos poucos e substituídos por outros, como trabalhos relacionados a tecnologia, internet e jogos eletrônicos.

No entanto, por diversas razões, os robôs passaram a figurar como vilões do desemprego. Dois motivos me vêm à mente:

> 1. *Hoje, os robôs são extremamente desenvolvidos e mais baratos.* Essas características os tornam opções cada vez mais populares. O *Banque de Luxembourg News* nos ofereceu uma fotografia desse panorama:
>
>> O custo-médio por unidade, atualmente estimado em cerca de 50 mil dólares, deve diminuir bastante com a chegada de robôs "baixo custo" ao mercado. Vale destacar o caso do "Baxter", o robô humanoide com inteligência artificial evolutiva da empresa americana Rethink Robotics, ou o "Universal 5", da empresa dinamarquesa Universal Robots, avaliados em apenas 22 mil dólares e 34 mil dólares, respectivamente.

Melhor, mais rápido e mais barato são as bases para aumentar a produtividade.

> 2. *Robôs passarão a interagir de forma mais direta com o público em geral.* A indústria de *fast-food* é um bom exemplo disso. As pessoas podem estar acostumadas a caixas eletrônicos, mas um quiosque robótico que lhes pergunte "você quer batatas fritas para acompanhar?" irá causar um burburinho, ainda que por pouco tempo.

Talvez não sejam tão transitórios os comentários de trabalhadores demitidos de redes de *fast-food*. O NBC News mostrou há pouco tempo uma greve de trabalhadores em cerca de 150 cidades, cuja principal reivindicação era um salário mínimo de 15 dólares por hora, mas eles também exigiam melhores condições laborais. Os manifestantes, ironicamente, estão acelerando o próprio desemprego ao tornarem-se mais caros e difíceis de manter.

Comparados aos humanos, é mais barato empregar robôs — parte em virtude de motivos naturais, parte por conta de intervenção governamental.

Entre os custos naturais estão treinamentos, medidas de segurança, horas extras e problemas de pessoal, como contratações, demissões, roubos no local de trabalho, entre outros.

Agora, de acordo com a *Singularity Hub*, os robôs podem também ser mais produtivos em certas funções. Eles "podem fazer um hambúrguer em dez segundos (360 por hora). Rápidos, sim, mas também superiores em qualidade. Como o restaurante fica livre para gastar suas economias em ingredientes melhores, as máquinas conseguem preparar hambúrgueres *gourmet* com preços de *fast-food*".

Entre os custos impostos pelo governo estão leis de salário mínimo e benefícios compulsórios, assim como discriminação, responsabilidade e outros processos judiciais trabalhistas. A empresa de consultoria trabalhista Workforce explicou: "Conduzir um caso desde as diligências até a decisão em um processo sumário pode chegar a custar ao empregador entre 75 mil e 125 mil dólares. Se o empregador perder o processo sumário — o que é muito frequente —, ele pode esperar gastar um total de 175 mil a 250 mil dólares para levar o caso a um júri popular."

Chegará o dia em que o trabalho humano só fará sentido para restaurantes que desejarem preservar o "toque pessoal" ou preencher um nicho de mercado.

O site de tecnologia *Motherboard* fez um comentário muito sagaz: "A nova era dos robôs operários reflete, sobretudo, uma tensão que existe desde a época em que as primeiras áreas públicas começaram a ser cercadas e anunciadas como propriedade privada por latifundiários, ou seja, entre a classe operária e os detentores do capital. O futuro da mão de obra na era robótica tem tudo a ver com o capitalismo."

Ironicamente, o site *Motherboard* chama a atenção para um crítico do capitalismo que defendia os avanços tecnológicos na produção: ninguém menos que Karl Marx. Ele chamava as máquinas de "capitais fixos". A defesa ocorre em um segmento chamado de "Fragmento sobre as Máquinas", que se encontra no original publicado (mas inacabado) *Grundrisse der Kritik der Politischen Ökonomie* [Esboços sobre a Crítica da Economia Política].

Marx acreditava que o "capital variável" (trabalhadores), dispensado pelas máquinas, ficaria livre da exploração de sua "mão de obra excedente", da diferença entre os salários e do preço de venda de um produto, que o capitalista embolsa na forma de lucro. As máquinas beneficiariam a "emancipação da mão de obra", porque os capitalistas "empregariam as pessoas com base em coisas não ligadas diretamente à produção, como, por exemplo, na construção de maquinário". A mudança nas relações revolucionaria a sociedade e aceleraria o fim do próprio capitalismo.

Deixando de lado o fato de que a ideia de "mão de obra excedente" é intelectualmente falida, a tecnologia acabaria fortalecendo o capitalismo. Mas Marx estava certo com relação a uma coisa: muitos trabalhadores foram emancipados de trabalhos repetitivos e agonizantes. Muitos temiam a tecnologia porque viam a sociedade de maneira estática. O livre mercado é o oposto. É um ecossistema de valor dinâmico e de respostas rápidas. O pioneiro da internet Vint Cerf argumenta que "historicamente, a tecnologia criou mais empregos do que os destruiu, e não há por que pensar o contrário".

A *Forbes* frisou que as taxas de desemprego nos Estados Unidos mudaram pouco nos últimos 120 anos (de 1890 a 2014), apesar dos enormes avanços na tecnologia voltada ao trabalho:

> Houve três grandes picos de desemprego, todos causados por financistas, não por engenheiros: os fracassos ferroviário e bancário no Pânico de 1893, as falências bancárias da Grande Depressão e, finalmente, a Grande Recessão de nossa era, também advinda de falências bancárias. E em todas as ocasiões, assim que os banqueiros e políticos punham a casa em ordem, empresários, engenheiros e empreendedores restauravam o crescimento e a empregabilidade.

O impulso de manter a sociedade estática é um obstáculo poderoso à restauração da empregabilidade. Como a sociedade se torna estática? A palavra-chave da resposta é "monopólio". Mas não podemos confundir as duas formas de monopólio.

Um monopólio estabelecido por inovações agressivas e excelência só continuará dominando o mercado enquanto produzir bens melhores e mais baratos do que seus concorrentes. Monopólios criados por capitalismo de compadrio, ou capitalismo de Estado, estão fundamentados em expressões de privilégio que servem aos interesses das elites. Capitalismo de compadrio é o acordo econômico no qual o sucesso da empresa depende de um relacionamento próximo com o governo, incluindo privilégios legais.

Patentes restritivas representam uma pedra fundamental para o capitalismo de compadrio, porque elas concedem o "direito" de determinada empresa excluir seus concorrentes. Muitos libertários negam a legitimidade de *qualquer* patente. Eugen von Böhm-Bawerk, liberal clássico do século XIX, rejeitava a figura das patentes. Ele as chamava de "relações clientelistas legalmente compulsórias, baseadas em um direito de venda exclusivo do fabricante": em resumo, um privilégio concedido pelo governo que violava o direito de todo homem de concorrer livremente. Críticos modernos do sistema de patentes são o economista austríaco Murray Rothbard e o advogado de propriedade intelectual Stephan Kinsella.

Indústrias farmacêuticas e tecnológicas são especialmente ávidas por patentes. A dimensão da avidez pode ser avaliada pela quantidade de dinheiro gasto por essas empresas a fim de preservar seus direitos de propriedade intelectual. Em 2011, parece que a Apple e o Google gastaram mais em compras e em processos judiciais relacionados a patentes do que em pesquisa e desenvolvimento. Um artigo do *New York Times* abordou os custos impostos às empresas de tecnologia por "especuladores de patentes" — pessoas que não produzem ou fornecem serviços baseados nas patentes que possuem, mas apenas as usam para arrecadar dinheiro por meio de taxas de licenciamento e acordos legais. "Nos Estados Unidos, custos judiciais relacionados a entidades de reconhecimento de patentes [especuladores]", afirmava o artigo, "totalizaram aproximadamente 30 bilhões de dólares em 2011, mais que o quádruplo do valor gasto em 2005". Esses e outros custos afins, como seguro contra violação de patentes, afetam a produtividade da sociedade ao gerar estagnação e impedir concorrência.

Dean Baker, codiretor do progressista Centro de Pesquisas de Políticas Econômicas, descreveu a diferença entre robôs produzidos no mercado e robôs produzidos por monopólios. Produtores privados "não ficarão ricos por via direta", porque "os robôs terão uma produção relativamente barata. Afinal de contas, podemos fazer com que robôs façam outros robôs. Se os proprietários de robôs ficarem muito ricos, será pelo fato de o governo lhes ter concedido monopólios de patentes para poderem arrecadar vultosas somas em dinheiro de quem quiser comprar ou construir um robô". O "imposto" de monopólio será aprovado para empobrecer tanto consumidores quanto empregados.

Por fim, deveríamos novamente beber da fonte de sabedoria de Joseph Schumpeter, que nos lembra que o progresso tecnológico, embora possa mudar os padrões de produção, tende a liberar recursos para novos usos, tornando a vida melhor no longo prazo. Em outras palavras, a substituição de trabalhadores por robôs é uma mera destruição criativa em ação. Assim como o automóvel veio para substituir as charretes, o robô pode substituir o chapeiro. Talvez o chapeiro migre para uma nova profissão, como a de cuidador de idosos ou de faxineiro de casas de empresários. Mas sempre há novas maneiras de criar valor.

Um aumento na utilização de robôs causará recolocações no mercado de trabalho, que, a curto prazo, podem ser dolorosas para muitos trabalhadores. Mas se as forças do mercado tiverem liberdade para atuar, o processo será temporário. E, se a história é um guia, os novos empregos exigirão habilidades que expressem melhor o que significa ser humano: comunicação, resolução de problemas, criatividade e cuidados mútuos.

[Nota do Editor: este artigo foi publicado originalmente na edição de setembro de 2014 da revista *The Freeman*, com o título de "Ludd vs Schumpeter".]

RESUMO

- O uso da robótica para aumentar a produtividade enquanto diminui os custos funciona, basicamente, da mesma forma que funcionaram os avanços tecnológicos do passado, como nas linhas de produção. Esses avanços melhoraram a qualidade de vida de bilhões de pessoas e criaram novos postos de trabalho que, na época, eram inimagináveis.

- Comparados aos humanos, é mais barato empregar robôs — em parte por motivos naturais, em parte por causa da intervenção governamental. Entre os custos naturais, incluem-se treinamentos, medidas de segurança, horas extras e problemas de pessoal, como contratações, demissões e roubos no ambiente de trabalho. Custos não naturais e não relacionados ao mercado têm suas raízes no compadrio conferido por governantes.

- Um aumento no uso de robôs gerará recolocações no mercado de trabalho, o que será doloroso para muitos trabalhadores num primeiro momento. Mas, se as forças do mercado puderem atuar, o período de recolocação será temporário.

46 Disparidades estatísticas entre raças provam a discriminação

Por Walter E. Williams

GEORGE ORWELL NOS ALERTOU: "ÀS VEZES, O PRIMEIRO DEVER de homens inteligentes é o de reafirmar o óbvio." É isso que quero fazer — falar a respeito do óbvio.

Professores de Direito, tribunais e cientistas sociais há muito tempo sustentam que as imensas disparidades estatísticas entre raças servem de prova para padrões e práticas discriminatórias. Por trás dessa visão está a noção de que, se não fosse pela discriminação, estaríamos, proporcionalmente, distribuídos por raça em todas as características socioeconômicas, como renda, educação, profissões, entre outros.

Não há evidência em nenhuma parte do mundo ou de qualquer época na história da humanidade que demonstre que, se não fosse pela discriminação, haveria representações proporcionais e ausência de imensas disparidades estatísticas por raça, sexo, nacionalidade ou qualquer outra característica humana. Todavia, grande parte de nossos pensamentos, leis, litígios e políticas públicas baseia-se na proporcionalidade como norma. Vamos reconhecer algumas imensas disparidades e decidir se elas representam o que advogados e juízes chamam de "padrões e práticas discriminatórias", ao mesmo tempo que pensamos sobre quais medidas corretivas poderiam ser tomadas.

Os judeus não são nem 1% da população mundial e somam meros 3% da população estadunidense, mas representam 20% dos vencedores do Prêmio Nobel no mundo e 39% dos laureados norte-americanos. Essa é uma imensa disparidade estatística. O comitê do Prêmio Nobel está agindo com discriminação em prol dos judeus, ou os judeus estão engajados em uma conspiração educacional contra o restante da humanidade? A propósito, durante a República de Weimar, na Alemanha, os judeus eram apenas 1% da população alemã, mas representavam 10% dos médicos e dentistas do país, 17% dos advogados e grande percentual da comunidade científica. Judeus venceram 27% dos Prêmios Nobel conquistados pelos alemães.

A Associação Nacional de Basquete dos Estados Unidos, em 2011, tinha quase 80% de jogadores negros e 17% de brancos. Mas se você acha essa disparidade desconcertante, saiba que os asiáticos eram apenas 1%. Para agravar ainda mais essa disparidade racial, os jogadores da NBA mais bem pagos são negros, e os negros ganharam 45 das 57 premiações de Jogador Mais Valioso. Tamanha disparidade funciona ao contrário na Liga Nacional de Hóquei, onde menos de 3% dos jogadores são negros. Negros representam 66% dos jogadores de futebol da NFL e da AFL. Entre os 34% de outros jogadores, não há nenhum jogador japonês. Mas não há com que se preocupar, pois, de acordo com o *Japan Times Online* (17 de janeiro de 2012), "o olheiro do Dallas Cowboys, Larry Dixon, acredita que, como o mundo está ficando menor por causa da globalização, algum dia haverá um jogador japonês na Liga Nacional de Futebol Americano (NFL) — embora ele não saiba precisar quando".

Apesar de ter caído o número de jogadores profissionais de beisebol negros, de 18% há duas décadas para 8,8% nos dias atuais, há enormes disparidades em conquistas. Quatro entre seis dos maiores pontuadores são negros, e um entre cada oito jogadores que percorreram mais de cem bases em uma temporada era negro. Negros que descendem da África Ocidental, incluindo negros americanos, detêm mais de 95% dos melhores tempos em corridas de velocidade.

Como explicar tamanhas disparidades nos esportes? Será que eles merecem a atenção dos tribunais?

Existem outras disparidades que podem incomodar o pessoal da diversidade. Por exemplo, é muito comum asiáticos tirarem as maiores notas em exames de admissão à universidade, enquanto negros obtêm as mais baixas.

Também há disparidades implacáveis de origem racial/étnica. O câncer de colo do útero tem uma taxa de incidência cinco vezes maior entre mulheres vietnamita-americanas do que entre mulheres caucasianas. As taxas de câncer no fígado entre as populações chinesa, filipina, japonesa, coreana e vietnamita são de duas a 11 vezes maiores do que entre os povos caucasianos. A doença de Tay-Sachs é muito rara entre povos que não os judeus asquenazes (de ascendência europeia) e os cajun, do sul da Louisiana. Os indígenas Pima, do Arizona, possuem as taxas mais elevadas de diabetes no mundo. Câncer de próstata é quase duas vezes mais comum entre homens negros do que entre homens brancos.

Depois, temos a questão da segregação. A seção "Room for Debate" [Espaço para o Debate] do *New York Times* de 21 de maio de 2012 começava assim: "Jim Crow morreu, a segregação continua viva. Está na hora de retomar o *busing*?*" O Projeto de Direitos Civis da Universidade de Harvard declarou, em janeiro de 2003, que as escolas não apenas são racialmente segregadas, mas estão aumentando cada vez mais essa discriminação, acrescentando que "as metas dos Direitos Civis não foram alcançadas. O país tem retrocedido cada vez mais em direção à segregação, em todos os cantos da nação, há mais de uma década". Seis anos depois, o Projeto de Direitos Civis da UCLA emitiu um relatório em que afirmava que "as escolas nos Estados Unidos estão mais segregadas hoje do que há mais de quatro décadas".

Vamos dar uma olhada na segregação. Uma observação informal de jogos de hóquei no gelo sugere que a presença de negros está longe de ser proporcional ao número total da população afrodescendente. Uma observação semelhante pode ser feita quanto à presença de negros em óperas, apresentações de hipismo e provas de vinhos. Dados demográficos dos estados de Dakota do Sul, Iowa, Maine, Montana, Wyoming e Vermont mostram que nem 1% de suas populações é de negros. Por outro lado, em estados como Geórgia, Alabama e Mississipi, a população geral de afrodescendentes é muito superior em termos percentuais.

Negros são um pouco mais de 50% da população da capital Washington, D.C. A área de Washington, D.C. é servida pelo Aeroporto Nacional Reagan. Como em outros aeroportos, lá existem bebedouros. Em nenhum momento, o presente autor observou uma situação em que os negros representassem 50% dos usuários dos bebedouros. Isso é só um palpite, mas estimo que, em um dia

---

* N. do T.: sistema que foi introduzido para levar, de ônibus (*bus*), crianças de uma vizinhança com predominância de um determinado grupo étnico para escolas de outras vizinhanças, gerando uma espécie de intercâmbio. Esse sistema começou após uma decisão da Suprema Corte Americana de que era ilegal a segregação da educação, o que gerava disparidade de oportunidades entre as crianças.

qualquer, não mais de 10% ou 15% das pessoas que utilizam bebedouros sejam negras. Alguém sugeriria que os bebedouros do Aeroporto Nacional Reagan são racialmente segregados? Poderíamos declarar que Dakota do Sul, Iowa, Maine, Montana, Wyoming e Vermont são racialmente segregados? Jogos de hóquei no gelo, óperas, apresentações de hipismo e provas de vinho são racialmente segregados? Além disso, será que alguém iria propor retomar o *busing* de negros para Dakota do Sul, Iowa, Maine, Montana e Wyoming, e de brancos daqueles estados para Geórgia, Alabama e Mississipi, tudo em prol do equilíbrio racial? Qual medida corretiva poderia ser tomada para alcançar integração racial nos jogos de hóquei no gelo, óperas, apresentações de hipismo e provas de vinho?

Um pouco de reflexão demonstra que as pessoas dão ao termo "segregação racial" um significado para bebedouros, óperas e jogos de hóquei no gelo, e outro significado completamente diferente para escolas. O teste sensato para determinar se os bebedouros do Aeroporto Nacional Reagan são segregados é ver se um negro é livre para beber água neles. Se a resposta for afirmativa, os bebedouros não são racialmente segregados, mesmo que nenhum negro beba deles. O mesmo teste deveria ser usado para escolas. Para ser mais específico, considerando que um aluno negro more em determinado distrito escolar, ele é livre para frequentar uma escola da região? Em caso afirmativo, a escola não é segregada, mesmo que nenhum negro a frequente. Hoje em dia, quando uma atividade não é racialmente misturada, um termo melhor é "racialmente homogênea", que não significa segregada no sentido histórico do termo.

Espero que as pessoas que dizem que as escolas são segregadas não façam as mesmas alegações quanto a bebedouros, estados, óperas e jogos de hóquei no gelo.

[Nota do Editor: este artigo foi publicado originalmente em novembro de 2012 sob o título "Diversity, Ignorance and Stupidity", na revista *Freeman*.]

RESUMO

- Não há evidência em nenhum lugar do mundo ou de qualquer época na história da humanidade que demonstre que, se não fosse a discriminação, haveria representatividade proporcional e ausência de enormes disparidades estatísticas em virtude de raça, sexo, nacionalidade ou qualquer outra característica humana.

- Uma observação informal de jogos de hóquei no gelo sugere que a presença de negros está longe de ser proporcional ao número da população geral de afrodescendentes, mas não há evidência de "discriminação".

47 A solução para a explosão demográfica é o controle populacional

Por Walter E. Williams

DE ACORDO COM UM ARTIGO DA *AMERICAN DREAM*, "AL GORE, Agenda 21 e Controle Populacional", somos muito numerosos, e isso tem impacto negativo sobre o planeta. Eis o que o Fundo de População das Nações Unidas disse em seu *Relatório Anual sobre a Situação da População Mundial* de 2009, "Enfrentando um mundo em transição: mulheres, população e clima": "Cada nascimento resulta não só em emissões imputáveis àquela pessoa durante sua vida como também em emissões de todos os seus descendentes. Portanto, as reduções nas emissões em virtude de gravidezes planejadas ou intencionais multiplicam-se com o tempo. (...) Nenhum humano é, de fato, 'neutro em carbono', principalmente porque todos os gases de efeito estufa figuram na equação. Por conseguinte, todos fazem parte do problema, então todos devem, a seu modo, fazer parte da solução. (...) Intensos programas de planejamento familiar são de interesse de todos os países preocupados com os gases de efeito estufa, assim como as preocupações mais amplas quanto ao bem-estar de todos."

Thomas Friedman concorda em sua coluna no *New York Times*, "The Earth is Full" [A Terra Está Cheia], de 8 de junho de 2008, na qual diz: "Crescimento populacional e aquecimento global forçam a elevação dos preços dos alimentos, o que resulta em instabilidade política, que resulta em preços mais altos dos derivados do petróleo, que resulta em preços mais elevados dos alimentos, e assim vai, num eterno círculo vicioso."

Em seu artigo "What Nobody Wants to Hear, But Everyone Needs to Know" [O que Ninguém Quer Ouvir, mas Todos Precisam Saber], o professor de biologia da Universidade do Texas, em Austin, Eric R. Pianka, escreveu: "Não desejo nenhum mal a quem quer que seja. No entanto, estou convencido de que o mundo, incluindo toda a humanidade, ESTARIA muito melhor se não houvesse tantos de nós."

Contudo, não existe nenhuma relação entre populações numerosas, desastres e pobreza. Talvez os defensores do controle populacional considerem a mísera densidade demográfica de 34 pessoas por quilômetro quadrado da República Democrática do Congo como sendo ideal, enquanto as mais de 6 mil pessoas por quilômetro quadrado de Hong Kong como algo problemático. No entanto, os cidadãos de Hong Kong desfrutam de uma renda *per capita* de 43 mil dólares, enquanto a renda *per capita* dos habitantes da República Democrática do Congo, um dos países mais pobres do mundo, é de trezentos dólares. Isso não é uma anomalia. Alguns dos países mais pobres do mundo possuem as menores densidades demográficas.

O planeta Terra está cheio de espaço. Poderíamos fazer a população do mundo inteiro caber apenas no território dos Estados Unidos, gerando uma densidade demográfica de cerca de 660 pessoas por quilômetro quadrado. Isso é muito menos do que o que existe hoje nas maiores cidades americanas. Toda a população dos Estados Unidos poderia se mudar para o Texas, e cada família com quatro pessoas poderia ter uma propriedade com quase 10 mil metros quadrados. Da mesma forma, se toda a população mundial fosse para os estados do Texas, Califórnia, Colorado e Pensilvânia, cada família com quatro pessoas desfrutaria de pouco menos que os 10 mil metros quadrados do exemplo anterior. Ninguém aqui está sugerindo que a população mundial se mude para os Estados Unidos ou que toda a população dos Estados Unidos se mude para o Texas. Citei esses números para ajudar a colocar a questão em perspectiva.

Vejamos algumas outras evidências relacionadas à densidade populacional. Antes do colapso da União Soviética, a Alemanha Ocidental tinha uma densidade demográfica maior que a da Alemanha Oriental. O mesmo acontece com a Coreia do Sul *versus* Coreia do Norte; Taiwan, Hong Kong e Singapura *versus* China; Estados Unidos *versus* União Soviética; Japão *versus* Índia. Apesar da maior população, Alemanha Ocidental, Coreia do Sul, Taiwan, Hong Kong, Singapura, Estados Unidos e Japão experimentaram um crescimento econômico muito mais expressivo, melhores padrões de vida e maior acesso a recursos do que seus congêneres de menor densidade demográfica. A propósito, o setor agrícola de Hong Kong é virtualmente inexistente, mas seus cidadãos comem muito bem.

Você deve estar se perguntando por que alguém dá ouvidos aos alarmistas de plantão que, toda hora, erram em suas previsões — não por pouco, mas por muito. O professor Paul Ehrlich, autor do *best-seller* de 1968 *The Population Bomb*, previu grande escassez de alimentos nos Estados Unidos, e que: "[Lá] pelos anos 1970, (...) centenas de milhões de pessoas morrerão de fome". Ehrlich estimou a fome de 65 milhões de americanos entre 1980 e 1989, e que a população dos Estados Unidos cairia para 22,6 milhões de pessoas em 1999. Ele viu a Inglaterra em dificuldades ainda maiores: "Se eu pudesse, apostaria que a Inglaterra não mais existirá no ano 2000."

Pode ter certeza de que a pobreza em nações subdesenvolvidas está diretamente ligada ao fato de que seus líderes dão muita atenção aos conselhos de "especialistas" ocidentais. O economista sueco, vencedor do Prêmio Nobel, Gunnar Myrdal disse em 1956: "Os conselheiros especiais de países subdesenvolvidos que dedicaram tempo e esforços para se familiarizar com o problema (...) todos recomendam planejamento central como primeira condição para o progresso." Em 1957, Paul A. Baran, economista da Universidade de Stanford, aconselhou: "A implantação de uma economia socialista planejada é condição essencial, se não indispensável, para a concretização do progresso econômico e social em países subdesenvolvidos."

Para completar esse cenário de péssimos conselhos, os países subdesenvolvidos enviaram suas cabeças mais brilhantes para a Faculdade de Economia de Londres, Berkeley, Harvard e Yale para aprender baboseiras socialistas sobre crescimento econômico. Paul Samuelson, economista ganhador do Prêmio Nobel, ensinou-lhes que os países subdesenvolvidos "não conseguem pôr a cabeça para fora da água porque sua produção é tão baixa que não têm como poupar nada para a formação de capital, pela qual o padrão de vida poderia ser elevado". O economista Ranger Nurkse descreve o "círculo vicioso da pobreza" como a causa básica do subdesenvolvimento dos países pobres. Segundo ele, um país é pobre porque é pobre. Logo de cara, essa teoria é ridícula. Se ela tivesse validade, a humanidade inteira ainda viveria nas cavernas, porque todos nós já fomos desfavorecidos algum dia e não se pode fugir da pobreza.

Os partidários do controle populacional têm uma visão malthusiana de mundo, que vê o crescimento populacional ultrapassando os meios que as pessoas têm de cuidar de si mesmas. A engenhosidade da humanidade provou que o malthusianismo está totalmente enganado. Por isso que aumentamos a cada dia a produção de alimentos com cada vez menos terra. A energia para produzir alimentos, por dólar do PIB, encontra-se em constante declínio. Estamos obtendo mais com menos, e isso se aplica à maioria dos outros insumos que usamos como bens e serviços.

Reflita sobre a seguinte pergunta: Por que a humanidade, hoje em dia, goza de celulares, computadores e aviões, mas não tinha nada disso quando o rei Luís XIV estava vivo? Afinal, os recursos materiais necessários para fazer celulares, computadores e aviões sempre existiram, mesmo quando os homens das cavernas vagavam pelo planeta. Há apenas um motivo por que desfrutamos desses bens hoje e não em tempos passados. Isso se dá em virtude do crescimento de vários aspectos humanos, como conhecimento, criatividade, especialização e negociações — associados com a liberdade pessoal e o direito à propriedade privada — que levaram à industrialização e às melhorias. Em outras palavras, os seres humanos são recursos valiosíssimos.

Os ditos problemas decorrentes da explosão demográfica resultam de práticas estatais socialistas que reduzem a capacidade das pessoas de se educar, vestir, abrigar e alimentar. Nações subdesenvolvidas estão repletas de controles agrícolas, restrições a exportações e importações, licenciamentos restritivos, controles de preço, sem falar nas intensas violações aos direitos humanos, que incentivam a parcela mais produtiva da população a emigrar e sufocam a produtividade daqueles que por lá permanecem. A verdadeira lição para combater a pobreza nas nações mais pobres é que a saída mais promissora para se alcançar grandes riquezas baseia-se na liberdade pessoal e seu principal ingrediente: governo limitado.

[Nota do Editor: este ensaio foi publicado originalmente em novembro de 2011 sob o título "Population Control Nonsense", na revista *The Freeman*.]

RESUMO

- Não há relação entre grandes populações, desastres e pobreza.

- Pode ter certeza de que a pobreza em nações subdesenvolvidas está diretamente ligada ao fato de que seus líderes dão muita atenção aos conselhos de "especialistas" ocidentais, que defendem "soluções" repressivas, redistributivas e contrárias à propriedade privada.

- Os ditos problemas decorrentes da explosão demográfica resultam de práticas estatais socialistas que reduzem a capacidade das pessoas de se educar, vestir, abrigar e alimentar.

48 Países com escassez de recursos precisam de um planejamento central para se desenvolver

Por **Lawrence W. Reed**

"Países bem cultivados não são os férteis, mas os livres."
Charles de Montesquieu

TRÊS VIVAS PARA HONG KONG, AQUELE MINÚSCULO PEDAÇO DE terra no Sudeste da China. Pelo vigésimo ano consecutivo, o Índice de Liberdade Econômica — compilado pelo *Wall Street Journal* e pela Heritage Foundation — coloca Hong Kong (HK) como a economia mais livre do mundo. Seu sucesso é um constrangimento intelectual para a ideologia progressista.

Embora faça parte do território chinês desde que o Reino Unido cedeu a região em 1997, HK é governada pelas regras locais no dia a dia. Até agora, a China tem se mantido razoavelmente fiel à promessa de deixar em paz a economia de HK. O que a torna tão livre é música para os ouvidos de todos que amam a liberdade: pouquíssima corrupção. Um judiciário independente e eficiente. Respeito pelo Estado de Direito e pelo direito à propriedade. Um sistema fiscal descomplicado, com taxas reduzidas tanto para indivíduos quanto para empresas, e uma carga tributária global de meros 14% do PIB (metade dos encargos nos Estados Unidos). Nenhum imposto sobre ganhos de capital ou receitas de juros, nem mesmo sobre rendimentos advindos do exterior. Não há impostos sobre vendas nem IVA.* Quase nenhuma regulação. Não há

---

* N. do T.: VAT, em inglês, ou IVA, em português, é o imposto sobre valor agregado, muito comum em países desenvolvidos. No Brasil, esse imposto é subdividido em dezenas de outros tributos das esferas federal, estadual e municipal.

déficit orçamentário no governo, e a dívida pública é quase inexistente. Ah, e não se esqueça de que a média de tributos de importação e exportação é quase zero. Isso mesmo — *zero*!

Esse último ranking do relatório WSJ/Heritage confirma o que o Instituto Fraser do Canadá descobriu em seu último Índice Mundial de Liberdade Econômica, que também classificou HK como a região mais livre do mundo. O Banco Mundial avalia a "facilidade de fazer negócios" em HK quase como a melhor do planeta.

Dizer que uma economia é "a mais livre" é o mesmo que dizer que ela é "a mais capitalista". Capitalismo é o que acontece quando você deixa em paz um povo pacífico. Não há por que existir um estratagema elaborado, artificial e intricado, engendrado por planejadores centrais catedráticos que vivem isolados em suas torres de marfim. Mas se fôssemos acreditar nos críticos do capitalismo, HK seria também um verdadeiro antro de ganância, pobreza, exploração e desespero.

Nada disso. Nem perto.

Talvez por isso a esquerda não goste de falar sobre Hong Kong: não é apenas a economia mais livre, mas também uma das mais ricas. A renda *per capita* de lá, por volta de 264% maior que a média mundial, mais que duplicou nos últimos 15 anos. As pessoas não fogem de HK; elas migram para lá. No fim da Segunda Guerra Mundial, a população era composta por cerca de 750 mil habitantes. Hoje, é quase dez vezes isso, com mais de 7,1 milhões de pessoas.

A notícia de que a economia de HK foi mais uma vez classificada como a mais livre do mundo é um evento para celebrar o homem que foi o maior responsável por essa conquista perene. O nome de sir John James Cowperthwaite (1915-2006) deveria ocupar para sempre as prateleiras do panteão de grandes personalidades. Nós, geralmente, apenas escrevemos sobre ideias de liberdade e livre empreendimento. Esse homem, de fato, transformou ideias em políticas públicas para milhões de pessoas.

Milton Friedman explicou, em 1997, em um tributo a Cowperthwaite, quão notável é o legado econômico desse senhor: "Compare o Reino Unido — berço da Revolução Industrial, superpotência econômica do século XIX, sobre cujo império o sol nunca deixa de brilhar — a Hong Kong, um trechinho de terra superpovoado, sem nenhum recurso, a não ser por uma grande área portuária. Mesmo assim, em quatro décadas, os habitantes desse trechinho superpovoado de terra atingiram uma renda um terço maior do que a dos residentes de sua antiga pátria-mãe."

Escocês de nascimento, Cowperthwaite frequentou o Merchiston Castle School, em Edimburgo, e depois cursou Estudos Clássicos na Universidade de St. Andrews e na Christ's College, em Cambridge. Ele serviu na missão do Serviço Administrativo para as Colônias Britânicas em HK no início dos anos 1940. Após a guerra, pediram-lhe que elaborasse um plano para o governo estimular o crescimento econômico. Para seu crédito, Cowperthwaite manteve os olhos abertos e percebeu que a economia já estava se recuperando muito bem sem a orientação do governo. Então, enquanto a pátria-mãe lançava-se em uma direção socialista sob o comando de Clement Attlee, Cowperthwaite tornou-se defensor do que chamou de "não intervencionismo positivo" em HK. Mais tarde, então como secretário da Fazenda da colônia de 1961 a 1971, passou a administrá-la pessoalmente.

"Considerando a vastidão de nossa economia, o melhor caminho ainda é confiar na 'mão invisível' do século XIX do que embrenhar os dedos desastrados da burocracia em seu mecanismo sensível", declarou Cowperthwaite em 1962. "Em especial, não podemos nos dar ao luxo de danificar seu motor fundamental: a liberdade de concorrência entre as empresas." Ele não era fã de protecionismo ou subsídios, mesmo para as indústrias novas, também chamadas de "indústrias infantes": "Uma indústria infante, se for mimada, tende a permanecer uma indústria infante que jamais cresce ou se expande." Sua firme crença era: "No longo prazo, o conjunto das decisões de empresários individuais exercendo escolhas individuais em uma economia livre, mesmo que com frequentes equívocos, tem mais chances de cometer menos danos do que se as decisões forem centralizadas em um governo; e, certamente, o dano será combatido com mais rapidez e agilidade."

Desde os tempos de John Maynard Keynes, a economia tem sido perseguida pela noção de que a ação humana deveria ser condensada em números, que, por sua vez, tornam-se um "conhecimento falso" para os defensores do planejamento central. Em muitos cursos universitários de economia, é difícil dizer quando acaba a matemática e quando começa a economia de verdade. Para Cowperthwaite, a busca do planejador por estatísticas era uma maldição. Portanto, ele se recusou a compilá-las. Quando Friedman lhe perguntou, em 1963, sobre a "escassez de estatísticas", Cowperthwaite respondeu: "Se eu os deixasse computar essas estatísticas, eles as usariam para criar um planejamento."

Se isso lhe parece estranhamente atrasado ou arcaico, permita-me lembrá-lo de que os maiores fracassos econômicos do século passado foram causados tanto por conta de planejamentos centralizados quanto pela obsessão por números. Ministérios inteiros dedicavam-se à compilação desses números, porque dados, ainda que de má qualidade, davam aos planejadores a ilusão do controle. Mas não em Hong Kong!

Estatísticas, não importa quão precisas ou volumosas elas sejam, não substituem princípios sólidos. Impulsionados por abundantes princípios sob a batuta de Cowperthwaite, a economia de HK deslanchou durante seu comando. Num artigo de novembro de 2008 na *Freeman*, Andrew P. Morriss salientou que na década em que o escocês foi secretário da Fazenda, "salários reais aumentaram em 50%, e a parte da população em extrema pobreza caiu de 50% para 15%". É difícil contestar o sucesso. Depois que Cowperthwaite se aposentou em 1971, sucessores com princípios não tão claros dedicaram-se a gastar com bem-estar social, mas financiaram tais programas por meio de vendas de terras, sem aumentar os impostos. A carga tributária, até hoje, está do mesmo jeito que Cowperthwaite a deixou.

[Nota do Editor: a versão original deste artigo apareceu na revista da FEE, *The Freeman*, sob o título "The Man Behind the Hong Kong Miracle", em fevereiro de 2014.]

RESUMO

- Hong Kong, um pedacinho de terra com poucos recursos, mas com muita liberdade econômica, mostra que a liberdade faz milagres na hora de garantir o progresso, mesmo que os recursos sejam escassos.

- Os maiores fracassos econômicos do século passado foram causados tanto por planejamento central quanto pela obsessão por números — apesar da riqueza de recursos.

49 As pessoas amam a história de Robin Hood porque ele tirava dos ricos para dar aos pobres

Por B. K. Marcus

"Somos filhos desses servos, desses afluentes, desses burgueses que os conquistadores devoraram a bel-prazer; devemos a eles tudo o que somos."

Augustin Thierry

UMA CARRUAGEM É PARADA NA ESTRADA PARA NOTTINGHAM. Os nobres, lá de dentro, espiam pelas cortinas e veem bandidos por todos os lados. Eles observam os rostos imundos e hostis dos homens da floresta para ver se reconhecem o famoso fora da lei, o protetor e vingador dos pobres e oprimidos, o arauto da justiça social armada, a personificação do conflito de classes: Robin Hood.

Gerações cresceram com um ideal heroico de roubar dos ricos para dar aos pobres. A pontaria precisa de Robin Hood com o arco e sua extrema habilidade com a espada tornaram-no popular entre as crianças, e sua consciência social o enaltece perante os pais.

Somente aqueles mais atentos a uma mensagem aparentemente "de esquerda" da lenda é que são a exceção. Socialistas, é claro, exaltam a figura de Robin Hood como herói da classe inferior e um precursor medieval para a moderna teoria classista de Marx.

Como Robin Hood é uma figura heroica centenária do folclore, e não uma personagem histórica, cada geração foi capaz de reinterpretar a lenda para adequá-la a sua agenda. Foi só no século XIX, por exemplo, que Robin Hood corrigiu seu *modus operandi* para incluir o "dar aos pobres". Mas se olharmos para a época em que sua lenda "tornou-se realmente popular", de acordo com o historiador Simon Schama, veremos que o conflito de classes não se encaixa bem na teoria marxista. No entanto, ele se encaixa na mais antiga, e hoje praticamente esquecida, teoria libertária de classes dos liberais clássicos franceses e americanos.

A história de Robin Hood mais comum nos dias de hoje é ambientada no fim do século XII, enquanto o rei Ricardo Coração de Leão está ausente, lutando nas Cruzadas, mas nossos registros escritos mais antigos da lenda aparecem cerca de duzentos anos depois, em uma época de mudanças drásticas nas vidas de ricos e pobres — e na relação entre os dois grupos.

A peste negra, que chegou ao litoral inglês em 1348, matou quase metade da população em 1350. Os sobreviventes, naturalmente, ficaram devastados. Não perderam apenas amigos e familiares, perderam todo e qualquer sentido de ordem no mundo. A Idade Média foi marcada por uma crença na perenidade e na previsibilidade. Para os plebeus, que compunham mais de 90% da população britânica, os detalhes da vida de um indivíduo eram muito semelhantes aos de seus avós, e a perspectiva era a de que o mesmo transcorresse na vida de seus netos. Então, tudo mudou.

A população foi drasticamente reduzida — em especial a classe trabalhadora —, mas havia o mesmo tanto de ouro, o mesmo tanto de terras produtivas e o mesmo tanto de construções e outros artefatos da Inglaterra pré-praga. Em suma, havia a mesma quantidade de riqueza na Inglaterra pré e pós-praga, porém, apenas metade do povo estava lá para declarar posse desse patrimônio.

Com menos camponeses para arar o solo, os senhorios tinham que competir para atrair a mão de obra sobrevivente. Após muitas gerações sobre os mesmos pedaços de terra, trabalhadores rurais saudáveis, de repente, começaram a cortar suas raízes e a mudar-se para onde pudessem encontrar melhores oportunidades. As forças do mercado melhoraram demais as vidas dos trabalhadores — e os nobres que não tinham como pagar por seus serviços não gostaram nada disso.

Como ocorre em todas as épocas de mudanças drásticas, os ultrapassados na economia apelaram ao poder coercitivo do Estado para que pudessem voltar aos tempos de seu *status quo ante,* mais confortável.

O Estatuto Inglês dos Trabalhadores (1351) proibiu que camponeses aceitassem salários que fossem mais altos que os praticados antes da praga. Nesse meio-tempo, os preços dos alimentos dispararam, como era de se esperar diante da duplicação da oferta de dinheiro em relação à oferta de alimentos.

Os pobres, forçados a suportar fome e escassez, viam com cada vez mais clareza que a fonte de seu sofrimento não eram apenas as doenças ou o clima ruim, havia uma classe política ficando mais rica à custa da mão de obra camponesa.

E se a peste negra destruiu a crença dos sobreviventes na segurança de uma vida imutável, ela também os levou a questionar a ideologia vigente do feudalismo. A doutrina da Grande Cadeia do Ser, que dava sanção divina à posição de superioridade da aristocracia na sociedade e na economia, de repente parecia tão incerta quanto todo o resto.

Receita infalível para a revolução: um povo oprimido com um inimigo claro e uma crença na realidade da transformação.

Em 1381, em resposta a um novo imposto pago por cabeça para financiar guerras no estrangeiro, milhares de camponeses pegaram em armas e avançaram até Londres. O levante é lembrado como a Revolta Camponesa da Inglaterra, mas, como observa Schama em *A History of Britain*: "A Revolta Camponesa de 1381, na verdade, chamou atenção pela ausência de camponeses".

A frente de batalha pode ter sido composta pelas baixas camadas sociais, mas os líderes da revolta eram comerciantes e advogados:

> (...) pessoas que, na verdade, (...) tinham um pouco de dinheiro e, às vezes, até certo acesso à leitura. Suas transações as colocavam em contato com mundos além de suas paróquias, e elas sabiam como formar um exército com aqueles que estavam um degrau abaixo na escada social. (*A History of Britain*, vol. 1, p. 246)

No documentário da BBC baseado em seu livro, Schama pergunta e responde uma indagação fundamental para que possamos compreender a época e a cultura que produziu a lenda de Robin Hood: "Quer dizer que essa foi uma guerra de classes (uma expressão que não temos o direito de usar desde o enterro oficial do marxismo)? Sim, foi."

Mas foi mesmo? Schama esclarece que a teoria de classes que ele tem em mente é marxista, e Marx torna inegável que o conflito original é entre as classes socioeconômicas — especificamente, entre ricos e pobres —, independente de qual sistema tenha levado à criação e distribuição da riqueza.

O Manifesto Comunista abre com as seguintes palavras:

A história de todas as sociedades até hoje existentes é a história das lutas de classes. Homem livre e escravo, patrício e plebeu, senhor feudal e servo, mestre de corporação e companheiro, em resumo, opressores e oprimidos (...)

No artigo "Classical Liberal Roots of the Marxist Doctrine of Classes", o historiador Ralph Raico escreve: "Diante de uma análise mais aprofundada, esses pares de opostos revelam-se, no todo ou em parte, categorias não econômicas, mas legais." (Isto é, categorias criadas por privilégios *políticos*.)

Não só podemos ver que a Revolta Camponesa foi uma batalha entre a classe produtiva dos plebeus e a classe política, em particular, que exauria a produção daqueles; essa divisão de lados também estava clara para os próprios rebeldes:

"Essas pessoas não tinham nada de ralé", escreve Schama:

> A caminho [de Londres], os alvos deles foram cuidadosamente selecionados: terras que pertenciam a coletores de impostos ou membros importantes do conselho real. (...) Qualquer documento de propriedade que portasse o selo verde da Fazenda Pública era assinalado para que pudessem destruí-la depois. Era um exército que sabia o que estava fazendo.

Se a Revolta Camponesa tivesse sido uma guerra no sentido marxista, veríamos os chamados camponeses mirando riquezas em geral. Em vez disso, vemos uma rebelião comandada por uma burguesia emergente que tinha como alvo a máquina opressiva do Estado.

Contudo, Marx não foi quem deu origem à teoria de classes, e ela não é a única versão da guerra de classes que pode descrever os eventos de 1381. Como Marx escreveu em uma carta: "Muito antes de mim, historiadores burgueses descreveram os acontecimentos históricos dessa luta de classes, e economistas burgueses, a anatomia econômica das classes."

Os "historiadores burgueses" eram liberais clássicos franceses e americanos: Charles Comte, Charles Dunoyer, Augustin Thierry e outros discípulos de Jean-Baptiste Say, na França, e John Taylor of Caroline, William Leggett, John C. Calhoun e outros jeffersonianos, nos Estados Unidos. E a teoria deles, ao contrário da revisão de Marx, dividia o povo em uma classe econômica produtiva e uma classe política parasita: pagadores de impostos e consumidores de impostos. Historicamente, essas classes correlacionavam-se (não por coincidência) com os pobres oprimidos e os ricos opressores, mas a teoria de classes liberal não tratava a distribuição de riqueza como *fonte* de conflitos inevitáveis; a divisão histórica entre ricos e pobres aconteceu, na verdade, em decorrência da exploração arbitrária imposta pela classe política sobre a classe produtiva, que buscava realizar transações voluntárias em um livre mercado.

Nós, defensores de tais transações voluntárias, quase sempre resistimos à moralidade "roubar dos ricos" de Robin Hood, assim como resistimos a qualquer conversa fiada sobre conflitos de interesse fundamentais entre diversas classes. Mas os alvos de Robin Hood e seus amigos — como os alvos da Revolta Camponesa — eram ricos por conta de saques, não por produtividade.

Do mesmo modo que os liberais radicais do século XIX, os rebeldes "camponeses" do século XIV — quando as façanhas de Robin Hood estimularam a imaginação de um povo oprimido — reconheceram que seus inimigos eram os coletores de impostos, legisladores e todos os demais membros da classe política.

Nossa tradição intelectual não só oferece uma teoria de classes mais antiga, mais sólida e com maior potencial esclarecedor do que a teoria marxista, mais conhecida atualmente; ela também permite que nos unamos aos rebeldes ingleses, adotando Robin Hood como um herói da classe produtiva.

[Nota do Editor: a versão original deste ensaio apareceu na revista da FEE, *The Freeman*, em junho de 2014.]

RESUMO

- Gerações cresceram com um ideal heroico de Robin Hood roubando dos ricos para dar aos pobres, mas isso aconteceu no século XIX, quando o *modus operandi* dele foi modificado para incluir a parte de "dar aos pobres".

- As forças do mercado, emergentes com a queda do feudalismo no fim da Idade Média, melhoraram muito a vida dos trabalhadores — e os nobres, que deixaram de usufruir de seus serviços em virtude de guerras salariais, não gostaram nada disso.

- Os alvos de Robin Hood e seus amigos eram ricos por conta de saques, não de produtividade.

50 Capitalistas gananciosos tiram vantagem de pessoas em desastres naturais; controle de preço é a resposta

Por **Donald J. Boudreaux**

A CONSEQUÊNCIA IMEDIATA E INEVITÁVEL APÓS UM DESASTRE natural é a alta de preços de produtos básicos, como lenha, pilhas, combustível e água potável. Igualmente inevitáveis são as críticas veementes a essa elevação de preços, considerada injusta e imperdoável.

Esses aumentos nos preços são identificados com o nome irônico de "preços oportunistas". E mesmo aqueles que costumam apoiar o mercado acabam por chamá-los de ilegais. Um exemplo recente é o do colunista Swaminathan Aiyar, do *Times of India*, que se descreve como um liberal. Em sua coluna de 9 de janeiro de 2005, Aiyar condenou as subidas dos preços após os devastadores tsunamis que atingiram a Ásia em 2004, referindo-se a elas como uma tragédia adicional imposta às vítimas, já em estado de penúria.

Essa interpretação do aumento de preços é tão infeliz quanto equivocada. Vamos recapitular alguns conceitos básicos de economia sobre "preços oportunistas". Preços não são definidos de maneira arbitrária. Eles são o que são por inúmeras razões. Essas razões são resumidas por duas palavras: "oferta" e "demanda". Preços refletem condições existentes de oferta e demanda. Se o preço da água sobe, isso pode acontecer pela diminuição da oferta (as reservas) ou pelo aumento da demanda das pessoas. Na ocorrência de algum desastre natural, ambos os efeitos entram em ação com maior intensidade.

Um desastre natural destrói estoques, veículos e infraestruturas (incluindo estradas e estações de tratamento de água). Provisões existentes de garrafas de água e de substitutos próximos, como água de torneira, são reduzidos. Também fica reduzido o fluxo de suprimento de água. Muitas das estradas e dos veículos normalmente utilizados para transportar as garrafas de água para os mercados agora estão destruídos. Menos garrafas de água chegam aos mercados da região devastada. Em suma, a oferta diminui de maneira sensível.

Ao mesmo tempo, cresce a demanda por garrafas de água, principalmente porque nesse momento a água da torneira está menos disponível e mais perigosa para ser consumida. Essa queda na oferta, combinada com o aumento na demanda, significa que o valor de cada garrafa de água disponível irá subir. As pessoas estão dispostas a pagar mais por cada garrafa.

O preço mais alto por garrafa reflete uma realidade implícita: o fato de que a oferta de água engarrafada é menor e a demanda de água engarrafada é maior. Em suma, reflete o fato de que a garrafa de água, agora, tem mais valor do que antes do desastre.

Por conseguinte, infeliz não é que o preço esteja elevado, mas a realidade implícita refletida pelo preço elevado. Infeliz mesmo é um desastre natural ter destruído os suprimentos e as linhas de abastecimento. Mas assim é a vida. Pois, como nos lembra o economista Thomas Sowell, a realidade não é opcional, portanto, temos que lidar com ela da melhor forma possível.

E como reagir da melhor forma possível diante dessa realidade infeliz? Para começo de conversa, nunca fingir que a realidade é diferente dos fatos. Encarar a realidade de maneira direta, plena e serena. Se esse conselho lhe parece banal, compreenda que as proibições impostas pelo governo aos "preços oportunistas" mascaram a realidade implícita, ocultando a verdade das pessoas.

Se o preço de mercado de uma garrafa de água é 25 reais, o ato de impedir que os comerciantes cobrem um preço maior que 5 reais oculta dos consumidores o fato de que a água potável, agora, é mais valiosa do que antes do desastre. O preço limitado também oculta dos fornecedores essa mesma verdade. As consequências inevitáveis desse embuste só agravam os problemas causados pelo desastre natural. Com o preço limitado artificialmente — a níveis pré-desastre —, os consumidores tentarão usar, hoje, essa mercadoria (agora mais preciosa) sem o mesmo cuidado com que usavam ontem.

Mas resta-lhes apenas tentar, pois não vão conseguir consumir garrafas de água com a mesma indiferença que nos tempos pré-desastre. Iludidos pelo aparente preço baixo, os consumidores, a princípio, não farão nada para usar a água com mais critério. Porém, antes que possam pronunciar a palavra "tsunami", outros sinais os alertarão da maior preciosidade da água. Surgirão longas filas para comprar água, e multiplicar-se-ão prateleiras vazias, mercados negros e relatos de vizinhos estocando garrafas de água em seus porões.

A maioria daqueles que querem água engarrafada não só ficará incapacitada de comprar a quantidade desejada pelo preço aparente como gastará um tempo precioso esperando em filas (frequentemente em vão). Algumas pessoas pegarão seus carros e cruzarão estradas obstruídas para comprar água de locais distantes, enquanto outras usarão influentes ligações pessoais ou políticas para obter uma ou outra garrafa.

Tempo e recursos, que poderiam ser mais bem utilizados para limpeza e ações de reconstrução, são redirecionados para ações muitas vezes fúteis, a fim de obter garrafas de água. Essas consequências são infortúnios evitáveis que agravam a dor de um desastre natural. Atente para vários fatos lamentáveis.

Fato um: limitar a alta dos preços não mantém baixo o custo da garrafa de água. Tempo gasto em filas, combustível e tempo gastos dirigindo para cidades distantes onde há mais suprimentos, e a ansiedade gerada pela inviabilidade de se obter água são todos custos. O fato de esses custos não serem revelados no preço da garrafa de água não os torna menos significativos ou reais.

Fato dois: ao mesmo tempo que um preço maior de mercado tanto estimula os consumidores a economizar *voluntariamente* e com maior diligência o uso da água quanto aumenta a quantidade de fornecimento de água (dando incentivos para que os fornecedores tragam mais água ao mercado), as filas e prateleiras vazias geradas pela limitação do preço forçam os consumidores a economizar, mas não inspiram os fornecedores a trazer mais água para o mercado.

Fato três: a economia forçada sobre os consumidores por preços limitados é feia e arbitrária. Aqueles que são obrigados a ficar sem o produto almejado são azarados que não conseguiram entrar na fila a tempo e não possuem influência política ou empresarial. Esses consumidores azarados são também pobres demais para pagar os altos preços exigidos no mercado negro. Uma realidade sempre ignorada pelos partidários de preços limitados é que os preços no mercado negro são mais altos do que seriam os preços num mercado desregulado. O motivo é que os preços nos mercados desregulados — por serem visíveis e legais — estimulam um maior influxo de suprimentos do que os preços do mercado negro.

    Não há como negar que as pessoas têm aversão a preços elevados. O que pode ser negado é que os preços elevados são o verdadeiro problema. Eles não são o problema; eles refletem o problema. Como o problema em si é lamentável, seu reflexo sem distorções revela esse infortúnio. Porém, ao revelar esse infortúnio da maneira mais precisa possível a todos que puderem ajudar a minimizar seus efeitos, a realidade retornará ao normal o quanto antes.

    Ainda assim, por que os comerciantes devem lucrar com o infortúnio dos outros? Os mercadores não poderiam e deveriam escolher vender seus produtos a preços pré-desastre? Tais perguntas revelam uma profunda e persistente oposição aos aumentos de preços pós-desastre — ou seja, é simplesmente injusto que mercadores lucrem em virtude de desastres.

    É claro, mercadores podem, voluntariamente, manter seus preços abaixo dos níveis do mercado. Mas isso seria não só prejudicial como injusto! Se um comerciante se recusar a elevar o preço que cobra pela garrafa de água ao nível do mercado, seu estabelecimento ficará sitiado por consumidores. Só os consumidores na frente da fila serão sortudos o bastante para conseguir água; aqueles mais para o fim voltarão para casa de mãos vazias. Formar uma fila é um método justo para decidir quem consegue água?

    Sem falar que, ao não subir os preços, o comerciante calará o sinal de preços enviado ao mercado global de que água engarrafada é especialmente necessária nessa região. Calar esse sinal acabará por reduzir a quantidade ou a velocidade com que os suprimentos adicionais, e muito necessários, de garrafas de água devem ser enviados de onde eles valem menos para a região do desastre, onde eles são mais desejáveis.

    A melhor maneira para o comerciante estender sua mão amiga seria cobrando os preços do mercado e, com os lucros auferidos, fazer contribuições para as vítimas do desastre. Tais contribuições permitiriam que as vítimas manifestassem melhor no mercado suas necessidades por água em garrafas e outros suprimentos — comunicando, desse modo, a fornecedores do mundo todo quão desesperadamente elas necessitam de coisas para ajudar a reconstruir suas vidas — sem diluir os incentivos de todos os consumidores a economizar os bens agora mais escassos, ou os incentivos de fornecedores de levarem seus suprimentos aonde eles são mais indispensáveis.

Contrariar as forças do mercado só tende a agravar as calamidades, o que, por sua vez, é extremamente injusto.

[Nota do Editor: a versão original deste ensaio foi publicada na revista da FEE, *The Freeman*, em abril de 2005, sob o título "On Price Gouging".]

RESUMO

- Preços não são definidos de forma arbitrária. Eles são o que são por diversas razões, que se resumem a duas palavras: "oferta" e "demanda".

- Proibições impostas pelo Estado sobre "preços oportunistas" mascaram a realidade implícita: ocultar a verdade das pessoas.

- Preços elevados na esteira de ofertas reduzidas resultam na conservação daquilo que ainda resta e no estímulo a novas ofertas, exatamente o que é necessário em uma situação como essa.

Sobre o editor e coautor

Lawrence W. ("Larry") Reed tornou-se presidente da Fundação para a Educação Econômica (FEE, na sigla em inglês) em 2008, após servir como presidente do conselho de curadores da instituição nos anos 1990, escrevendo e falando pela FEE desde o fim dos anos 1970. Antes de se tornar presidente da FEE, foi, por mais de vinte anos, presidente do Mackinac Center for Public Policy, em Midland, Michigan. Ele também foi professor em tempo integral de Economia de 1977 a 1984, na Universidade Northwood, em Michigan, e chefiou o Departamento de Economia de 1982 a 1984.

Reed possui bacharelado em Economia pela Grove City College (1975) e mestrado em História pela Slippery Rock State University (1978), ambas na Pensilvânia. Reed também tem dois doutorados honorários, um pela Universidade Central de Michigan (Administração Pública — 1993) e outro pela Universidade Northwood (Direito — 2008).

Defensor das liberdades, Reed escreveu mais de mil artigos e colunas para jornais, além de dezenas de artigos em revistas e periódicos, nos Estados Unidos e no exterior. Seus escritos apareceram nos seguintes veículos: *Wall Street Journal, Christian Science Monitor, USA Today, Baltimore Sun, Detroit News* e *Detroit Free Press*, entre muitos outros. Foi autor e coautor de sete livros, incluindo *A Republic — If We Can Keep It, Striking the Root: Essays on Liberty, The Great Hope* e *Are We Good Enough For Liberty?*. Ele é frequentemente entrevistado em rádios e já apareceu em diversos programas televisivos, incluindo os liderados pelo juiz Andrew Napolitano e por John Stossel, na Fox Business News.

Reed proferiu ao menos 75 discursos anualmente nos últimos trinta anos — em praticamente todos os estados americanos e em dezenas de países, como Bulgária, China e Bolívia. Entre as palestras mais conhecidas estão "Seven Principles of Sound Policy" [Sete Princípios da Política Sólida] e "Great Myths of the Great Depression" [Os Maiores Mitos sobre a Grande Depressão] — ambos traduzidos para dezenas de idiomas e distribuídos ao redor do mundo.

Seus interesses em assuntos políticos e econômicos levaram-no, como jornalista independente, a 81 países, em seis continentes, desde 1985. Reed é membro da prestigiosa Sociedade Mont Pelerin e conselheiro de diversas organizações pelo planeta. Ele atuou por 15 anos como membro do conselho (e um mandato como presidente) da State Policy Network. Como reconhecimento de seu trabalho, recebeu numerosos prêmios, dentre os quais "Champion of Freedom" [Paladino da Liberdade], pela Mackinac Center for Public Policy, e o de "Distinguished Alumni" [Ex-Aluno de Destaque], pela Grove City College.

Reed nasceu na Pensilvânia, morou trinta anos em Michigan e hoje reside em Newnan, Geórgia.

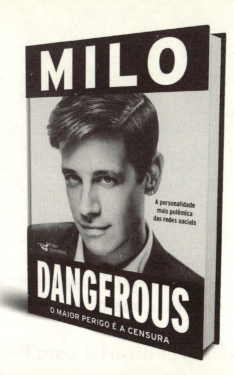

Em um mundo dominado pelo politicamente correto, Milo Yiannopoulos tornou-se a figura mais polêmica das redes sociais ao falar aquilo que muitos não têm coragem de dizer.

Provocador, autêntico e com um senso de humor carregado de acidez, o autor discute tabus, rebate críticas e promove uma verdadeira guerra contra o *mainstream* ideológico.

Homossexual assumido e casado com um parceiro negro, Milo é contra o aborto, contra o discurso extremo do novo feminismo, contra a esquerda, contra o politicamente correto, e questiona os discursos "democráticos" dos seus opositores, que depredam carros e queimam ônibus para impedir sua liberdade de expressão.

Com tanta polêmica, o autor foi expulso do *Twitter*, censurado por universidades e o lançamento de seu livro foi boicotado após surgir uma campanha difamatória acusando-o de pedofilia. Aqui no livro ele desmonta a farsa.

Odiado por movimentos radicais, tanto pelos conservadores quanto por progressistas, ele também defende uma política mais severa na admissão de imigrantes e refugiados nos Estados Unidos.

Milo sempre está no centro das questões mais polêmicas. Você pode não concordar com tudo, mas seus argumentos são interessantes, fundamentados e repletos de senso de humor.

CUIDADO! Suas ideias podem ser perigosas... ou é isso que querem que você pense.

ASSINE NOSSA NEWSLETTER E RECEBA INFORMAÇÕES DE TODOS OS LANÇAMENTOS

www.faroeditorial.com.br